2024
普兰店年鉴
PULANDIANNIANJIAN

中共大连市普兰店区委党史研究室　编
大连市普兰店区地方志办公室

辽宁人民出版社

图书在版编目（ＣＩＰ）数据

普兰店年鉴.2024 / 中共大连市普兰店区委党史研究室，大连市普兰店区地方志办公室编. — 沈阳：辽宁人民出版社，2024.12. — ISBN 978-7-205-11377-3

Ⅰ.Z523.14

中国国家版本馆CIP数据核字第20243S2Y27号

出版发行：辽宁人民出版社

　　　　　　地址：沈阳市和平区十一纬路 25 号　邮编：110003

　　　　　　电话：024-23284325（邮　购）　024-23284300（发行部）

　　　　　　传真：024-23284191（发行部）　024-23284304（办公室）

　　　　　　http://www.lnpph.com.cn

印　　刷：辽宁新华印务有限公司

幅面尺寸：210mm×285mm

印　　张：18.125

插　　页：2

字　　数：600 千字

出版时间：2024 年 12 月第 1 版

印刷时间：2024 年 12 月第 1 次印刷

责任编辑：陈　兴

版式设计：刘　刚

责任校对：吴艳杰

书　　号：ISBN 978-7-205-11377-3

定　　价：230.00 元

《普兰店年鉴(2024)》编审人员

主　　　审　　杜广元

主　　　编　　高安滨

副　主　编　　刘冰冰

执 行 主 编　　李成萃　李尔纳

编　　　辑　　李成萃　李尔纳　吴雪飞　邵春玮

摄　　　影　　杜玉龙　唐日勇　程显堂　侯义美　等

《普兰店年鉴（2024）》审稿人员

（按姓氏笔画排序）

丁长勋	于 红	于 秀	于鸿远	于 瀚	王 升	王全清	王丽军	王沛波
王忠为	王育新	王学庆	王选滨	王德涌	卢恩强	生 蔚	丛 媛	冯 伟
冯 军	曲 波	吕锡恩	仲光华	任冠宇	刘 军	刘国武	刘 畅	刘 岩
刘贵雄	刘 胜	刘海峰	刘 薇	齐忠勇	安 耀	孙 乡	孙宝石	孙 思
孙 蕾	杜 斌	李丰明	李长勇	李文德	李 林	李 铎	杨平仁	杨 光
杨洪全	连世忠	邹 旭	邹 阳	邹 玲	冷凤军	沙延会	沙浩然	张大庆
张允智	张国之	张海涛	张德军	陈 松	陈忠新	周 军	周时蕊	庞立安
郑兴彬	郑 波	房绍敏	赵训江	柳金林	修忠军	逄春盛	姜功胜	宫长亮
宫景兰	贺 花	钱承庆	徐和忠	徐海峰	高万和	高 飞	高安滨	高 歌
郭 哲	陶贵安	黄庆臣	宿洪源	葛立良	董振金	韩洪峰	蔡文涛	谭文刚
滕人军	魏世有							

编辑说明

一、《普兰店年鉴（2024）》是由中共普兰店区委、普兰店区人民政府主管，中共普兰店区委党史研究室（普兰店区地方志办公室）编纂的综合性资料文献。所载资料全面、系统、准确、翔实地反映普兰店区2023年政治、经济、文化、社会等基本面貌和发展情况，是国内外各界人士了解普兰店、认识普兰店、建设普兰店和对外经济合作交流服务的途径。

二、《普兰店年鉴》的编纂工作，以马克思列宁主义、毛泽东思想、邓小平理论、"三个代表"重要思想、科学发展观、习近平新时代中国特色社会主义思想为指导，运用辩证唯物主义和历史唯物主义的立场、观点和方法，遵照党和国家现行的各项路线、方针、政策，遵守《中华人民共和国宪法》和国家各项法律、法规。

三、《普兰店年鉴（2024）》全书共设25个类目，即特载、概貌、大事记、党政机关、人民团体、法治、军事、工业、农业、交通·邮电、城建·环保、商贸·旅游、财政·税务、金融业、经济管理、劳动·人事、教育、文化·体育、科技、卫生、社会生活、街道·园区、人物、经济社会统计资料、附录。类目下设分目95个、子分目35个，含有条目661个，收录表格37个，随文附图159幅。

四、《普兰店年鉴（2024）》所载资料由各单位、部门提供，并经相关单位负责人审阅。部分内容由编辑人员选自统计部门或报刊等有关资料，部分照片采自2024年。

五、《普兰店年鉴（2024）》中所用数据均经供稿单位、部门审核。因统计口径不同等原因，个别数据在不同稿件中不尽一致，使用时请注意出处。反映普兰店地区国民经济和社会发展全局的数据，均由普兰店区统计局提供，使用国家规定的法定计量单位和数字方法。

六、《普兰店年鉴（2024）》的检索方法有目录和索引两种，目录在卷首，索引在卷尾。

七、《普兰店年鉴（2024）》特载中的报告均为原文。

总户数：246401户

总人口：691569人

城镇人口：346692人

乡村人口：344877人

地区生产总值（GDP）：404.3亿元

第一产业增加值：103.4亿元

第二产业增加值：154.2亿元

第三产业增加值：146.7亿元

农林牧渔业总产值：209.6亿元

粮食总产量：35.2万吨

蔬菜产量：54.5万吨

水果产量：34.2万吨

肉类产量：31.4万吨

禽蛋产量7.1万吨

乳制品产量：11180.13吨

水产品总产量：16.1万吨

规模以上工业企业主营业务收入：252.1亿元

规模以上工业企业利润总额：13.1亿元

房屋施工面积：186.6万平方米

房地产开发竣工面积：33.5万平方米

商品房销售面积：24.1万平方米

社会消费品零售总额：55.5亿元

港口码头总长：922.8米

港口货物吞吐量：230.6万吨

港口旅客吞吐量：170.5万人次

外贸进出口总额：107.87亿元

公共预算收入：31.4亿元

公共预算支出：48.7亿元

税务收入：55.51亿元

税收收入：24.51亿元

普通中学：33所

中学在校学生：18157人

小学：39所

小学在校学生：24584人

幼儿园：95所

在园幼儿：7667人

公共图书馆：1个

藏书：38.4万册

博物馆：1个

文物藏品：3286件

文物保护区：55个

医疗机构数：425个

卫生机构实有床位：3433张

卫生技术人员：4649人

收养性社会福利单位：53个

城市居民年人均可支配收入：40725元

农村居民年人均可支配收入：24842元

全年最高气温：33.7℃

全年最低气温：-20.4℃

普兰店区城区图

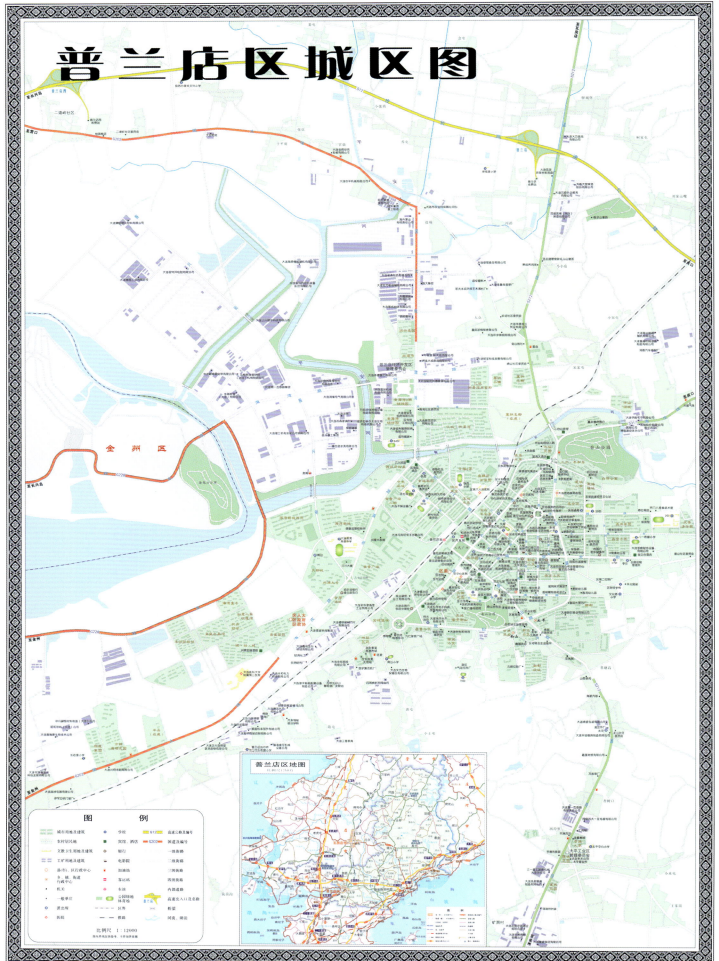

图　例

辽宁省测绘地理信息局编制 2018年6月

比例尺 1:12000

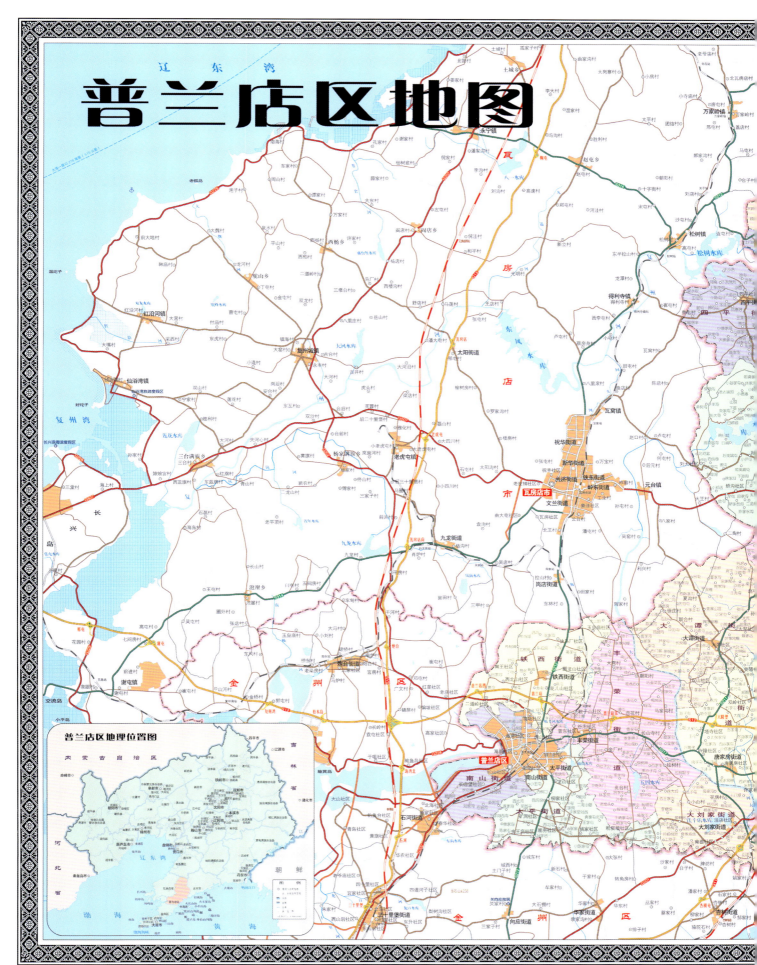

普兰店区地图

辽 东 湾

普兰店区地理位置图

审图号：辽BS〔2018〕4号

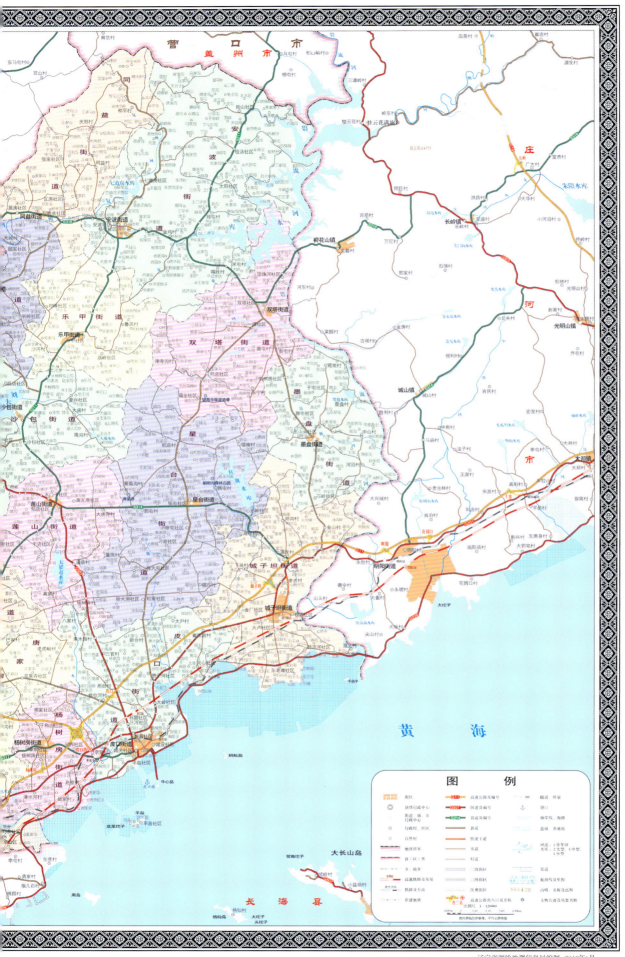

营口市

盖州市

黄海

长海县

大长山岛

图例

古莲公园   程显堂　摄

1. 2023年1月28日，海水制氢产业一体化示范项目开工

2. 2023年1月29日，普兰店经济开发区第一季度项目集中签约仪式

3. 2023年2月10日，大连市"知识产权质押融资和转化运用入园惠企服务万里行"首站专场活动

4. 2023年3月17日，大连智德生命科学项目开工

5. 2023年4月8日，中粮麦芽（大连）扩建大麦仓储项目开工

6. 2023年9月2日，POP设界·普兰店时尚产业创新服务综合体揭幕

7. 2023年10月20日，国新科技（大连）新能源有限公司一行来普洽谈暨项目签约仪式

8. 2023年10月21日，普兰店区国家级刺参种质资源场落成

1

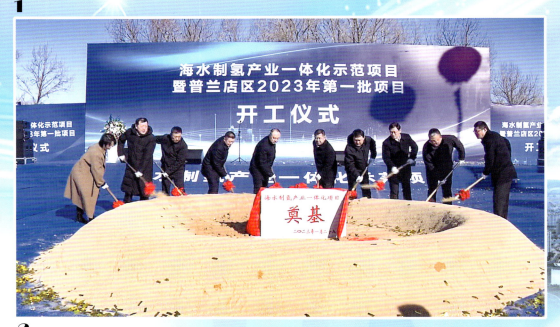

2

4

5

6

8

1. 2023年1月14日，中央广播电视总台对普兰店区安波大集进行现场直播

2. 2023年3月13日，大连·普兰店区大樱桃产业文化节暨第四届四平大樱桃推介会启幕

3. 2023年3月28日，普兰店区平岛鑫玉龙海洋牧场专业合作社联合社成立

4. 2023年5月13日，"探寻家乡味道 助力乡村振兴"青春集市开市

5. 2023年6月1日，"助力乡村振兴 关爱特殊困难群体"志愿服务活动暨"关爱困境儿童"活动启动

6. 2023年6月27日，普兰店区召开农村产业党组织跨村联建推进会议

7. 2023年9月26日，普兰店区特色农产品展销会在区人民广场举行

8. 2023年10月21日，中国·大连普兰店第十二届辽参文化周活动在皮口街道平岛社区正式启幕

1

2

1. 2023年4月24日，普兰店区老旧小区改造工程开工

2. 2023年8月31日，普兰店区滨海路部分路段保障性通车

3. 2023年9月25日，普兰店区海皮路绕线工程太平街道庙山段通车

4. 2023年10月12日，普兰店区廉洁文化主题湿地公园揭牌暨大连市廉洁文化教育基地启动

5. 2023年10月17日，"翰林·南山赋"房地产项目举行奠基仪式

6. 2023年11月1日，普兰店区丰荣新区污水处理工程（一期）开工

7. 2023年11月16日，普兰店区九七公园改扩建项目（一期）正式投入使用

8. 2023年12月26日，大连医科大学附属第三医院暨附属第二医院普湾院区开诊

2

5

8

普兰店年鉴 **2024**

1. 丰荣街道杏花村
2. 杨树房街道赵家村
3. 大谭街道双山社区
4. 皮口街道城关社区
5. 杨树房街道战家村
6. 铁西街道花儿山社区
7. 花儿山社区蔬菜基地
8. 城子坦街道大卢社区

1

3

4

6

7

2

5

8

1. 2023年1月19日，普兰店区南山公园新春灯会
2. 2023年2月4日，普兰店区举办"春风送真情 援助暖民心"新春专场招聘会
3. 2023年3月7日，普兰店区"春风行动"暨"三八"国际妇女节专场招聘会
4. 2023年4月19日，普兰店区"阳光教育"动员部署大会召开
5. 2023年8月31日，普兰店区海湾中小学落成投入使用
6. 2023年10月23日，"医路同行"慈善救助暨"情暖重阳"关爱老年人活动在普兰店区试行
7. 2023年10月30日，东北地区首家"行走的医院"项目在普兰店区试运行
8. 2023年11月7日，普兰店区举行解决"办证难"问题第十五批暨海湾新城三期B（四期）项目集中颁证仪式

1

5

2

4

6

8

7

1. 2023年5月20日，第21届大连国际徒步大会普兰店分会场

2. 2023年7月19日，大连首届古莲文化节暨普兰店区文旅产业发展大会在普兰店区启幕

3. 2023年8月10-11日，WAVE3大连市青少年3v3超级篮球赛普兰店分区赛

4. 2023年10月16日，沙包街道雷锋纪念馆暨抚顺市雷锋纪念馆沙包街道（流动）展馆授牌仪式

5. 2023年10月19日，大连市业余排球赛在普兰店区举办

6. 2023年10月29日，大连市青少年女足精英赛暨普兰店区足球进乡村校园活动对接仪式在普兰店区西山公园举行

7. 2023年11月11日，同益街道举办苹果产业文化节暨第二届老帽山登山节

8. 2023年12月27日，第14届中国·大连（安波）温泉滑雪节暨2023大连体育产业冰雪嘉年华普兰店区分会场活动启动。图为大连市第三届高山滑雪锦标赛现场

2

1

6

7

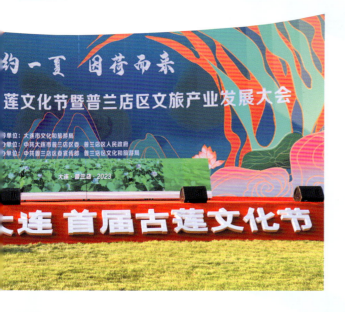

3

4

5

8

1. 2023年9月2日，大连时装周普兰店时尚之夜系列活动启动
2. 中国纺织工业联合会为普兰店区授牌"中国服装智能制造名城"
3. 辽宁省纺织服装协会为普兰店区授牌"辽宁省服装定制名城"
4. 普兰店区服装纺织协会成立
5. 普兰店时尚产业教学实践基地授牌
6. 盛泽织造面料馆、西塘纽扣辅料馆、IP艺术馆开馆启用
7. 烟火秀
8. 国际时装秀

1

6   7

2 3

4 5

大连市普兰店区服装纺织协会
成立仪式

大连普兰店时尚产业教学实践基地
授牌仪式

大连工业大学服装学院
大连大学美术学院
大连外国语大学国际艺术学院

中国西装名城

POP

8

普兰店区10万千瓦滩涂光伏发电示范项目　　　　　　　　　　　　　　　　杜玉龙　摄

目　　录

特　　载

概　　貌

大 事 记

党 政 机 关

中国共产党普兰店区委员会

· 区委重要会议及文件 ·

· 组 织 ·

· 宣 传 ·

· 统 战 ·

· 机构编制 ·

· 信 访 ·

· 党史地方志 ·

· 关心下一代工作 ·

人 民 团 体

法　　治

城乡建设与环境保护

商贸·旅游

经 济 管 理

人力资源和社会保障

社 会 生 活

街道·园区

人　物

经济社会统计资料（2023）

附　录

索　引

特　　　　载

守正创新　团结拼搏　担当实干
为建设城乡一体化高质量发展示范区
而努力奋斗

—— 在区委二届六次全会暨区委经济工作会议第一次全体会议上
（2023 年 12 月 24 日）

周振雷

各位委员，同志们：

现在，我受区委常委会委托，向全会报告工作。

一、扛责冲锋、创新实干，全面振兴新突破三年行动首战告捷

年初以来，面对国内经济预期转弱和外部环境风高浪急双重挑战，区委坚持以习近平新时代中国特色社会主义思想为指导，认真学习贯彻党的二十大精神和习近平总书记在新时代推动东北全面振兴座谈会上的重要讲话精神，全面贯彻中央和省委、市委经济工作会议精神及省委、市委全会精神，坚决落实辽宁、大连全面振兴新突破三年行动部署，完整、准确、全面贯彻新发展理念，坚持稳中求进工作总基调，统筹发展和安全，经济社会发展态势平稳向好。预计实现地区生产总值增长 5.5%、固定资产投资增长 13.8%、一般公共预算收入增长 10%，规上工业增加值增长 3%，城乡居民人均可支配收入与经济增长保持同步，新增市场主体 8766 户。

（一）从严从实强党建，政治生态更加清朗有成

思想政治建设常抓不懈。坚持把学习贯彻习近平新时代中国特色社会主义思想和党的二十大精神、习近平总书记在新时代推动东北全面振兴座谈会上的重要讲话精神作为首要政治任务，区委理论学习中心组集体研学 12 次，灵活运用专家学者辅导、举办培训班、"莲城讲堂"等形式开展专题培训 21 期。扎实开展学习贯彻习近平新时代中国特色社会主义思想主题教育，我区作为全市唯一区级典型向省委推荐。高标准配合完成十三届省委第四轮

2023年12月24日，中国共产党大连市普兰店区第二届委员会第六次全体会议暨区委经济工作会议召开

巡视和十三届市委第五轮巡察，联动开展二届区委第四轮巡察工作。时代主旋律越唱越响。全省主流媒体刊发稿件 2500 余篇、位居全省县区首位，安波大集亮相央视频道，普兰店知名度、影响力进一步提升。召开意识形态领域分析研判、工作联席会议 6 次，处置不实信息 160 余条，未发生重大负面舆情，意识形态主阵地更加牢固。2 人获评辽宁省"新时代好少年""辽宁好人"，全国模范退役军人张勇做客央视新闻直播间。干部队伍活力有效释放。突出"人尽其才、人岗相适"，全年调整干部 180 人次，年轻干部整体占比达 12.8%。分类建立年轻干部储备库，实行动态管理。以区管领导、中层干部、村（社区）书记、第一书记为对象，创新开展季度"比武晾晒"，干事激情全面点燃。基层组织基础更加坚实。整顿提升软弱涣散村级党组织 7 个，完成 13 个街、村（社区）党群服务中心提档升级，打造"红色物业"示范点 5 个、市级"爱心驿站"示范点 2 个，以"1+1+N"的方式推动 49 个区直机关单位与两新组织结成党建联盟 101 个。"十佳机关党建品牌"创建活动深入开展。党风廉政建设和反腐败斗争取得实效。围绕乡村振兴、耕地保护、粮食购销等重点领域开展专项监督，立案查处 28 人，挽回经济损失 1700 余万元。严格落实"三个区分开来"，容错减责 2 人、免责 1 人，为 10 名受到不实举报干部澄清正名。大力推进大数据监督，纪检监察智慧中心投入使用，完成水库移民补贴等 14 个民生领域数据建模，发现疑点数据 6000 余条，有效促进监督效能提升。持之以恒纠"四风"，开展 3 轮 20 余次明察暗访，通报曝光典型案例 3 起，查处违反中央八项规定精神 13 人。力度不减惩贪腐，共立案 417 件，给予党纪政务处分 375 人、留置 5 人、移送检察机关 6 人。选树"清风辽宁政务窗口"17 个，大连市"清风村社"13 个、"清风干部"11 人，廉洁文化主题湿地公园被授予"大连市廉洁文化教育基地"。

（二）赛马夺旗当先锋，经济运行更加稳健有速

项目建设加力提速。大力实施项目高质量发展三年行动，滚动制定实施《次季度经济高质量发展清单》，建立"周调度、月通报、季评比、年总结"等推进机制，强化"红黄蓝绿"四色督办，分 4 个片区"赛马夺旗"激励，定期比武晾晒，新谋划生成亿元以上项目 92 个，新落地亿元以上项目 24 个，新开工亿元以上项目 33 个、复工 47 个，全市"赛马"一路领先北部组团。海水制氢项目实现当年签约、当年开工，上海设界当年签约、当年运营，皮口港码头和航道项目列入国家"十四五"专项规划，并通过国家和省正式批复。争取中央预算内资金和国家专项债券资金 4.2 亿元，实施项目 9 个。招商引资量质双升。聚焦"6+6+3+2"产业布局①，强化产业链招商、以商招商、上门招商，新签约亿元以上项目 59 个，计划总投资 193 亿元，中交二航局战略合作、美德乐四期、智德生命二期等一批高质量产业项目如期签约，引进省外实际到位资金 47.3 亿元、同比增长 34%。消费市场持续回暖。充分利用主题活动撬动消费市场，开展 15 轮主题促消费活动，带动消费 8500 余万元，预计实现社会消费品零售总额 55.4 亿元、同比增长 10%。星巴克、必胜客等连锁品牌首次进驻我区。深挖国际市场，全力推进对外贸易进中提质，预计完成外贸进出口总额 110 亿元、高于全市平均水平，实际利用外资 2201 万美元，超额完成年度目标任务。建筑、房地产业企稳回升，预计实现建筑业总产值 74.1 亿元、同比增长 15.1%，完成商品房销售 24.8 万平方米、同比增长 23.4%。

（三）联产带农促共富，乡村振兴更加有声有色

富民产业日趋兴旺。挂图推进"国家乡村振兴示范县"创建，扎实开展"党群共同致富"活动，全域实施"富村强街、联产带农"工程，在全市率先探索组建 36 个产业联合党委（社企联盟），经验做法先后被《人民日报》《农民日报》等 10 余家央级媒体报道，"百村十万+"目标全面实现，全市党群共同致富活动现场会在我区召开。大力培育特色品牌，新增国家绿色农产品认证 3 个，"花脸丑桃"斩获第六届"果庄杯"优质设施桃大赛桂冠，四平

大樱桃荣获全国优质农产品博览会金奖，米屯铁柿子、石固花卉成功走上央视舞台，鑫玉龙获评省级智慧农业应用基地，我区被授予"中国辽参鲟鱼产业之乡"。种业振兴全面起势。北方种质资源引育中心建设纳入大连市种业振兴战略规划，"五子登科"②大文章越做越深，引育鲟鱼、食用菌等优质种源49种，"连粳4号"大米荣获第22届中国绿色食品博览会金奖，成立了大连地区首个农业领域院士专家工作站，沈阳农业大学乡村振兴战略研究院大连分院落户普兰店，"国家大樱桃苗种源基地"创建工作积极推进。美丽乡村内外兼修。新创建辽宁省美丽宜居村30个。建成红橡、银杏、梧桐"特色大道"3条、绿道花街24条，打造森林乡村8个。修缮农村公路75条约197公里，"四好农村路"建设养护水平名列前茅，并在全省作经验交流，快二线获评交通运输部主题评选第2名。探索推行"农业+"融合发展模式，开发出一批山海游、一周游、三日游旅游产品，辽中南"90分钟旅游圈"建设初见成效。强力推进农村环境净化整治行动，"脏乱差"问题明显好转。

（四）破立并举推改革，发展动能更加强劲有力

注重实践破题。创造性开展"阳光"系列工程，得到中央部委及省纪委监委、市委市政府高度关注和认可，"阳光教育"做法获教育部点赞、经验在全市推广，我区被省纪委监委、省卫健委确定为全省"阳光医务"试点。深入推进国资国企、园区改革，国企发展步入正轨，经济开发区跻身全省经济开发区综合实力"第一方阵"，获评省级"绿色园区"。探索"借船出海"发展新路径，大力发展"富村公司"，组建了全市首家村集体全资控股企业、11家以合作社为主体的村办企业。清根解决"办证难"。累计清根解决100家企业258栋、约74.6万平方米厂房和14个住宅小区189栋、约64.5万平方米已售商品房及4个村委会约0.19万平方米"办证难"问题，提升企业融资能力约20亿元，惠及5897户群众、1.77万余人，受到社会广泛赞誉。持续优化营商环境。深入推行"妈妈式"服务，扎实开展"走

企业、送服务、解难题、促发展"等系列活动，累计协调解决企业急难愁盼问题255个。出台《办事不找关系指南》，实现540个事项"不见面办"、842个事项"一次办"、71个高频政务服务事项"掌上办"、226个政务服务事项材料"零提交"。坚持绿色低碳发展。净增"四上"企业③32家、高新技术企业11家、科技型中小企业65家，美德乐等6家企业获评省级"专精特新"中小企业，互感器产业集群首次入选省级中小企业特色产业集群，大一互等4家企业获评国家级"绿色工厂"。引进辽宁省"揭榜挂帅"科研项目1个，并被评为全省科技成果转化类"揭榜挂帅"项目第1名。2家企业通过"两化"融合管理体系AAA级认证，北互集团成为全省互感器行业首家获此殊荣的民营企业。升级改造智能工厂2家、数字化车间2个，我区获评全国消费品工业"三品"战略示范城市、全市唯一。

（五）建管并重提内涵，城市建设更加宜居有品

城市形象整体提升。成功举办普兰店"时尚之夜"系列活动、中国·大连首届古莲文化节和第四届"平岛杯"全国海钓大师邀请赛，我区荣获"中国服装智能制造名城""辽宁省服装定制名城"，普兰店美誉度进一步提升。全力重启停缓建项目，东方财富等3个烂尾楼盘成功盘活，停滞6年的新华国际项目重新拆建，沉寂10年的中国西装名城服装博览中心焕发新生，困扰群众出行13年之久的"卡脖子路"——海皮路绕线工程全线畅通，全区9条"断头路""卡脖路"已打通5条。陆海一体强势推进拆违控危治乱，累计拆除陆上违法建设212处6万余平方米，依法收回海域5.5万亩。城市更新步伐加快。投资约4亿元改造老旧小区33个420栋楼210万平方米，惠及2万户、约7万人，新改建雨污管线43公里，增设高杆灯、景观灯60余基，改造城区道路49条约28公里，城市积水、"夜里黑、出行难"等问题得到有效解决。滨海路拓宽改造工程、S211盖普线路面改造全面竣工，皮口港进港路正式通车，交通路网更加完善。城市治理精细高效。以

文明城市创建为牵引，突出城区"七乱"④治理，常态开展占道经营、私搭乱建、违规停车等整治行动，城市管理更加有序。深入开展垃圾分类，新建居民小区生活垃圾分类厢房12座、更新桶箱1800个、规范点位522处、增设公示牌580余块，实现垃圾分类设施、宣传全覆盖，全民自觉氛围日渐浓厚。生活垃圾焚烧发电厂正式运行，城市承载力进一步增强。

（六）立说立行办实事，民生福祉更加厚实有质

基本民生保障全面加强。抓实重点群体就业帮扶，新增城镇就业6900余人。全方位保障农民工合法权益，帮助农民工追回工资610余万元，2家欠薪单位列入"黑名单"。77户农村危房改造基本完成，社会保障、救助体系不断健全，赵家村获评"全国示范老年友好社区"。退役军人服务保障工作持续加强，成立全省首个"退役军人乡村振兴培训基地"。教育医疗事业稳步向好。狠抓教育质量提升，6所学校获评辽宁省文明校园，培育省级优秀、特级教师5人，海湾中小学正式投入使用。区职教中心成功与辽宁轻工职业学院、大连职业教育学院合作办学，引进5类34个大专专业，职教水平大幅提升。成功争取国家初保基金会支持，建设"行走的医院"正式投入运营，真正实现了"家庭医生"全覆盖。大医二院普湾院区全面投入使用，区中心医院新增市二级重点学科2个、引进医疗新技术55项，群众看病更加便捷。医保改革全面实施，群众就医成本明显下降。群众生活质量大幅改善。开展各类文化惠民活动60余场次、惠及群众8万余人，参加"全国和美乡村广场舞大赛"总决赛斩获金奖，新金民歌获评"全国终身学习品牌"。完成荒山造林500亩、修复退化林分4500亩，义务植树约4万株，治理废弃矿山3500余亩。15个国考、省控入海、市考跨界河流断面水质全部达标，集中式饮用水水源水质优良率保持100%，PM2.5累计均值全市最优。

（七）群策群力优治理，社会大局更加安定有序

基层治理纵深推进。完善"五级红色网栅"⑤治理体系，推行城市社区"全岗通"模式，构建"调解平台（中心）+村（居）民评理说事点+法治超市"三位一体联动格局，用好"家和邻里亲"等有效载体，常态开展矛盾纠纷大排查、大化解、大整治活动，累计化解矛盾纠纷2500余起，有效推动群众矛盾及时就地化解，修丽君获评"全国模范人民调解员"。强力推进"三个万件"工作，实现"两会"期间进京访、进京滞留人员"双为零"，信访工作整体排名位居全市第一。平安建设态势良好。坚决守牢国家安全底线，查破危害政治安全案件2起。严厉打击各类违法犯罪活动，破获刑事案件1100余起，抓获犯罪嫌疑人800余人，14名多年在逃人员成功缉拿归案。常态开展扫黑除恶斗争，成功打掉以刘某为首的恶势力组织、抓获犯罪嫌疑人10人，查处非法采砂盗矿案150起，依法查封砂石5.6万立方米。深入推进重大事故隐患排查整治专项行动，抓好食品药品安全、校园安全、海上安全、宗教领域安全、消防安全等工作，全区安全生产形势总体稳定，我区获评"全国平安渔业示范县"。法治普兰店成效明显。法治政府建设提质增效，依法行政有效落实，行政机关负责人出庭应诉率100%。代表大连市高标准通过国家"八五"普法中期验收，建成法治文化阵地213个，14个村（社区）获评"省级普法示范点"。实体、热线、网络三大公共法律服务平台共受理法律援助案件339件。组织大中型法治宣传活动1000余场次，全民守法意识更加牢固。

（八）多方联动聚合力，干事创业更加火热有为

区人大及其常委会深入践行全过程人民民主，在全市率先开展"代表建议直通车"活动，收集民生事项152个；组织人大代表开展各类监督调研活动40余次，有效促进"一府一委两院"工作更加规范有序高效。区政协围绕中心工作和重点任务开展视察调研、建言资政，扎实推进"天下莲城人"平台建设，创新开展"莲事联商"活动，协商议政质量显著提升。区委统战部全面加强各民主党派、新社会阶层、非公经济等领域统战工作，深入开展坚持我国宗教中国化示范场所创建，宗教事务管理更加规范。区法院狠抓审判质效提升，在全省率先开展

"数字执行"，审结执结各类案件 1.4 万余件，司法公信力进一步提升。区检察院聚焦主责主业，有序推进"四大检察"职能与核心业务协调发展，荣获"全国模范检察院"，全省唯一。工会、共青团、妇联等群团组织积极发挥作用。党管武装等工作得到新加强。

各位委员、同志们，志不求易，事不避难。盘点过去一年，我们更加清醒地认识到，当前普兰店还面临一系列等不起、绕不开、躲不过的难题。一是财力保障短时间内难以实现自给自足。财政供养人员较多，支撑能力强、拉动效应好的大项目不多，税收贡献不足，存量资源资产盘活利用效率不高，化解债务和"三保"支出压力较大。二是市场主体不丰沛。质效不高，"四上"企业规模不足，缺乏拉动性龙头企业、"链主"企业，科技型企业、"种子公司"不多，上市公司尚未破"零"。三是现代化产业体系不健全。传统产业占比大、新兴产业体量小，整体产业发展处于价值链中低端，产业链条不完整、不健全，数字经济与一二三产镶嵌式融合发展的格局还没有真正形成；不同产业、不同区域之间辐射带动作用不强，尚未形成"百花齐放"的良好局面。四是历史遗留问题存量较大。全区仍有烂尾楼盘 11 个、总面积达 97 万平方米，卡脖子路、断头路还没有完全打通，有的时间跨度长、历史成因复杂，化解盘活困难；历史积案还比较多，群体访时有发生。五是城乡融合步伐缓慢。农村空心化、老龄化问题日益显现，中心街道、中心村谋划建设滞后。六是营商环境仍需进一步优化。部分党员干部、窗口工作人员主动意识不强，招商引资政策兑现不及时，拖欠工程款问题还不同程度存在，招投标等领域一些不利于市场公平竞争的问题时有发生。七是人才支撑不足。狮子型、专业型领导干部缺乏，产业技术人才匮乏，有情怀、爱农村、懂实操的"头雁"和"五有一善"⑥企业人才不多。八是民生领域短板还需加快补齐。教育、医疗、养老、托育等优质公共服务供给能力不足，特别是农村地区差距比较明显。九是干部队伍干事创业激情有待进一步激发。部

分干部视野格局小、执行能力弱，担当精神不够、创新意识不强，办法不多、作风懒散、存在"等靠"思想。十是党风廉政建设仍需持续发力。部分党组织管党治党主体责任落实不到位，个别领域作风和腐败整治不力，顶风违纪、基层"微腐败"尚未根治，等等。对此，我们必须坚持以解决问题为导向，下定决心，用智慧和勇气打破困局、走出困境。

二、锚定目标、加压奋进，奋力开创高质量振兴发展新局面

中流击水，奋楫者进。当前，普兰店正处在大有可为的战略机遇期、精彩蝶变的转型跨越期、干事创业的黄金发展期。从战略机遇看"天时"。新一轮基础设施建设及产业和能源革命蕴含重大机遇，新时代东北全面振兴纳入国家战略全面实施，积极的金融和债券政策含金量十足，特别是在全国经济逐步走出低谷、走向复苏的大背景下，中央和省、市坚定落实稳经济一揽子政策和后续措施，从项目、金融支持等方面持续释放红利，增长潜力必将极大释放，产业链、供应链必将更加顺畅。加上大连产业进一步向北转移，大船、大石化搬迁改造在即，还有我们在国土空间规划、基础设施建设、特色产业发展、民生领域提升等方面不断争取到的支持，用好用足用活各项政策，明年叠加效应将更加明显。从区域发展看"地利"。大连金州湾国际机场距离我区仅 23 公里，渤海大道正式投入使用，金、普、瓦、长、太一体化发展格局基本形成，特别是随着上海设界、华能集团等行业领军企业陆续入驻，大医二院普湾院区全面运营，新皮口港正式获批，大连现代服务职业学院完成选址，数字经济和战略性新兴产业加速布局落地，双塔石矿有效盘活，综合交通持续发力，城乡建设扩容提质，我区传统产业、风光水电等资源禀赋，必将进一步发挥更大潜力、产生更大效益，加快转变为经济优势、转化成发展动能。从活力涌动看"人和"。区四大班子同心同德、同频共振，干部群众向同行，心往一处想、劲往一处使，市场主体特别是企业投资意

愿和信心不断增强，全区上下思发展谋发展促发展的心更齐、劲更足，热爱莲城、建设莲城的共识在全社会蔚然成风。天时、地利、人和决定了普兰店必将崛起，只要我们咬定目标不放松，鼓足干劲向前冲，拿出"逢旗必扛、逢先必争、逢冠必夺"的劲头，下定干则必成的决心，坚定干好一批看准的、认定的大事要事，就一定能在新一轮高质量振兴发展中赢得先机、取得更好结果。

各位委员、同志们，2024 年，是全面振兴新突破三年行动攻坚之年，其势已成、其时已至、时不我待。总的要求是：坚持以习近平新时代中国特色社会主义思想为指导，全面贯彻党的二十大精神和习近平总书记在新时代推动东北全面振兴座谈会上的重要讲话精神，认真落实中央和省委、市委经济工作会议精神及省委、市委全会部署，对标省、市全面振兴新突破三年行动，完整、准确、全面贯彻新发展理念，坚持稳中求进、以进促稳、破立并举，深入实施"1+8"强区战略⑦，全力打造"六城"⑧，统筹发展和安全，确保经济社会高质量发展。

2024 年主要经济指标建议为：地区生产总值增长 6%，一般公共预算收入增长 10%，固定资产投资增长 10%，规模以上工业增加值增长 5%，社会消费品零售总额增长 10%，城乡居民人均可支配收入与经济增长保持同步。

重点做好七个方面工作：

（一）突出集群布局，着力跑出振兴发展新速度

一是打造多元支撑的现代化产业体系。持续优化"6+6+3+2"产业布局，推动传统产业固链、强链、补链、延链，新兴产业创链、建链，前瞻布局未来产业，全力建好新赛道、培育新主体，加快打造 6 个"百亿级"、6 个"50 亿级"产业集群，力争 2024 年汽车零部件产业集群产值达 80 亿元、食品加工和通用设备产业集群产值均达 40 亿元，到 2025年战略性新兴产业增加值占规上工业比重达 10% 以上。支持大杨集团、固特异、大一互、美德乐、鑫玉龙等"链主"企业延展布局产业链，培育一批"亿元规上"核心配套企业，全力构建聚链成群、群星

环绕的产业格局。加快产业数字化步伐，推动数字经济与一、二、三产镶嵌式融合发展，大力发展普惠性"上云用数赋智"，分行业编制智能化技改、数字化转型路线图，力争实施重点技改项目 100 个，新增省级智能工厂、数字化车间 5 家以上，国家"两化"融合贯标企业 8 家以上，支持大杨集团建成国家级智能工厂。做大做强文旅产业，围绕把文旅产业打造成"50 亿产业"，聚焦"吃、住、行、游、娱、购"全链条精准发力，立足我区资源禀赋，开发一批工业旅游、乡村旅游、冰雪旅游、海岛旅游等特色旅游产品，力争 2024 年平岛民宿酒店主体建成、文旅运动康养综合体项目开工建设，平岛 AAAAA 级景区建设取得实质性进展，着力打造文旅融合"鲜活样板"，让普兰店文旅产业热起来、火起来。

二是掀起大干项目的持续攻坚热潮。深入实施项目高质量发展三年行动，超前谋划储备一批牵引性、撬动性强的好项目，紧跟国家扩大内需战略规划，坚持"自己动手+委托团队"，聚焦生态环保、民生保障和新基建等重点领域，新谋划储备亿元以上重点项目至少 93 个。紧盯万亿国债政策支持，坚持"领导带队+部门对接"，主动争取项目，力求更多项目纳入国家和省市"盘子"，争取资金 10 亿元以上。高效推进项目，持续开展"赛马夺旗"，坚持"日常调度+结果导向"，严格落实领导包抓、专班推进、观摩点评、"四色"督办全流程闭环推进机制，抓好先进制造产业园、皮口港"平急两用"港等重点基础设施项目，陆上风电、双塔石矿等重点产业项目，力争全年实施亿元以上重点项目至少 40 个，其中新开工 15 个，渔光互补、海水制氢等项目竣工投产，推动城子坦核电项目纳入国家中长期专项规划，全面启动前期可研编制工作。

三是全面开启招商引资"5.0 模式"。大力实施全要素招商，围绕资金、市场、技术、人才、土地等要素，结合我区实际，绘制全要素产业招商地图，量身定制招商策略，探索推行外地政策"复制"，全面打响"抢企大战"，力争引进产业链"链主"企业、"种子公司"15 家以上，实际利用外资超过

2000 万美元。精心策划、包装、储备一批带动能力强、科技含量高、经济效益好的大项目、好项目，高质量建好项目招引信息库，动态储备目标项目 100 个以上。坚持"域外头部企业、区内优质企业"引育比翼双飞，系统重塑全流程闭环招商机制，深入开展"产业链条+集群生态"精准招商，设立产业基金，推行"标准地"交付、"拿地即开工"，力争新引进、落地亿元以上项目至少 50 个，其中 100 亿元 1 个、50 亿元以上 2 个、10 亿元以上 5 个。高标准谋划推进新材料、船舶、石材 3 个产业园区建设，确保取得实质性进展。

四是全域盘活闲置低效利用资源资产。强化"点石成金、无中生有"思维，着眼存量变增量、不良变优良，扩面推进"三变"改革⑨，聚焦"八大领域"⑩，坚持"海陆空+一二三产+有形无形"全方位立体发力，紧盯土地、海洋、闲置厂房、品牌专利、特许经营权等各类资源资产，全力念好"盘"字诀，推动实现资源资产价值最大化，全力争创"全国自然资源节约集约示范县"，力争 2024 年盘活资源资产价值 15 亿元、3 年达 50 亿元。通过河道综合治理，深入挖潜耕地指标，力争 2024 年新增 500 亩水稻田。依托安波、同益等林地资源丰富街道，探索推行农业、林业"碳汇"市场化交易，鼓励支持皮口、城子坦、杨树房、大刘家等沿海街道大力发展滩涂光伏、海上光伏，以"光伏"之力，点燃"绿电"引擎，撬动投资落地。

五是加快培育壮大"四上"企业。研究出台《普兰店区关于加快培育壮大"四上"企业的实施意见》和具体政策措施，建立健全"四上"企业培育长效机制，扎实推进"个转企、小升规、规入统"，力争净增"四上"企业 30 家。建立"准四上"企业培育库，按照"9876"⑪培育梯次，把具有一定规模、符合产业政策、有发展前景的企业入库进行重点培育、重点扶持，实行动态监管更新，对达标企业及时组织申报纳统。大力实施"升规上市"战略，稳步推进"规改股、股上市"，引育上市"潜力企业"3 家，力争地拓精密、美德乐正式上市。持续推动

市场主体倍增工程落地见效，力争新增市场主体 1 万户以上、总量突破 7.4 万户。

（二）突出全域提升，着力拓展乡村振兴新空间

一是发展高质高效农业。坚守粮食安全底线，落实最严格的耕地保护制度，坚决遏制耕地"非农化"、有效防止"非粮化"，持续开展流出永久基本农田、土地执法卫片、农村乱占耕地建房整治，完成高标准农田建设 6 万亩。加快推进残次果园改造，扩大优质、高产、多抗良种覆盖面，提高粮食亩产。持续提升米屯铁柿子、阳光玫瑰葡萄、大樱桃、冰糖枣、食用菌、薄皮核桃、大果榛子等特色农产品知名度，力争新认证绿色有机食品 3 个，培育国家地理标志证明商标 1—2 个。大力发展海鲜预制菜等高附加值农业产业，加快推进海鲜批发市场建设，引进农产品精深加工、有机肥生产销售企业 2—3 家。打造 2 个国家级优质农产品基地，力争获批"鲟鱼+桃子"国家级现代农业产业园。持续发力北方种质资源引育中心建设，深入作好"五子登科"大文章，新引育优质种源 50 种以上，推动"连粳 4 号"入选国家种质资源库，力争中国大樱桃苗种源基地正式获批，全力争取中国海鲟鱼种苗基地落户我区，参与中国海参种苗及产业链标准制定。大力推广农业机械化作业，探索推动山地丘陵特色小型农机试验示范。

二是建设宜居宜业乡村。优化空间布局，深化"多规合一"，聚焦"一主两副三片多点"，高标规划、试点推进 3 个中心街道、18 个中心村建设，推动人口、产业、文化、康养、治安等资源要素向其聚集，加快破解未来谁来种地、如何养老难题，重点打造好杏花社区、米屯社区、大岭社区、费屯村、同益村 5 个示范样板。坚持走融合发展之路，依托杨树房、皮口、墨盘、安波等街道良好基础，加快建设一批特色街村，打造"十里花街"4 条、快乐农庄 15 个、网红打卡地 10 处，新建美丽宜居乡村 30 个，全力争取国家"五好两宜"和美乡村建设试点。健全完善农村基础设施，新建一批"四好农村路"、生产便道、水利工程。健全农村人居环境"治管护"

长效机制，深入推进"四治一护"⑫专项行动，常态开展最美庭院、最美家庭等创建，新增辽宁省"最美庭院"1—2个。传承发展好新金民歌、新金大鼓、大谭唢呐等优秀民间传统文化，力争新金民歌入选国家级非遗名录库。

三是促进农民富裕富足。高标准通过国家乡村振兴示范县创建验收。深入开展"党群共同致富"活动，推动"富村强街、联产带农"工程走深走实，新成立5—8家"富村公司"，街道收入全部超过800万元，其中，中部4个街道达到1200万元、南部3个街道全部超过6000万元、主城区3个街道全部超过亿元，集体经济收入30万元以上村（社区）占比超过90%，50万元村（社区）达到100个以上，100万元村（社区）达到65个以上。推动农民就近就地就业，引导工业企业将部分生产环节向农村延伸，鼓励打造一批"振兴车间"，拓展农民增收渠道。坚持党建赋能乡村振兴，选任有能力、有情怀、有实操经验的退休老同志或"链主"村书记兼任薄弱村、落后村党组织书记，配强富民强村"领头羊"。健全完善产业联合党委工作制度，探索推行绩效奖励机制，全面激发内生动力。

（三）突出改革创新，着力激发跨越赶超新动能

一是持续推出创造性改革举措。高标准完成新一轮党和国家机构改革任务。深化巩固"阳光教育""阳光医务"创新成果，全域推进"阳光国有资产管理""阳光招投标""阳光人社"，及时提炼总结上报我区经验做法，争创一批国家或省级改革创新品牌。加快农村改革系统集成，巩固农村集体产权制度改革成果，完善农村利益联结机制，试点开展宅基地盘活利用，积极申报国家农村产权流转交易规范化建设试点，探索利用地票交易、变现、融资，打通农村生产要素流通新途径。充分借鉴山东"分地不到户"经验做法，加快推进农村细散化地块土地流转，力争2024年新办农机合作社1—2家，完成土地流转20万亩，到2025年土地集中率达80%。深化园区改革，推动经济开发区提质进位，力争2024年进入全省八强、建成国家级绿色园区，2025年跻

身全省前5位。纵深推进国企改革，创新发展模式、拓展增收渠道，确保实现经营性收入1亿元目标。

二是建设北方一流营商环境。深入践行"妈妈式"服务理念，持续开展"走企业、送服务、解难题、促发展""百人进千企"等活动，探索建立"企业吹哨·部门报到"互动机制，做实用好"优普码"，推行企业满意度测评，以考评"指挥棒"引领政务服务"风向标"。拓展一网通办、掌上办、帮办代办等服务事项，最大限度实现"一次都不跑"。完善企业和自然人政务服务链，全力推进企业准营、公民婚育、灵活就业等高频事项"一件事、一次办"。常态化开展"双随机、一公开"监管，建立中介"黑名单"制度，规范中介机构管理。创新市场监管方式方法，探索实施对"四新经济"⑬包容审慎监管，给予市场主体成长"容错试错"空间。深化政银企交流合作，加强产融对接服务，优化企业融资环境。

三是营造高质量创新生态。坚持把创新作为高质量发展的第一动力，推进高素质创新主体倍增，深入实施"微成长、小升高、高变强"梯次培育，推动高成长性企业提质增量，力争净增高新技术企业12家、科技型中小企业65家，新培育"专精特新尖"、雏鹰、瞪羚、"潜力"独角兽企业3家，争取市长质量奖1项。强化企业科技创新主体地位，支持企业与中科院大连化物所、大连理工等大院大所合作组建创新联合体、科研成果产业化基地，推动"政产学研用"深度合作，引导企业积极参与国家和省、市"揭榜挂帅""卡脖子"技术、关键核心技术攻关，努力形成一批关键技术、重大成果，实施一批科技成果转化项目，加快形成更多新质生产力。探索构建政府"普惠+激励"和企业"高薪+股权"联动机制，完善以企业为主体的人才评价体系，深入开展"才聚莲城"招才引智等活动，力争新引育省级以上科技领军人才6—8名、院士专家工作站5个。

（四）突出扩容提质，着力塑造现代城市新形象

一是高标准推进城市建设。突出功能性、内涵

式发展，统筹抓好重大标志性工程和"小而精"民生项目，有序推进 6 处城中村改造，全面启动智慧停车场建设，适度超前规划布局电动汽车充电基础设施，新建定点充电桩 200 个；立足雨污分离，系统规划布局地下管网，新改建雨污管线 20 公里，加快推进第二污水处理厂启动建设，构建宜居韧性城市。统筹推进城区绿化补缺提质，见缝插绿，打造"微森林"，建好用好南山公园、台山公园、湿地公园，加快推进"三河"公园建设，再建一批滨水带状公园、社区公园、口袋公园，构建"300 米见绿、500 米见园"的城市绿地格局。高标准规划建设滨海路慢行系统，力争 2024 年 6 月前全面投入使用。加快推进黑大线改扩建工程，新建市政道路 17 条，持续完善交通网络。

二是高质量发展城市经济。联动国有平台公司与街道、部门多方力量，大力发展总部经济、楼宇经济、夜经济、网红经济、银发经济，持续办好"特色三节"⑭，培育"智慧+""绿色+""文旅+""健康+"等消费新业态新模式，拓展消费场景。高标准举办承办具有影响力的活动赛事，积极筹划举办新材料产业发展大会、中国足协女足青训中心 2024"希望杯"足球赛、首届"辽宁省森林运动会"和"普兰店服装时尚周"，全力争取引进 2024 年夏季达沃斯论坛分会场，做好承接第十五届全国冬运会分赛区前期建设。

三是高水平实施城市管理。出台《普兰店区城乡建设管理办法》，构建责任明晰、重心下移、常态长效的城市管理体系。加快推进无物业小区封闭管理，2024 年年底前实现主城区开放小区物业全覆盖。持续推进拆违控危治乱，组织开展专项行动 10 次以上，确保新增违法建设动态清零。着眼精细化治理，探索推行"721"工作法⑮，常态开展背街小巷治理，市容环境、交通秩序整治。加快"数字莲城"步伐，大力推动"城市大脑"建设，集成推进一批智慧城管、智慧交通、智慧警务等示范性应用工程，提升城市智慧化水平。

（五）突出绿色发展，着力擦亮生态文明新底色

一是大力推动节能降碳。积极推进新型工业化，推动制造业"高端化、智能化、绿色化"发展，加快推进六大传统产业节能低碳改造，大力实施"金屋顶"行动，全面打造绿色工厂、绿色园区、绿色供应链平台，促进制造业全产业链和产品全生命周期绿色低碳发展，力争 2024 年规上企业屋顶光伏覆盖率达 30% 以上，建成国家级"绿色工厂"8 家以上、省级"绿色工厂"30 家以上。大力推广绿色建材和绿色施工，统筹推进城乡分布式光伏布局建设。抢抓环保产业发展新风口，瞄准环保新材料、环保工程设备制造、环保检测等招引一批环保领域的单项冠军和"专精特新尖"小巨人企业。

二是强力攻坚污染防治。高标准创建国家生态文明建设示范区，力争 2025 年前全面创成。坚持多污染物协同控制，推动重点企业大气污染防治绩效评级和低效治理设施提升改造，持续改善空气质量，力争年均 PM2.5 浓度降到每立方米 30 微克以下，空气质量优良天数比例保持 90% 以上，基本消除重污染天气，整体水平走在全市前列。坚持水岸同治、河海共治，强化工业废水、城镇污水、饮用水源、尾水湿地、入海入河排污口和小微水体治理，基本消除城区黑臭水体，确保国考河流断面优良比例保持 100%。抓好建设用地、农用地土壤污染风险管控，深入开展"农药化肥减量化"行动，大力推广使用绿色有机肥，打造一批生态绿色循环农业产业园。健全完善城乡一体的生活垃圾分类投放、收集、运输、处置体系，力争实现"餐厨垃圾全处理、其他垃圾全焚烧、生活垃圾零填埋"。

三是聚力生态治理修复。强化全域统筹，突出功能提升，加大城乡绿化力度，有序推进整改复耕，力争完成林分修复 1 万亩。强化空间准入联动，建立生态环境保护"三线一单"⑯与国土空间"三区三线"相互衔接机制，更好地兼顾生态保护和开发建设需要。大力实施湿地修复保护工程，联动推进普兰店湾、皮口、城子坦沿海街道"蓝色海湾"建设，强化废弃矿山生态修复治理，切实筑牢生态安全屏障。探索实施生态产品价值核算，推广绿色保险、排

污权抵押贷款等绿色金融产品，引导社会资本投入生态环保，实现生态资源向资产资本高水平转化。

（六）突出民生关切，着力共享改革发展新成果

一是深入推进历史遗留问题清根解决。持续深入开展"裁执分离"工作，依法依规有效破解制约地区发展的"动迁难""回迁难"等问题，有序盘活剩余 11 个停缓建楼宇项目，2024 年年底前盘活烂尾楼盘 2 个、打通"卡脖子路"2 条。进一步巩固解决"办证难"问题成果，强力推动向公益领域拓展，力争实现土地使用合法的工业厂房和已售商品房"办证难"问题全面清零；对不符合土地使用规定的，按照"依法依规、实事求是、普遍联系、清根解决"的原则，分领域成立由分管区级领导牵头的工作专班，逐案穿透式研究，力争取得实质性进展。

二是提升公共服务满意度。办好人民满意的教育，着眼托幼一体，大力发展托育托幼服务，新增托育位 300 个以上。加快推进莲城小学、培英中小学等项目建设，全力争取数字海洋馆等项目落地，深入实施"三名"工程⑰，加强师德师风建设，全方位补齐教育短板。加快推动大连现代服务职业学院落地，力争早日建成投用。构建更加惠民便民的医疗体系，全力推动区中心医院、中医医院等与大医二院普湾院区差异化错位协同发展。深化紧密型"医共体"建设，突出"特色学科＋中医康养"主题，实施医学重点专科"登峰计划"，推动高质量医疗服务向中心街道延伸，做深做实"行走的医院"，切实提升群众获得感。完善公共文化服务体系，丰富群众文化体育活动，提高文化惠民质量和水平。提升退役军人服务保障水平。

三是织牢民生兜底保障网。强化就业优先导向，紧盯各领域用工需求，统筹抓好高校毕业生、农民工、退役军人等重点群体就业，探索建立"零工市场"⑱，支持多渠道灵活就业，确保新增城镇就业人数保持合理增长。健全社会保障体系，完善公平适度的医疗保障制度和政策体系，继续提高城乡低保和特困供养标准。健全完善分层分类社会救助体系，做好困难群众基本生活救助保障工作，加强急难临时救助。健全普惠性养老体系，试点推进中心街道、中心村"医养结合"养老服务新模式，持续开展特殊困难老年人家庭适老化改造，大力发展"菜单式""可订制"的居家养老上门服务，建设老年友好型社会。

（七）突出共建共治，着力优化社会治理新环境

一是全方位防范化解重大风险。坚决贯彻落实总体国家安全观，探索建立部队、国安、政法、公安、街道"五位一体"国防安全联防联控体系，大力实施"农业芯片"、核心技术保护行动，严厉打击非法集资违法犯罪，有效防范重大风险。持续树牢"过紧日子"思想，千方百计"开源节流"，稳步有序推进债务化存量、控增量，坚决守住不发生系统性风险底线。依法加强宗教事务管理，坚决打击非法宗教活动，选树 3 个市级典型示范场所，支持乐甲街道争创省级民族团结进步创建示范单位。

二是多维度提升基层治理效能。创造性践行新时代"枫桥经验"，坚持党建引领"微网实格"，不断提升基层作战单元预警和应急处置能力，确保"小网格"发挥"大作用"，构建高效协同的现代化治理新格局。建立综治中心户激励机制，强力推动"家和邻里亲"等活动真正发挥作用，拓展党组织领导下的多元化群众自治路径，做实做响"普法安"基层治理品牌，探索推行"一村（社区）一策"治理，打造一批具有普兰店特色的基层治理新名片。保持铁腕整治非法采砂盗矿行为高压态势，再查处一批大案、要案。严格落实领导干部接访、下访、约访、包案等制度，立足"事要解决"，全力推进信访"治重化积"，力争 2024 年年底退出"全省后 60 位"。

三是立体化筑牢公共安全底板。加快完善立体化信息化治安防控体系，常态开展扫黑除恶斗争，依法严厉打击电信网络诈骗、网络赌博等各类违法犯罪活动，增强人民群众安全感。强化安全生产闭环管控，压紧压实"四方责任"，盯紧盯牢危险化学品、特种设备、消防安全、道路交通、城乡燃气、建筑施工等重点领域，纵深推进风险隐患排查和重点企业整治，彻底消除同仁市场安全隐患，加快推进

D 级危楼和西工桥、九七桥、台山桥 3 座立交桥除险加固，推动安全生产"遏较大、双下降"。加强食品药品全链条监管，守护好人民群众"舌尖上的安全"。扎实做好防汛防台防震、地质灾害等综合防治工作。探索医防协同、医防融合机制，完善疾病预防控制体系，抓好老年人和患基础性疾病群体的防护，提升应对突发重大公共卫生事件能力。

四是深层次推进全面依法治区。深入贯彻习近平法治思想，扎实落实法治政府建设各项任务，高标准创建省级法治政府示范区。全面提升依法行政水平，确保行政机关负责人出庭应诉率保持100%。优化基层矛盾纠纷化解资源和力量配备，强化诉源治理，切实把矛盾纠纷化解在基层、消灭在萌芽。推动基层司法所规范化水平整体提升，新创建辽宁省"五星级司法所"1 所。深化普法宣传，持续开展"法律九进"活动，培育创建国家和省级"民主法治示范村（社区）"4 个。进一步完善公共法律服务体系，深入开展"法律体检进企业""法援惠民生""公证进乡村"系列活动，加大市场主体保护力度，全面提升法治化营商环境建设水平。

五是宽领域深化民主政治建设。支持人大及其常委会依法讨论决定重大事项，履行对"一府一委两院"的监督职能，全方位践行全过程人民民主，深入开展"代表建议直通车"活动，充分发挥人大代表的作用。支持政协牢牢把握团结和民主两大主题，发挥好专门协商机构作用，依法依章程履职，进一步做实"天下莲城人""莲事联商"等平台载体，确保发挥更大作用。加强对各民主党派的政治引领和合作交流，发挥统一战线创新创业、引资引智等优势，积极服务经济社会发展大局。扎实做好党管武装各项工作，支持法院、检察院依法独立开展工作。更好地发挥工会、共青团、妇联等群团组织的桥梁纽带作用。

三、党建领航、铸魂固本，全面汇聚高质量振兴突破强大合力

（一）凝心铸魂，锤炼绝对忠诚的政治品格

坚持用习近平新时代中国特色社会主义思想凝心铸魂，始终把政治建设摆在首位，深入学习贯彻党的二十大精神和习近平总书记在新时代推动东北全面振兴座谈会上的重要讲话精神，深刻领会"两个确立"的决定性意义，坚定"四个自信"，胸怀"两个大局"，心系"国之大者"，不断锤炼政治判断力、政治领悟力、政治执行力，坚决把"两个维护"落实到处处、事事、时时。坚持把政治纪律和政治规矩挺在前面，严格执行新形势下党内政治生活若干准则，不断提高党内政治生活质量。严格执行民主集中制，充分发挥党委把方向、管大局、作决策、抓落实的作用，将党的领导贯穿到经济社会发展的各领域、全过程。高标准做好省、市、区委巡视巡察"后两篇文章"⑲，以整改的实际成效体现政治担当。

（二）守正创新，塑造引领主流的舆论格局

深入贯彻习近平文化思想，树牢"宣传就是生产力"的意识，创新新闻外宣模式，深入推进媒体融合转型，加强全媒体传播体系建设，着力打造"高品质内容生产—精准分发与广泛覆盖—形成积极有效影响"的传播闭环，力争全年在中、省主流媒体刊发稿件 2500 篇以上。牢牢掌握意识形态工作领导权、主动权、话语权，强化网络舆情分析研判和应急处置，坚守主阵地、凝聚正能量，弘扬主旋律、发出好声音，为普兰店高质量发展提供强大的思想保证、精神动力和舆论环境，确保不发生重大舆情事件和网络安全事件。

（三）强基固本，筑牢坚强有力的战斗堡垒

牢固树立大抓党建、大抓基层的鲜明导向，始终把党的力量挺在乡村振兴最前沿，配强班子、育强"头雁"，实施基层党组织带头人"提素强能"行动，调整完善驻村帮扶队伍，持续整顿软弱涣散村级党组织，不断提升村级党组织引领发展、服务群众的能力。统筹各领域党的建设，加大薄弱领域党建工作力度，延伸党的组织链条，实现党组织应建尽建，推动党的组织从"有形覆盖"向"有效覆盖"提升转变，促进基层党建全面进步、全面过硬。做实非公党建品牌，大力推进"红色物业"建设，探索建立互感器行业党建联盟，推出 3—5 个在全市叫得响的党建模范标杆，力争把大杨集团、鑫玉龙打造成具有全国影响力的非公组织党建典型。持续开展第一书记"十佳工作法"评比，全面激发第一书记工作动力。

（四）敢闯善为，锻造担当实干的攻坚力量

坚决落实新时代好干部标准，突出为发展配干部、凭实绩用干部的鲜明选人用人导向，切实把政治过硬、担当实干、敢抓敢管的干部选出来、用起来，让担当者得重用、获褒奖，让无为者让位子、受警醒。大力培养狮子型、专业型、有抱负的年轻干部，突出"学干一体、实战历练"，坚持在急难险重任务中推动干部拓宽视野格局、转变思维观念、改进工作方法，大力推动与宝山区互派干部挂职锻炼，锻造一批新时代优秀"五能干部"[20]。深入推进干部能上能下，用活用足容错纠错机制，完善干部考核评价体系，实行街道（园区）、部门交叉任职，激励党员干部以实干立身、用实绩说话，全面营造"想干事、敢干事、会干事、干成事、不出事"的浓厚氛围。大力发现培养选拔使用女干部、党外干部、少数民族干部。

（五）正风肃纪，营造正气充盈的政治生态

始终保持"零容忍"态度反腐肃贪，坚定不移遏增量、清存量。持续深化大数据监督，统筹推进政治监督、审计监督、派驻监督、巡视巡察监督，巩固深化营商环境、粮食购销、医疗卫生等领域专项整治，确保党中央和省委、市委各项决策部署在普兰店不偏向、不变通、不走样。坚持抓早抓小、治病救人，精准运用"四种形态"特别是第一种形态，深入开展"以案促改、以案促治"，筑牢各级干部拒腐防变坚固堤坝。持之以恒落实中央八项规定及其实施细则精神，加大"一把手"监督和同级监督，坚决整治形式主义、官僚主义。坚持系统施治、标本兼治，有案必查、有腐必惩，一体推进不敢腐、不能腐、不想腐，持续营造风清气正的政治生态。

各位委员、同志们，路虽远，行则将至；事虽难，干则必成。让我们更加紧密地团结在以习近平同志为核心的党中央周围，在市委的坚强领导下，始终保持"三年当成一年干、两步并作一步跑"的奋斗姿态，创新作为、担当实干、勇争一流，奋力谱写普兰店区城乡一体化高质量发展新篇章！

名词解释

1."6＋6＋3＋2"产业布局：

第一个"6"，就是六大传统优势产业：服装服饰、食品加工、汽车零部件、电力设备器材、通用设备制造、木制品加工。

第二个"6"，就是六大战略性新兴产业、12个重点方向：

①节能环保领域，突出高效节能、先进环保、循环利用；

②新兴信息产业领域，突出通信网络、物联网；

③生物产业领域，突出生物制药、生物农业；

④新能源领域，突出风能、氢能、光能；

⑤高端装备制造业领域，突出高端智能装备；

⑥新材料领域，突出特种功能和高性能复合材料。

"3"，就是三个小镇：皮口"辽参鲜鱼小镇"、杨树房"裁缝小镇"、安波"运动康养温泉小镇"。

"2"，就是港、矿：皮口港和双塔石矿、莲山铁矿。

2."五子登科"：种子、苗子、崽子、精子、菌子。

3."四上"企业：规模以上工业企业、规模以上服务业企业、限额以上批零住餐企业、资质以上建筑业和有经营活动的房地产企业。截至2023年12月，全区共有"四上"企业413家，其中规上工业企业151家、规上服务业企业25家、限上批零住餐企业65家、资质以上建筑业和有经营活动的房地产企业172家。

4."七乱"：乱搭乱建、乱泼乱倒、乱停乱放、乱摆乱占、乱贴乱画、乱行乱穿、乱运乱撒。

5."五级红色网格"：街道党工委＋村（社区）党支部＋网格党支部＋屯组（楼栋）党小组＋综治中心户。

6."五有一善"：有思想、有情怀、有能力、有毅力、有定力、善创新。

7.“1＋8”强区战略：1，即数字莲城；8，即农业强区（将原来的海洋强区并入农业强区）、智造强区、交通强区、科技强区、职教强区、能源强区、生态强区、法治强区。

8.“六城”：战略性新兴产业引育孵化之城、生态绿色康养宜居之城、乡村全面振兴样板之城、辽中南职业教育中心之城、区域性陆海交通枢纽之城、北方一流营商环境品牌之城。“六城”的提出，是我区对标对表辽宁省“六地”、大连市“六个建设”目标，以城乡一体化高质量发展为统领，结合未来发展趋势和当前区情实际，由“1＋8”强区战略延伸而来，二者互为一体、相辅相成。

9.“三变”改革：资源变资产、资产变资本、资本变资金。

10.“八大领域”：农业领域、工业领域、服务业领域、行政事业领域、无形资产领域、城市建设领域、河库地领域、矿产资源领域。

11.“9876”培育梯次：全面梳理占规上（限上）目标 90%、80%、70%、60% 的企业，按照梯次培育升规。

12.“四治一护”：治脏、治乱、治差、治污、护绿。

13.“四新经济”：新技术、新产业、新业态、新模式。

14.“特色三节”：古莲文化节、平岛海参捕捞节、中国大连（安波）国际温泉滑雪节。

15.“721”工作法：坚持 70% 的问题用服务手段解决，20% 的问题用管理手段解决，10% 的问题用执法手段解决。

16.“三线一单”：生态保护红线、环境质量底线、资源利用上线，生态环境准入清单。

17.“三名”工程：名师、名校、名校长。

18.“零工市场”：主要指为用工主体和零工人员（短期或临时就业的城乡劳动者）搭建的供需平台，实现即时快招、灵活就业。

19.“后两篇文章”：问题整改和建章立制。

20.“五能干部”：开口能讲、问策能答、提笔能写、遇事能干、干事能成。

大连市普兰店区人民代表大会常务委员会工作报告

——在大连市普兰店区第三届人民代表大会第三次会议上

（2023 年 12 月 28 日）

连丕江

各位代表：

我受普兰店区第三届人民代表大会常务委员会的委托，向大会报告工作，请予审议，并请列席的同志提出意见。

2023 年主要工作

2023 年是贯彻党的二十大精神的启首之年。一年来，区人大常委会在区委的坚强领导下，坚持以习近平新时代中国特色社会主义思想为指导，依法履职行权，在时不我待的砥砺中铺展民主画卷，在只争朝夕的实干中书写法治华章，为推动我区城乡一体化高质量发展示范区建设作出了积极贡献。全年共召开常委会会议 8 次，主任会议 9 次，开展视察调研和执法检查 45 次，听取和审议"一府两院"专项工作报告 19 个，作出决议、决定 8 个，任免国家机关工作人员及人民陪审员 247 人次，补选市人大代表 2 名、区人大代表 15 名。

一、用好"教育铸魂"之笔，就思想政治"主线"

坚持把政治建设摆在首位，积极开展学习贯彻习近平新时代中国特色社会主义思想主题教育，切实在"以学铸魂、以学增智、以学正风、以学促干"方面取得扎实成效。

带着执着信念学，学出了忠诚与自信。坚持把学习习近平新时代中国特色社会主义思想和党的二十大精神作为常委会党组会议第一议题、代表培训第一课，全面系统学、及时跟进学、联系实际学，推动理论学习常态化。主题教育开展以来，常委会党组及机关在学习宣传贯彻习近平新时代中国特色社会主义思想上再加力，领导班子成员参加区委集体研学 4 次，常委会机关举办读书班 4 期，党组成员到所在支部开展理论宣讲 4 次，全体机关干部撰写研讨交流材料 118 篇，进一步在细照笃行中彰显人大机关政治站位。在提高自身教育成效的基础上，党组领导班子成员积极履行包联工作职责，推动包联单位学习调研由"表"及"里"、服务发展由"浅"到"深"、问题整改由"虚"向"实"。

带着强烈责任学，学出了使命与担当。深入学习贯彻习近平总书记在新时代推动东北全面振兴座谈会上的重要讲话精神，聚焦落实区委二届四次、五次全会和区委人大工作会议精神，主动担当作为。常委会领导班子成员积极践行"四下基层"工作法，常态化开展包建项目、包保街道、联络乡村振兴联系点和服务专家等工作。在"双进双促"活动和"富村强街、联产带农"工程实施中，领导班子成员和机关干部切实为所包保的 76 家企业和 10 个产业联

2023年12月28日，大连市普兰店区第三届人民代表大会第三次会议召开

合党委（社企联盟）出谋划策、排忧解难，其中 17 家企业提出的 22 件诉求已全部办结，各产业联合党委（社企联盟）运转情况良好。积极参与 2023 大连时装周分会场普兰店"时尚之夜"活动筹备工作，助力我区彰显莲城魅力。

带着实践要求学，学出了方法与路径。在主题教育浓厚氛围的熏染下，常委会积极探索全过程人民民主"莲城实践"，在大连市范围内创新开展"代表建议直通车"活动，进一步提高闭会期间代表常态化履职和主动服务意识，鼓励全体代表争做勤学、勤思、勤听、勤看、勤闻、勤讲、勤写、勤走的"八勤"代表。人大各街工委通过组织"代表与选民见面大集""直通车开进百年老街"等活动，广泛动员代表和群众参与到活动中来，共收集"直通车"建议 152 件，成功改变了多年来闭会期间代表提出建议"个位数"和"夏事、冬提、春办"现象，关注群众身边事成为代表履职新常态。常委会严把建议质量审核关，会同区政府开展可行性研判，保证"直通车"建议全部高质高效办结，其中街道自行办结 71 件、社区（村）自行办结 43 件、转区政府研究办结 38 件，西海街道汛期排水、李店社区公交车线路恢复、实验小学交通拥堵等问题得到承办部门高度重视，办理结果获得代表和群众点赞认可，人民代表大会制度优势在一件件办理达成的民生事项中顺利转化为群众口碑和发展成效。

二、用好"依法监督"之笔，绘就服务发展"长线"

常委会聚焦服务中心大局，紧跟区委部署、紧贴人民期盼履职行权，切实做到区委决策部署到哪里，人大工作就跟进到哪里，力量就汇聚到哪里，作用就发挥到哪里。

推动打造高质量发展基石。常委会密切关注全区经济运行态势，听取和审议国民经济和社会发展计划执行情况报告及区政府实施"十四五"规划纲要中期评估的报告，全力支持和跟踪监督"稳经济"政策措施落实落地。围绕管好人民"钱袋子"，听取财政预算执行情况报告，审查批准预算调整，推动财政部门优化预算支出结构，促进财政资金提质增效。在丰荣街道建成大连市人大常委会预算工委基层联系点，密切基层与上级人大机关的衔接沟通。调研区政府债务管理情况，推动形成防范化解政府债务风险的长效机制。加强国有资产管理情况监督，推动国有资产保值增值。坚持人大监督与审计监督协同发力，跟踪监督相关部门对5大类37个具体问题的持续整改，有效维护全区财政经济秩序。

推动打造乡村振兴示范。聚焦"国家乡村振兴示范县"创建，听取和审议有关工作推进情况的报告，以贯彻实施《中华人民共和国乡村振兴促进法》为引领，规范和保障示范县创建工作取得扎实成效。调研鲟鱼辽参数字化产业园建设推进情况，助推我区建设陆海统筹、三产融合示范区，拓展海洋经济发展新路径。赴本溪满族自治县、桓仁满族自治县等地考察中药材产业发展情况，借助"他山之石"研究我区发展林下经济及中药材产业的可行性路径，助力农户和村集体增收致富。深入调研我区乡村文化旅游发展及其可利用资源情况，推动区政府进一步挖掘本地特色文化元素，探索"文旅+"模式赋能乡村振兴。

推动打造可持续发展先锋。调研我区生态环境状况和生态环境保护目标完成情况，实地查看国考大沙河麦家断面上游河道水动力提升与生态湿地建设工程、大连固特异轮胎有限公司挥发性有机物治

理情况，督促相关部门进一步压实环境监管和社会治理责任，促进生态环境持续向好。调研我区新能源开发利用情况，推动区政府加快建立绿色低碳循环发展的经济体系，完善资源环境要素市场化配置体制机制，努力构建城市绿色发展新格局。审议《大连市普兰店区国土空间规划（2021—2035年)》和《普兰店区乡镇级国土空间总体规划（2021—2035年)》，督促区政府及其相关部门正确处理好当前和长远的关系，充分发挥规划指导作用，为推动我区经济社会高质量发展奠定基础。

推动打造民生幸福标杆。围绕备受关注的"阳光教育""阳光医务"推进情况开展视察，选取40个热点问题制发社会层面调查问卷近4万份，点对点调研"阳光工程"取得的实际效果及存在的问题，提出针对性改进意见，助力打造风清气正、人民满意的教育环境和医疗环境。听取和审议重点群体就业帮扶工作情况的报告，提出了出台更优就业政策、提升职业技能供给能力等意见建议。调研《中华人民共和国残疾人保障法》贯彻实施情况，促进残疾人事业全面协调健康发展。积极回应基层干部群众对冬季供暖保障、小区物业管理全覆盖、卫生人才队伍建设、体育事业发展的期盼，适时关注有关工作推进情况，努力让人民群众的获得感成色更足、幸福感更可持续。

三、用好"守正创新"之笔，绘就法治强区"专线"

常委会认真贯彻习近平法治思想，坚决维护国家法治统一，全面推进严格执法、公正司法、全民守法，促进区域治理体系和治理能力现代化。

维护宪法和法律权威。坚持把学习宣传贯彻宪法及法律作为重要职责，配合区委法治建设委员会对12个部门和街道开展"八五"普法中期督导验收工作，推动全社会尊法学法守法用法。积极开展"12·4"国家宪法日宣传活动，常态化组织拟任职同志开展任前法律知识考试，组织宪法宣誓仪式3场次，引导国家机关工作人员和全体人大代表做社会主义法治的忠实崇尚者、自觉遵守者、坚定捍卫

者。积极配合中央依法治国办市县法治建设工作督察整改，扎实推进习近平法治思想学习不断向基层延伸。协助上级人大开展《中华人民共和国学前教育法（草案）》和《辽宁省宗教事务条例（草案）》等 7 部法律法规修改和征求意见活动并提出有关建议，将全过程人民民主融入司法实践。

促进区域治理能力现代化。听取和审议区政府关于 2022 年法治政府建设情况的报告，督促区政府把推进法治政府建设与贯彻新发展理念、推动高质量发展结合起来，充分保障行政决策、行政执法、行政监督法治化。调研区检察院涉案企业合规考察工作，为打造良好的法治化营商环境作出积极努力。调研区法院发挥人民法庭作用、服务保障法治乡村建设工作，为营造普法氛围、加强诉源治理、凝聚工作合力。组织人大代表到区法院旁听社会关注度较高、有一定代表性的案件庭审，监督司法案件公平公正裁决，推进司法公开，促进阳光司法。全年共受理来信来访和申诉控告 34 件（批）次、69 人次，转办、督办信访件 7 件，均得到妥善办理。

探索联动监督新模式。围绕"人大监督＋检察监督"新模式进行一系列探索性实践，认真贯彻落实中共大连市委《关于加强新时代检察机关法律监督工作的若干措施》要求，在大连市率先将检察建议的处理、回复等情况纳入人大监督内容，以人大监督助力检察建议更具刚性，相关经验做法被法治网转载报道；与区检察院联合拟定《关于建立人大代表驻检察机关监督联络机制的实施意见》，选任市区两级人大代表担任区检察院监督联络专员，更好发挥人大代表在司法监督工作中的重要作用。

四、用好"固本强基"之笔，绘就民呼我应"实线"

坚持把人大代表作为人大工作的基础，创新代表工作方式方法，支持和保障代表更好履行法定职责，切实发挥代表作用。

建优代表履职载体。代表"家站"规范化建设稳步推进，"网上代表联络站"试点推开，代表履职信息管理系统全面推广，代表联系群众、建言献策、依法履职更加便捷高效。以"专业素质强化年"为主题，扎实开展"践行全过程人民民主，争做新时代人民好代表"主题实践活动，区街两级集中开展各类培训 82 次、参培代表 1000 余人次，代表履职能力得到进一步提高。持续扩大代表对全区工作的参与度，邀请 74 名市、区两级人大代表列席区人大常委会会议，邀请代表参加视察、调研、执法检查以及全区各类会议、活动 291 人次，人大代表中的非公经济人士建立党组织 14 个、开展活动 118 次。协助、组织全国、省、市人大代表开展调研、会前视察及述职评议活动，促进代表更好地履职尽责。

束紧选民联结纽带。持续推进常委会组成人员联系代表制度化、常态化，制定区人大常委会组成人员联系人大代表安排意见，全体组成人员全年共联系代表 204 名、708 人次，收集问题和意见建议 30 件，帮助解决问题 24 件。各街工委依托每月"代表接待选民日"和年度"代表集中联系选民月"活动，支持和推动全区各级人大代表广泛深入基层、深入选民、深入代表"家站"开展活动，倾听选民心声，年内全区各级人大代表共接待选民和群众 3468 人次，收到意见建议 603 件，解决实际问题 296 件，帮助困难群众 188 人次。

实化建议办理质效。常委会扭住"提、交、审、办、督、评"等关键环节，推动议案和建议办理工作由"答复型"向"落实型"转变。坚持数质并重、以质为先，通过举办培训班、线上辅导、面对面指导、召开座谈会等方式，引导代表高质量提出议案和建议；对各承办单位办理答复情况及代表满意度进行全面调查，督促承办部门提高办理水平；选择 10 件代表建议作为常委会主任会议成员重点督办建议，推动一批社会普遍关注的问题解决。在各方面的共同努力下，区三届人大二次会议上代表提出的 2 件议案、242 件建议全部办结，居民家中天然气通上了，有的小区持续十多年的"摸黑路"亮了，主城区道路升级改造后更平坦了……人大代表提出的议案和建议从"纸面"落到了"地面"，代表们的"好声音"真正成为了城市治理的"金钥匙"。

五、用好"提质强能"之笔，绘就自我革新"曲线"

常委会主动适应新形势、新任务、新要求，以"四个机关"建设为统领，不断提高依法履职水平，努力打造让党放心、让人民满意的模范机关。

突出政治引领。全年共开展党组会议专题学习14次、党组理论学习中心组学习10次、机关党支部集中学习12次，持续学懂弄通做实新时代党的创新理论，从中明方向、增动力、找答案。强化常委会党组、机关党总支、机关党支部的政治功能和主体责任，认真开展民主生活会、组织生活会等党内政治生活，充分利用铁西街道党史教育中心、沙包街道雷锋纪念馆、安波街道曙光馆等本地红色资源开展主题党日和参观见学活动，教育引导机关党员干部坚定政治立场，严守政治规矩，切实提高把握方向、把握大势、把握全局的能力。严格落实意识形态、保密工作责任制，每季度研判分析人大机关意识形态工作，开展保密教育15期，筑牢人大机关安全防线。

提升工作效能。及时将上年度修订完善的5个方面58项制度编印成册，发至全体常委会组成人员、人大机关干部、人大各街工委，作为人大工作者日常履职的"手边书"，进一步提升人大工作科学化、制度化、规范化水平。始终把调查研究作为做好人大工作的基本功，常委会领导班子成员、机关干部、各部门分别开展领题调研、联合调研、专项调研，共形成调研报告14篇，重点在查找问题、分析原因、提出改进意见建议上下功夫；领导班子成员召开调研成果交流会，结合正反两方面典型案例开展剖析调研。举办常委会组成人员专题辅导讲座6场，常委会各工委主任走上"讲台"，分享常委会会议议题的确立初衷、工作的进展情况和审议的重点事项等，为提高审议质量和监督效果奠定基础。

加强业务指导。制发人大街工委年度工作清单，定期召开人大街工委工作会议，使基层人大工作有章可循、有规可依。建立街道人大工作考核机制，充分调动工作主动性、创造性。按照区委关于加强

和改进人大工作的有关实施意见，完善人大街工委人员设置，配强基层人大工作力量。注重向街工委履职一线挖掘更加鲜活的新闻素材，实现双向互动，各街工委年内报送工作信息和代表履职信息92篇，占全年信息收集数量的48.9%，《人大代表进家站，你的心事我来听》《人大代表赶大集，接待选民零距离》等信息获人民代表报、辽宁日报、大连日报以及省市人大有关刊物和公众号转发。

强化作风建设。坚持全面从严治党永远在路上，贯彻执行中央八项规定及实施细则精神，常态化开展廉政警示教育、保密教育、国家安全教育，持续深化纠治"四风"，改进文风会风，杜绝形式主义、官僚主义，着力营造风清气正、干事创业的浓厚氛围。结合主题教育有关要求，深入检视自身存在的问题83项，明确整改措施和时限。积极配合省委巡视工作，不折不扣抓好巡视指出问题"边巡边改"工作，坚持立行立改与建立长效机制相结合，确保整改任务落实到位。

各位代表，区人大及其常委会过去一年取得的工作成绩是区委正确领导的结果，得益于"一府一委两院"、各街道各部门和社会各界的鼎力支持，凝结着全体代表、常委会组成人员和人大工作者的心血和汗水。在此，我谨代表区人大常委会向所有关心、支持人大事业发展的同志们、朋友们表示衷心的感谢和崇高的敬意！

回顾过去一年的工作，我们清醒地认识到，面对新时代对人大工作的新要求和人民群众的新期待，常委会工作还存在诸多不足，主要表现在：服务大局的质效还不够明显；依法监督的方式还不够丰富；代表作用发挥还不够充分；基层人大规范化建设还不够均衡等。对此，常委会将在今后的工作中认真研究、不断改进。

2024 年主要工作

2024年是全面振兴新突破三年行动攻坚之年，区人大常委会工作的总体要求是：坚持以习近平新

时代中国特色社会主义思想为指导，认真学习贯彻党的二十大精神和习近平总书记在新时代推动东北全面振兴座谈会上的重要讲话精神，紧紧围绕区委二届六次全会部署，履职尽责、担当作为，为奋力开创高质量振兴发展新局面贡献人大力量。

深刻把握"两个确立"的决定性意义，在用党的创新理论武装头脑、指导实践、推动工作上取得新进步。我们将不断总结升华主题教育成果，进一步增强"四个意识"、坚定"四个自信"、做到"两个维护"，在忠诚核心上矢志不渝，在理论武装上精进不怠，在力践笃行上坚持不懈。我们要把学习贯彻习近平新时代中国特色社会主义思想与学习贯彻习近平总书记关于坚持和完善人民代表大会制度的重要思想贯通起来，牢牢把握社会主义民主政治的本质和核心，不断拓展保证人民通过人民代表大会制度行使国家权力的人大实践，不断提升保证国家机关依照法定权限和程序履职行权的人大工作效能，更好发挥人大在推进地区治理体系和治理能力现代化中的重要作用。

深刻把握全面依法治国的战略部署，在推进依法监督上谋求新突破。加强对国民经济运行、财政预决算、审计整改、政府债务管理、国有资产管理、年度环境状况和环保目标完成情况的监督，以高效能监督促进我区经济社会高质量发展。综合运用多种方式，对我区高标准农田建设、发展壮大村级集体经济、中小学爱国主义教育、法治化营商环境建设、健康普兰店建设、老旧小区改造、社区养老、安全生产等工作开展监督，跟踪住宅小区物业管理全覆盖推进情况，推动监督时点从事后监督向全过程监督转变。选择一些涉及面广、事关高质量发展大局和群众切身利益的问题，采取上下级联动的方式共同推进，进一步贯通监督事项、整合监督资源、提升监督效果。

深刻把握"发展全过程人民民主"的职责使命，在保障人民当家作主上彰显新作为。持续做好"双联系"工作，健全代表学习培训、服务保障、履职管理制度机制，加强代表工作能力建设。坚持既要建好更要用好的原则，持续完善提升代表"家站"建设水平，使其成为群众身边的宣传站、民意窗、连心桥。坚持把"代表建议直通车"活动作为丰富全过程人民民主的重要载体，进一步延伸建议收集触角，广泛收集"原汁原味"的社情民意，扩大人民有序政治参与。组织代表围绕我区高质量发展的重点领域和关键环节，深入开展调查研究，广泛凝聚民心、集中民智、汇集民力。多措并举促进代表建议办理落实，推动代表议案建议"内容高质量、办理高质量"。

深刻把握"四个机关"定位要求，在加强人大自身建设上展现新气象。全面加强人大机关政治建设、思想建设、组织建设、作风建设、能力建设，提高机关党建工作质量和水平。加强人大机关干部斗争精神和本领养成，着力打造尊崇法治、精于规范、团结协作、守正创新的人大队伍。走好新时代党的群众路线，深入基层一线认真倾听企业、群众的意见建议，扎实做好包保服务工作，用心用情为企业和群众办实事、解难题。重点纠治形式主义、官僚主义，强化纪律约束，推进作风建设常态化长效化。加强意识形态阵地建设和管理，提高国家安全和保密工作水平，有效防范风险隐患。

各位代表，潮平岸阔风正劲，扬帆起航正逢时。新的一年，让我们更加紧密地团结在以习近平同志为核心的党中央周围，在区委的坚强领导下，埋头苦干、奋勇前进，为谱写普兰店区城乡一体化高质量发展新篇章而努力奋斗！

普兰店区政府工作报告

——在大连市普兰店区第三届人民代表大会第三次会议上
（2023 年 12 月 28 日）
姜　　斌

各位代表：

我代表区政府向大会报告工作，请予审议，并请各位政协委员和其他列席人员提出意见。

2023年工作回顾

2023 年，是全面贯彻党的二十大精神开局之年，是三年新冠肺炎疫情防控转段后经济恢复发展的一年，也是实施全面振兴新突破三年行动的首战之年。一年来，区政府坚持以习近平新时代中国特色社会主义思想为指导，在上级党委、政府和区委的坚强领导下，在区人大、区政协的监督支持下，勇于担当、积极作为，全面推进"八项行动"①，基本完成了区人大三届二次会议明确的各项任务。

一年克难而进，成之惟艰；一年不负韶华，砥砺向前。过去一年，我们的"指标题"越答越好，实现地区生产总值 404.3 亿元，增长 5%；一般公共预算收入 31.4 亿元，增长 11.4%；固定资产投资增长 22.2%；取得了全面振兴新突破三年行动首战告捷。我们的"知名度"越传越广，全区各行业领域工作成果、成绩荣登中央级媒体千余篇次，省市主流媒体 2500 余篇次，有效提升了普兰店的首位度和人气值。我们的"朋友圈"越扩越大，与福建霞浦、新疆石河子等地跨省联建，全市首个农业领域院士工作站、沈阳农业大学乡村振兴战略研究院大连分院落户，"天下莲城人"平台更是唤起了在外"乡贤"的乡情与乡愁。我们的"荣誉墙"越

挂越满，新获"中国服装智能制造名城"、"中国辽参鲟鱼产业之多称号"，获评全国首批未成年人保护示范区、全国渔业平安创建示范县、全国 2023年消费品工业"三品"战略示范城市。我们的"连心路"越连越通，持续疏梗阻、保畅通，修缮主城区道路 49 条 28 公里，消除积水路段 5 处；打通台渤路、轻西路，海皮路绕线工程顺利通车。我们的"民生事"越办越实，坚持暖民心、解民忧，投资 4.1 亿元改造老旧小区 420 栋 210 万平方米，累计解决 100 家企业约 74.6 万平方米厂房和 189 栋约 64.5 万平方米已售商品房及 4 个公益项目"办证难"问题，提升企业融资能力约 20 亿元，惠及群众 1.77 万人。

主要完成了以下工作：

一、坚决扛牢责任担当，全力稳住发展基本盘

激励措施精准有效。紧紧咬住既定目标，发力"三项机制"②，分 4 个片区"赛马夺旗"激励，多措并举稳增长保预期。全年新谋划、签约、落地、开工亿元以上项目分别为 92 个、59 个、24 个、33 个，复工项目 47 个，美德乐四期、智德生命、鸿嘉科技等项目实现当年开工、当年主体完工，固特异 20MW 光伏项目顺利并网，项目"赛马"始终保持全市北部组团领先。

招引力度持续加大。开展"走出去"招商活动 74 次，海水制氢、国新固态电池等 91 个重点项目完成签约，总投资约 203 亿元；实施项目 119 个，完成有效投资 47 亿元。固特异持续发挥外资"顶梁柱"作用，带动实际利用外资 2201 万美元，完成率

121%；大杨、中粮麦芽等重点外贸企业销量稳定增长，带动进出口总额完成 110 亿元，增幅高于全市平均水平。

市场主体信心回稳。全面开展"五经普"工作。持续助企纾困，提振市场信心，累计退减免缓税费超 2.4 亿元。开展知识产权质押融资入园惠企、银企对接等活动，累计为企业协调融资贷款 1.03 亿元。兑现招商引资奖励资金 389 万元。市场主体不断壮大，新登记 8766 户，总量增至 64799 户，增长 8.22%。

多措并举增加可用财力。完成税收 12.9 亿元，增长 8.2%。争取转移支付补助 23 亿元，征收项目配套费 2156 万元。深化"三变"③改革促进增收超 4.2 亿元，双塔二矿矿业权成功出让、邓店一矿已进入勘查招标程序；处置批而未供土地 23 万平方米，征收出让价款 4380 万元；开展非法违规占用海域滩涂岸线清理整顿，依法清理收回开放海域 5.5 万亩，收缴海域使用金 3544 万元。

二、持续壮大产业优势，振兴发展动力稳步提升

农业发展带动乡村振兴成果显著。农业增加值增长 5.8%，实现 103.4 亿元。完成保护性耕作 15.9 万亩，新建成高标准农田 1.1 万亩。发放惠农补贴 2.6 亿元。投入 2068 万元，推动乡村振兴示范县创建。实施富村强街、联产带农，完成村集体收入"10 万 +"目标。全省首家"退役军人乡村振兴培训基地"在杨树房成立。"三品工程"④扎实推进，鲟鱼海水驯化养殖示范园建设顺利，鑫玉龙国家级刺参种质资源场建成投产；大谭粉条、地瓜和墨盘花生等首次亮相东博会；阳光玫瑰葡萄、米屯铁柿子获国家绿色食品 A 级认定；"连粳 4 号"航天水稻、花脸丑桃、四平大樱桃等斩获各类别博览会、赛事金奖。

工业经济"三篇大文章"扎实推进。规上工业总产值增长 0.7%。充分激活"老原新"动能，新获辽宁省服装定制名城称号，新增省级科技型中小企业 72 家、高新技术企业 16 家、专精特新企业 6 家。金煜新能源"揭榜挂帅"项目获省评审第一名。地拓

电子突破"卡脖子"技术，进入英特尔配套供应链。1 个场景入选国家级智能制造试点，2 家企业获两化融合管理体系 AAA 级认证，4 家企业获评国家级绿色工厂。经济开发区获评省级绿色园区。互感器产业获评省中小企业特色产业集群。大杨集团荣登中国服装企业"百强榜"。

服务业发展增势蓄力。商品房销售面积 24.1 万平方米、增长 19.5%；社会消费品零售总额 55.5 亿元、增长 10.1%。商贸业态更加丰富，全季酒店、星巴克咖啡等知名品牌入驻；丰荣东街大集升腾了"莲城火气"。成功举办大连国际时装周分会场、东北亚时尚智造高峰论坛等商贸活动，POP 设界创新服务综合体建成运营，助力本地服装企业向高附加值转型。

三、深化重点领域改革，高质量发展基础不断夯实

营商环境持续优化。"营商环境巩固年"成效显著。全面推动"双随机、一公开""互联网 + 监管"，出台《办事不找关系指南》，各类政务服务事项实现 842 个一次办、540 个不见面办、226 个材料零提交、71 个掌上办、10 个全天候办。持续走企业解难题促发展，提供"三零服务"⑤884 项，高效保障企业用电需求；为 72 个 5000 万元以上项目配备管家，解决问题 164 件。上线"优普码"小程序，发放助企礼包 31 次。法治化营商环境建设扎实推进。"万件清理"⑥诉求办结率、满意率均为 100%。

园区改革成效显现。完成先进制造产业园土地整理。经济开发区合并皮杨中心产业区，高质量发展提档升级。固定资产投资、规上工业总产值、实际利用外资等指标占比全区分别为 51%、60%、94%，经济发展"主引擎"作用凸显。投资 2.9 亿元的枣房 220kV 变电站投用，4 路 10kV 环网电缆敷设和移动数据中心第二回路完成建设，获评示范省级经济开发区，综合排名跻身全省前 10 位。

其他领域改革稳步推进。国企改革初见成效，莲城国投公司实现经营收入 1.7 亿元、纳税 5612 万元。沙

包街道获批国家土地承包到期后再延长 30 年试点。全市率先完成应急管理综合行政执法改革。国防动员体制改革落地。完善事业单位调整优化，压缩编制 89 人。成立区疾病预防控制局。规范街道职责准入，基层权责进一步理顺。

四、统筹区域协调发展，城乡功能品质更加宜居

提质推进城市更新。拆除违建 212 处 6 万平方米，原新华国际拆旧建新，滨海路拓宽工程通车。建成红橡、银杏、梧桐 3 条特色大道，新增 24 条绿道花街、10 个口袋公园，绿化 55 万平方米，九七公园改扩建项目完工。实施生活垃圾分类，扫保质量有新提升。建设雨、污管网共 43 公里。供暖质量全面改善。燃气并网改造有序推进。

基础条件日趋完备。编制完成区级和 15 个街道国土空间规划，43 个村庄级规划编制有序推进，城乡一体化空间布局更加合理。投入 1 亿余元新建、改造电网 575 公里，停电时长和故障率下降 10%。5G 基站增至 690 个，农村覆盖率达到 80%。丰荣新区污水处理一期工程开工，生活垃圾收运及焚烧发电项目正式运行。大中修乡村级道路 75 条 197 公里；盖普线、丹交线等国省干线路面和桥梁改造工程完工；皮口进港路、海防路、平岛滨海路和乐甲、沙包、双塔主街改造等工程顺利通车。快二线获评交通运输部"我家门口那条路"主题评选全国第 2 名，全区农村公路建设养护工作获全省通报表扬，安波街道以第一名成绩获评"四好农村路"省级示范乡镇。

生态文明建设持续向好。落实河长制、林长制。完成造林 5000 亩、植树 55.5 万株、森林抚育 3000 亩，治理废弃矿山 3513 亩。县级以上集中式饮用水水源和 6 个国考、4 个省考、5 个市考河流断面水质达标率均为 100%。空气质量达标天数 320 天，PM2.5 累计均值全市最优。农膜回收率 94.4%，秸秆综合利用率 95.1%，污染地块和危险废物安全利用、处置率均为 100%。中央环保督察反馈的 15 个问题均按序时进度完成整改，省环境督察 6 项任务销号验收。开展乱占耕地建房整治，响

应图斑 16598 个，26 个新增问题整改完毕。学习运用"千万工程"经验，空前力度推进人居环境净化整治并建立长效机制，城乡面貌整体提升，创建省级美丽宜居村 30 个。

五、持续增进民生福祉，社会事业发展取得新进步

社会保障更加充分。财政支出用于民生占比 75% 以上。完成重点民生工程 21 项。城镇新增就业 6938 人，零就业家庭保持动态清零。加强老幼和困难群体基本民生保障，"1+N"居家养老服务设施改造有序推进；下达救助金 1.49 亿元，城乡低保标准整体上浮 8.9%；养老保险待遇足额发放；成立全市首家区级未成年人保护中心。拥军工作扎实开展，发放优抚金 3641 万元，办理退役军人优待证 2 万余张。

教育医疗水平持续提升。"双减"工作扎实推进，教育教学质量进一步提高，本科进线率上升至 85.18%。海湾中小学投入使用，新增学位 3420 个。海航幼儿园完成室内装修。"阳光教育"做法获教育部肯定。爱国卫生运动扎实开展。落实"乙类乙管"措施，有效应对新冠防控风险。东北首家"行走的医院"试运行，建成"健康 180"指挥中心和远程会诊中心。医保门诊共济改革有序推进。大医二院普湾院区开诊运行，群众就医更加便捷。我区被确定为省"阳光医务"试点地区。

文体事业展现新面貌。创作完成《普兰店赋》。成功举办首届古莲文化节、辽宁沿海经济带滨海运动休闲区启动仪式以及徒步大会、业余排球赛、足球赛等大型文体活动、赛事 10 余场次。发布七大系列旅游产品 30 余个，平岛滨海游纳入"海上游大连"规划，安波旅游度假区获评省级滑雪旅游度假地，全年接待游客 350 万人次，实现旅游收入 17.5 亿元。开展各类文化展演 120 余场次。修复公共健身器材 432 件。区广场舞协会获省运会及全国和美乡村广场舞大赛冠军。

六、防范化解重大风险，社会大局平安稳定

基层社会治理效能全面提升。发挥"家和邻里亲"

"普法安"品牌源头治理功效，发展中心户 8200 余个，推动"三官一律一司"⑦进社区，有效调处纠纷 2503 件。优化网格化管理，精细划分 2743 个综合网格和 314 个专属网格，44 个城市社区达到"全岗通"，全区 189 个村（社区）联通政务外网。"八五"普法规划顺利实施。开展根治欠薪专项行动，追发农民工工资 610 万元。两批次"万件化访"案件化解率均为 100%，排名全市前列。

公共安全基础更加牢固。坚持"两个至上"，落实安全生产责任，重大事故隐患专项排查整治 2023 行动成效明显，工贸领域"零事故"，安全形势总体平稳。粮食安全、食品安全有效保障。深入推进常态化扫黑除恶斗争，严厉打击各类违法犯罪，破案率上升 61.77%，2 起案件侦破工作获公安部贺电表扬、1 起获省公安厅通报表扬；高标准完成重要节点安保维稳任务，社会大局持续平安稳定。

抵御风险能力不断增强。扎实做好保交楼、保民生、保稳定工作，7 个在售商品房预售金纳入监管，房地产市场健康平稳；12 个停缓建项目盘活工作，按照"一楼一策"有序推进。健全应急指挥体系，及时开展自然灾害预警研判，科学高效应对"8·23"地震，防灾减灾救灾和应急处置能力不断提升。严格政府债务管理，最大限度争取专项债券化解历史遗留问题，偿还到期债务 6.12 亿元，守住了不发生系统性金融风险底线。

七、加强政府系统党的建设，工作效能持续提升

把政治建设摆在首位。全面贯彻党的二十大精神，认真学习贯彻习近平总书记在新时代推动东北全面振兴座谈会上的讲话精神。落实意识形态工作责任制，拥护"两个确立"，做到"两个维护"，始终在思想上政治上行动上同以习近平同志为核心的党中央保持高度一致。扎实开展第二批主题教育。自觉接受省委巡视、市委巡察，持续筑牢思想根基。

依法行政尽责履职。启动法治政府建设示范创建工作，常态开展规范性文件清理和行政复议，落实政务公开和政府信息公开；完善政府法律顾问制度，行政机关负责人出庭应诉率 100%。坚持民主集

中制，履行重大行政决策法定程序。积极回应社会关切，12345 平台回复反馈各类诉求 21342 件，办结率 98.7%。自觉接受人大、政协监督，办理省、市、区人大代表议案 2 件、建议 266 件，政协委员提案 192 件；办理区人大常委会转办"代表建议直通车"38 件，办复率均为 100%。

务实转变工作作风。严格落实中央八项规定及其实施细则精神，纠"四风"树新风，带头过紧日子，"三公"经费压减 10%。大兴调查研究，全面推行无堵点、能落实、快执行、好办事的政府工作新动向。强化政府督查和绩效考核，切实精文减会，制发文件减少 4%、会议减少 7%。廉洁奉公，勤政为民，落实政府系统全面从严治党主体责任，纵深推进党风廉政建设和反腐败斗争，风清气正的政治生态持续巩固。

与此同时，国防动员、民兵预备役、消防应急、民族宗教、普法宣传、广播电视、审计统计、史志档案、地震气象、援藏援疆、对口帮扶等工作不断进步，工会、红十字会、慈善、妇女、青少年和残疾人等各项事业取得新成绩。

各位代表，一年走来，我们既敢于知重负重，以政治定力斗罢艰难险阻；又能够干事成事，用实干有为书写履职答卷。取得这样的成绩，最根本的原因在于有习近平总书记作为党中央的核心、全党的核心掌舵领航，在于有习近平新时代中国特色社会主义思想科学指引，得益于市委、市政府和区委的正确领导，得益于区人大、区政协和社会各界的鼎力支持，得益于全区各行业、各战线的辛勤付出。在此，我谨代表区政府，向全区广大干部群众，向人大代表、政协委员，向各民主党派、社会各界人士和离退休老同志，向国家和省市直属单位，向各人民团体、事业单位、服务机构，向驻普部队、武警官兵、公安干警和消防救援队伍，向所有关心支持普兰店发展的各界朋友，表示衷心的感谢和崇高的敬意！

兴不忘忧，安不忘危。客观盘点成绩同时，我们也理性正视问题。一是高质量发展成效距全面振兴新

突破目标还有差距。经济总量小、收入渠道窄、城乡发展不均衡的现状仍未完全转变，"三保"和化债压力巨大；好项目、大项目不多，生产和税源型项目偏少，部分指标未达预期。二是产业结构优化距构建现代化产业体系还有差距。农业附加值低，税收贡献率不高；规上工业数量少、体量小，高新技术和战略性新兴产业大多处于谋划起步阶段；现代服务业发展渠道单一，尚未形成赋能优势，一、二、三产业结构比例还不尽合理。三是营商环境建设距市场主体需求还有差距。跟进服务意识不强，解决问题能力不够，政策、土地、资金、配套等要素保障还略显滞后；门好进、脸好看，但有时候事依然不好办，痛快办事还有堵点。四是民生保障水平距人民满意还有差距。就业岗位不充足、教育资源不均衡、医疗服务不高质、养老保障不健全、基础设施不完备等民生短板还没有解决到位，群众还有许多不满意的地方。五是政府自身建设距各级党委要求和群众期盼还有差距。政府系统少数干部工作动力不足、斗争精神不强、专业能力欠缺，部分领域形式主义、官僚主义和腐败问题还未根治，各部门间密切协同的高效执行机制需进一步优化。以上问题，需要我们久久为功、持续用力、创新举措、推进解决。

2024年重点工作安排

各位代表，2024 年是中华人民共和国成立 75 周年，是实施"十四五"规划的关键之年，是全面振兴新突破三年行动的攻坚之年，也是落实区委"三年之变"发展目标和本届区政府"1234"工作部署⑧承上启下之年。我们将主动把工作放在新时代东北全面振兴壮美蓝图中系统谋划，放在大连新时代"两先区""三个中心"建设任务中强力推进，放在打造城乡一体化高质量发展示范区奋斗目标中拼搏进取，加快融入新发展格局，努力实现高质量发展。

2024 年，区政府工作总体要求是：以习近平新时代中国特色社会主义思想为指导，全面贯彻落实党的二十大、二十届二中全会和新时代推动东北全面振兴座谈会精神，坚持稳中求进、以进促稳、先立后破，完整、准确、全面贯彻新发展理念，紧扣辽宁新时代"六地"目标定位、大连"六个建设"目标任务，深入实施"1+8"强区战略⑨，全力打造"六城"⑩，统筹高质量发展和高水平安全，持续实现经济质的有效提升和量的合理增长，推动城乡一体化高质量发展示范区建设再上新台阶。

主题是：攻坚提效。聚力向制约健康发展、安全发展、高质量发展的重点领域和关键环节靶向攻坚、提质增效。向构建现代产业优势攻坚，把建设 1 家现代化农业产业园、引育 2-3 个战略性新兴产业项目、推动安波地区承接第十五届全国冬运会赛事这三件事办成，抢占未来发展局部制高点。向强化要素保障攻坚，把"签约即办证、拿地即开工"这件事办成，打通项目落地堵塞点。向深化"三变"改革成效攻坚，把以盘活双塔石矿为重点的"三资"盘活工作取得最大化收益这件事办成，提升财政供给增长点。向提升港口综合能级攻坚，把开工建设皮口港东作业区 3#-4# 泊位项目这件事办成，畅通陆海交通枢纽点。向民生领域短板弱项攻坚，把维修加固主城区三座跨铁路立交桥、同仁市场整体改造、新建 2 所小学和 2 所中学、促进高职院校落地这四件事办成，完善城市功能支撑点。

预期目标是：地区生产总值增长 6%，一般公共预算收入增长 10%，规上工业增加值增长 5%，固定资产投资增长 10%，社会消费品零售总额增长 10%，实际利用内外资平稳增长，城镇和农村居民可支配收入增长与经济增长基本保持同步。

重点抓好以下工作。

一、坚持把做优做强实体经济作为立区之本，持续夯实高质量发展根基

提升项目"谋招推建"质效。坚持项目紧贴规划、要素紧跟项目，以"三项机制"为总抓手，持续稳存扩增、培优提质。开启招商引资新模式，大力实施全要素招商。力争新谋划和签约落地亿元以上项目分别在 90 个、50 个以上，其中 10 亿级项目不少于 5 个、50 亿级项目 2 个、100 亿级项目 1 个，链主企业、种子公司等头部经济体引育取得实质性进展，动态储备目标项目100个以上。全面推动天陆湾、职业教育产业园、皮口港东作业区等重点项目开工建设并形成有效投资，推进陆上风电、渔光互补等项目竣工投产，新材料、船舶、石材产业园建设有序推进。

着力发展现代化大农业。树立大农业观、大食物观，农林牧渔并举推进多元供给。推行田长制，遏制耕地"非农化"防止"非粮化"，确保粮食安全。力争建设高标准农田10万亩。推进北方种质资源引育示范中心建设，做优"五子登科"①，新引育优质种源50种以上，制定辽参全产业链标准和溯源体系。新培育1—2家龙头企业，带动一二三产业融合发展，提高农产品附加值。发展智慧农业，谋划建设辽南首家智慧冷链仓储物流中心。建好设施农业，保障蔬菜水果、肉蛋奶和水产品等供给，建设具有区域特色的大连"菜篮子"。开展细碎化地块整理，推广农业社会化托管服务。

促进传统产业优势再造。巩固汽车零部件、电力器材设备、食品加工产业良好发展势头，推动"智改数转"，增强核心竞争力，增加值增长10%以上。助力服装纺织、木制品加工等外向型产业尽快摆脱区域外贸依赖，由工业流水线向个性智造转型，走"双循环"发展路径；推动通用设备产业与船舶制造业等对接，扩展新市场，产值均增长5%以上。持续延链补链，力争在引育面辅料、冶金锻造等上下游领域取得突破，提升平均配套率。全力支持各领域实体经济发展，出台培育"四上"企业支持政策，力争净增长30家，市场主体总量力争突破7万户。

推动现代服务业和新型工业化"双赋能"。将经济开发区作为"双赋能"主阵地，出台优惠政策深化"管委会+公司"改革，推动现代服务业为新型工业化和产业集群发展赋能。实施"腾笼换鸟"，引进先进产业淘汰落后产能，促进园区存量资产发挥最大效益，实现综合实力再进位。对接辽宁移动创新研究院搭建工业互联网平台，由"5G+"向"AI+""联创+"⑫拓展，形成更多科技创新成果，为新型工业化注入强劲动能。

培育发展新质生产力。聚焦六大战略性新兴产业确定的12个重点方向⑬，逐个发起攻坚，下好产业布局先手棋。大力推进数字产业化，出台数字经济与一二三产业镶嵌式发展意见，完善数字基础设施，支持实施一批重点技改项目。突出小而精，超前谋划新一代人工智能、第三代半导体、柔性电子等未来产业，争取在创新前沿领域构建弯道超车新赛道。

二、坚持把改革创新作为根本动力，持续扩大开放融入新发展格局

以战略对接拉升开放层级。结合"十五五"规划编制，加快形成高效统一的区级规划体系。紧跟省、市贯彻国家推动新时代东北全面振兴取得新突破若干政策措施的细化方案，全力争取和承接各项任务。积极参与"一带一路"、中俄蒙经济走廊、东北陆海大通道建设，在服装、食品和木制品加工等传统领域开展深层次合作，力争带动外贸额增长5%。主动融入大连现代海洋城市建设规划，争取优先消化围填海历史遗留问题，保障重大项目用海需要。借助辽宁省承办第十五届全国冬运会契机，推动"温泉+运动"和冰雪经济取得新发展。全力争取2024年大连国际时装周和夏季达沃斯论坛在我区设立分会场。

以融合创新拓宽合作领域。坚定实施创新驱动战略，注重人才创新意识和能力培养。强化企业创新主体地位，计划参与市级以上"揭榜挂帅"和重点研发项目1个，新认定高新技术企业15家、专精特新企业6家，新备案雏鹰瞪羚企业2家，新增省级智能工厂、数字化车间4家，大力扶持企业参评国家两化融合管理体系认证。加强与科研院所、高校等合作，促进更多产学研成果本地转化。

以集约高效扩大改革成果。落实新一轮国企改革深化提升行动，实施"阳光国资管理"，推动"阳光招投标"。莲城国投公司加快完成资产优化，主动对接央企在连项目清单、参与军民融合，争取引进央地、军地合作项目3—4个，力争营收和纳税额均增长20%。全方位推进"三变"改革，念好"盘"字诀，统筹地上地下、海洋天空、虚拟现实等低效闲置资源资产，全面增加"三资"盘活收入。加强资源集约化利用，推进农村产权流转交易，释放乡村资源潜力；完善耕地占补平衡机制，有序恢复不合理流出的优质耕地，科学推进违规占用耕地整改复耕。争创全国自然资源节约集约示范县。

三、坚持把营商环境建设作为首要任务，持续提振市场主体信心

提供更加便捷高效的政务服务。践行"妈妈式"服务理念，做精"优普办"品牌，推出优化营商环境升级版方案。把群众和市场主体满意作为唯一标准，不断提升办事体验。试行"5+2"工作制，对部分事项提供节假日预约服务。推动更多关联强、频次高、跨部门、跨层级事项"一件事一次办"，切实清除办事障碍。持续走企业解难题促发展，丰富"优普码"场景应用，精准开展"四送一解"⑬，打造政务服务新模式。

完善更加全面优质的要素保障。持续实施最大化净地整理，推行"标准地"和带方案出让。突出高效顺畅，试行重点项目模拟审批、前置审批，打通关键审批环节堵点，最大化压缩审批时间，全力保障项目落地。用好绿电指标，搭建更多实用载体。推动政银企联动，降低企业运输、用电、融资等成本。优化并兑现招商引资奖励政策，设立专项资金池，用真金白银展现普兰店亲商爱商的最大诚意。

建立更加规范包容的监管秩序。抓好省委营商环境专项巡视问题整改。规范行政执法，推动联合检查、一次到位，真正做到有呼必应、无事不扰。依法保护民营企业产权和企业家合法权益。坚持包容审慎，创新保障新产业、新业态、新模式等经济体快速成长的监管方式。全面构建亲清统一政商关系，让"办事不找关系、用权不图好处"成为常态，打造近悦远来的优质营商环境。

四、坚持把改善城乡面貌作为品质工程，持续提升区域一体化协同发展质量

高标准创成"国家乡村振兴示范县"。对标重点任务，巩固优势、查漏补缺，以首创必成的决心完成创建工作。提升乡村产业发展水平、建设水平、治理水平，促进城乡融合发展。完成43个村庄级国土空间规划编制，试点推进中心街道和中心村（社区）建设，并给予政策倾斜。丰富乡村振兴载体，新成立5—8家富村公司，以富村强街、联产带农新成效，带动村集体和街道财政收入有质的提升，力争实现可用财力自给自足。

高水平实施城乡治理建设。深化文明城市创建成果。持续推动城市更新，统筹推进保障性住房、城中村改造、平急两用公共基础设施建设，对体育路、西工路等区域路网升级，加快气象局西侧、南山书苑、老店街北段道路施工，修建滨海路慢行系统；推进第二污水处理厂建设；做好市政设施维护和绿化工作。加强城市管理，实行出租车调价和网约车监管，保障公交车运营；规范路边停车、路边经营秩序和无物业小区管理，新建一批停车场和充电站，划定1—2个临时菜市场；城区扫保质量再提标。推动普湾城市广场6月底前复工、原人民影院改造项目年底前完工。持续拆违控危治乱，推进城乡危房改造，力争再打通2条断头路。实施乡村级公路大中修和农村饮水安全维护等工程，农村5G网络覆盖率达到90%。完善城乡垃圾收运体系和设施建设，实现清扫管护常态化。积极申报国家和省级美丽宜居村、四好农村路示范乡镇。

高质量推进生态文明建设。启动全国生态文明示范区创建工作。落实河长制、林长制，坚持山水林田湖草沙一体化保护和系统治理。加强河道维修和水污染防治，各级考核断面水质达标提质。治理重点领域扬尘污染，推动 PM2.5 和臭氧协同控制，空气质量优良天数 320 天以上。打好净土保卫战，污染地块、重点建设用地安全处置利用率均达到100%。严守耕地、永久基本农田、生态保护红线和城市开发边界。完成退化林分修复、植树造林、森林抚育和废弃矿山治理等任务。促进绿色低碳发展，鼓励企业搭建屋顶光伏，推广绿色建材、环保设备等使用，积极参评国家和省级绿色工厂、国家级绿色园区。探索建立碳汇交易市场，促进生态治理和经济效益双收双赢。

五、坚持把群众期盼关切作为执政所向，持续改善民生增进福祉

积极促进就业增收。落实就业优先政策，千方百计增加居民收入。稳定现有就业岗位，拓宽数字经济、网络服务等新业态就业渠道，保障退役军人、农民工等重点群体充分就业，城镇新增就业6800人以上，零就业家庭动态清零。优化就业服务保障，对接"兴连英才"计划，完善"引育用留"机制，搭建校企合作平台，吸引更多高校毕业生在普创新创业。

办好人民满意的教育。推进学前教育公益普惠发展，海航、海辰幼儿园开园。促进义务教育优质均衡发展，持续实施教师轮岗。提升"双一流"院校录取率，积极参加省级示范性和特色普通高中评选。推动职业教育高质量发展。落实立德树人根本任务和"双减"要求，持续开展有效家访，加强在职教师违规补课惩治，确保校园安全。深化"阳光教育"成果，以教育教学高质量吸引人口资源净流入。

加强老幼服务和社会保障。提高农村养老综合保障能力，支持社会力量开办养老服务机构，新增养老床位60个以上。完善生育支持政策，做好妇幼保健工作。推行"阳光民政""阳光人社"，健全社会保障和救助体系，按政策调整低保标准，实施特困人员动态管理，保障基本生活，支持社会福利和慈善事业发展。保障妇女儿童合法权益。提升残疾人服务水平。全面推进殡葬改革。做好双拥工作。

提高医疗健康服务能力。巩固"阳光医务"成效。发挥"行走的医院"作用，推动区中心医院、中医院和大医二院普湾院区差异化发展，保障群众就医需求。完善紧密型医共体建设，试点推进"医办养"模式。深化公立医院薪酬制度改革。促进基本医保应保尽保。实施疾控体系改革，提升卫生应急处置和基层卫生机构服务能力。开展好爱国卫生运动。

繁荣发展文体事业。打造温泉康养、乡村休闲、海岛观光、户外露营、冰雪体验五大品牌，拓展旅游市场。推动城子坦文化古街、平岛民宿酒店、天陆湾文旅运动康养综合体开发建设。弘扬传统文化，创新精神文明建设载体；增进民族团结，支持乐甲街道创建省级民族团结进步示范单位；增加高品质公共文化供给，办好新春灯会和系列文化惠民活动，力争新金民歌纳入国家级非遗目录。加强群众体育工作，举办"村超""村BA"等特色竞技赛事，展现乡村振兴新面貌。实施老旧健身设备更新换代和全民健身场地建设，打造运动城市新名片。

六、坚持把筑牢安全稳定底线作为基础支撑，持续建设更高水平的平安普兰店

加强基层社会治理。提升网格化水平，充实基层治理队伍，在涉农街道推广"全岗通"模式。抓实矛盾源头防控，推进信访积案化解，实践出普兰店版的新时代"枫桥经验"。落实"八五"普法规划，积极创建国家、省级民主法治示范村。加强社会治安整体防控，提升破案攻坚能力，推进扫黑除恶斗争常态化，严厉打击各类违法犯罪，维护社会大局稳定，护航经济社会发展。

守住公共安全底线。立足"两个根本"⑮，坚持每天一名副职领导检查安全生产制度，深入开展安全生产治本攻坚专项行动，完善风险评估和预警机制，加强重点行业领域安全风险管控和隐患排查治理，推动安全治理模式向事前预防转型，防范遏制生产安全事故。完善应急体系建设。落实食品安全包保责任。统筹抓好防汛抗旱、地质灾害防治和森林防火等工作。

防范化解重点领域风险。加强政府债务管理，优化支出结构，严控财政资金举办各类节庆活动。落实"三保"责任，完善库款分级保障和动态预警机制，坚决守住举债红线和不发生系统性风险底线。严格金融市场管理，加强社保基金风险排查，严厉打击非法金融活动，做好防范非法集资和清收挽损等工作。促进房地产市场平稳健康发展。

七、坚持把加强自身建设作为永恒主题，持续提高政府履职能力

始终把政治建设摆在首位。坚持用习近平新时代中国特色社会主义思想凝心铸魂，落实意识形态工作责任制，拥护"两个确立"，做到"两个维护"，不断提高政治判断力、政治领悟力、政治执行力。不折不扣贯彻党中央决策部署和各级党委、政府工作要求，尽职当好执行者、行动派、实干家。扎实做好第二批主题教育成果转化。高质量完成省委巡视、市委巡察反馈意见整改。以实干实绩实现全面振兴新突破目标任务。

坚持把依法行政作为准绳。践行习近平法治思想，争创法治政府建设示范区。落实民主集中制，严格按照法定权限和程序履行职责、行使权力、承担责任。认真执行区人大及其常委会决议决定，自觉接受人大法律、工作监督和政协民主监督，办好人大议案、代表建议和政协委员提案，主动接受社会和舆论监督。推进数字政府建设，启用智慧政务平台，提高政府工作效能。加强政务和政府信息公开，让权力运行更加阳光透明。

努力将敬业担当贯穿始终。以奋发有为的精神状态干事创业，争做发展干将、改革闯将、攻坚猛将。把"三有"意识⑩融入政府工作全过程，善于运用"有解思维"破解发展难题，切实在增强本领上更用劲、在履职尽责上更主动、在贯彻执行上更坚决、在狠抓落实上更有效，努力成为推动高质量发展的行家里手，争取每个行业领域在全市排名都争先进位。

切实将廉政为民落到实处。扛牢政府系统全面从严治党主体责任，严格落实中央八项规定及其实施细则精神，深入推进党风廉政建设和反腐败斗争，强化重点领域、重要岗位廉政风险防控。紧盯新问题深入纠"四风"，厉行勤俭节约，把有限财力花在关键处、用在刀刃上。坚持以人民为中心的发展思想，加强诚信政府建设，不断提升政务服务效能，全心全意为老百姓做实事、解难事、办好事，努力建设人民满意的政府。

各位代表，大道如砥，行者无疆。新征程有思想领航，新目标用奋斗实现。让我们更加紧密地团结在以习近平同志为核心的党中央周围，在各级党委、政府的坚强领导下，守正创新、攻坚克难，务实进取、勇毅前行，为实现全面振兴新突破，谱写普兰店城乡一体化高质量发展新篇章而团结奋斗！

名词解释

1."八项行动"：2022年12月22日在大连市普兰店区第三届人民代表大会第二次会议上的《政府工作报告》明确：2023年要重点实施发展动能激活、产业结构优化、新兴产业突破、精品区域打造、要素保障赋能、改革治理攻坚、民生福祉改善、政府建设革新等"八项行动"。

2."三项机制"：项目分级分类调度、"赛马"激励、督导检查机制。

3."三变"：资源变资产、资产变资本、资本变资金。

4."三品工程"：品种、品质、品牌工程。

5."三零服务"：用电服务零上门、零审批、零投资。

6."万件清理"：辽宁省纪委监委2023年《营商环境监督行动方案》部署开展营商环境问题"万件清理"监督行动。

7."三官一律一司"：警官、法官、检察官，律师，司法工作人员。

8.本届区政府"1234"工作部署：紧盯一条主线，打造城乡一体化高质量发展示范区；聚焦两个突破，经济总量突破、发展质量突破；打赢三大战役，营商环境攻坚战、生态环境保卫战、乡村振兴阵地战；攻坚四项实事，盘活一批资源资产、解决一批城市顽疾、办好一批民生实事、塑造特色城市文化。

9."1+8"强区战略："1"即数字莲城；"8"即农业强区（将原来的海洋强区并入农业强区）、智造强区、交通强区、科技强区、职教强区、能源强区、生态强区、法治强区。

10."六城"：战略性新兴产业引育孵化之城、生态绿色康养宜居之城、乡村全面振兴样板之城、辽中南职业教育中心之城、区域性陆海交通枢纽之城、北方一流营商环境品牌之城。"六城"的提出，是我区对标对表辽宁省"六地"、大连市"六个建设"目标，以城乡一体化高质量发展为统领，结合未来发展趋势和当前区情实际，由"1+8"强区战略延伸而来，二者互为一体、相辅相成。

11. 五子登科：种子、苗子、崽子、精子、菌子。

12."5G+"向"AI+""联创+"拓展：基于工业互联网平台和 5G 云网底座能力（5G+），面向工业网络、工业大数据、人工智能（AI+）三个方向，以 5G 网络、算力网络为基础与省内高校、科研院所开展联创实验室建设（联创+）。

13. 六大战略性新兴产业确定的 12 个重点方向：

①节能环保领域，突出高效节能、先进环保、循环利用；②新兴信息产业领域，突出通信网络、物联网；③生物产业领域，突出生物制药、生物农业；④新能源领域，突出风能、氢能和光能；⑤高端装备制造业领域，突出高端智能装备；⑥新材料领域，突出特种功能和高性能复合材料。

14. 四送一解：送政策、送理念、送项目、送服务，解难题。

15. 两个根本：从根本上消除事故隐患、从根本上解决问题。

16."三有"意识：区政府系统各级干部，要做到心里有数，眼里有活，手里有招。

感悟思想伟力 凝聚奋进共识
为普兰店区高质量发展添薪助能

—— 在政协大连市普兰店区第三届委员会第三次会议上
（2023 年 12 月 28 日）

王继晓

各位委员、同志们：

我受政协普兰店区第三届委员会常务委员会的委托，向大会报告工作，请予审议，并请列席会议的同志提出意见。

2023 年工作回顾

时间砥砺信仰，岁月见证初心。翻开 2023 年区政协履职答卷，在中共普兰店区委的坚强领导下，区政协及其常委会坚持以习近平新时代中国特色社会主义思想为指导，以助力城乡一体化高质量发展绽放新颜值、跑出加速度为主线，在主赛道上加强思想政治引领，广泛凝聚共识，开创了政协事业发展新局面，为加快建设全区人民满意的社会主义现代化普兰店作出了新贡献，使人民政协制度在普兰店的实践更加生动、更富成效。

一、加强政治建设 高标准打造政协队伍新形象

坚持强化理论武装。扎实开展学习贯彻习近平新时代中国特色社会主义思想主题教育，深入学习贯彻中共二十大精神和习近平总书记重要讲话精神，贯彻落实中央和省、市、区委部署要求，持续用党的创新理论武装头脑、指导实践、推动工作。实现区政协党组、机关党总支、机关党支部和委员履职党支部以及党员委员"四级联动，同频共振"，捍卫"两个确立"，增强"四个意识"，坚定"四个自信"，自觉做到"两个维护"，始终做到政协工作方向不偏、靶心不散。

坚持强化思想引领。构建"会议集中学习、公

2023年12月28日，中国人民政治协商会议大连市普兰店区第三届委员会第三次会议召开

众号传播学习、文化墙展示学习、文学作品弘扬学习、文艺汇演歌唱学习"的"五位一体"学习宣传体系，共开展党组理论学习中心组集中学习16次，党组会议学习17次，开展专题讲座、读书活动、学习日交流研讨等各层次学习活动63次，撰写体会文章138篇。常态化抓好"书香政协"活动，引导委员多读书、读好书、善读书，以书香涵养"政协气质"。

坚持强化党的领导。区政协毫不动摇坚持在区委的正确领导下推进政协工作，重点工作报区委审批后实施。把党建工作自上而下贯穿到履职全过程。开展"一送二建"活动，送政策到基层11次，党的大政方针、省市区委的决策部署、全区未来五年及十年的奋斗目标和路径方略深入人心。拓建、扩建政协党建文化广场等委员活动阵地7处，极大顺应民事民议、民事民办、民事民管形势新需求，有力促进了和谐、文明、民主、法治社区建设。"党员三亮三比"争先创优活动增活力添魅力，涌现了"学雷锋委员在行动""走基层进企业送温暖""敬老院委员在关注"等先进工作组党支部、模范委员集体。在区委办证难现场推进会、基层"庆丰收促和美话团圆迎国庆"文化宣传、全区"弘扬廉洁文化书画展"等活动中，"政协之声"艺术团壮威助阵，唱响爱党爱国爱家乡主旋律，文艺界委员泼墨挥毫，参与其

中。宣传中共二十大精神、携手同心助力乡村振兴的履职实践得到群众认可，洼子店社区等单位和群众为区政协送来感谢信。

坚持强化队伍建设。组织开展6次以会代训活动，发挥委员APP"云"履职效用，举办4期政协委员能力提升培训班，组织委员赴丹东、锦州等地学习。坚持设议题、畅渠道、广联谊，赋予委员"群众联系人"等九种职责，组织委员400人次参加各项评议、谈心、谈话活动，选派19名委员为营商环境监督员，选聘15名委员为区城乡规划专家委员会成员，选聘10名委员为区建设用地输出规划交易工作委员会成员，选派5名委员作为校外培训机构监督员。开展骨干述职、委员评定"两述一评"活动，履职能动性不断增强。

二、聚焦履职尽责 高质效汇聚服务发展新合力

为经济转型升级添动力。把助力"智造强区""农业强区"战略实施列为政治协商、参政议政的核心议题，提出研究课题并答卷，围绕经济运行、新能源战略性新兴产业等议题深入调研，在破解制约发展的一些关键性问题上，提出了客观务实见解。积极参与推动莲城国投发展，围绕智慧城市建设、清洁能源、EOD项目等新型产业，与13个项目和企业对接洽谈，深化招商合作，提出合理化建议。开展"驻厂服务促发展"活动，协调解决企业厂房手续、用水用电等6个问题。紧盯我区百亿级国家鲍鱼辽参数字产业园建设，针对问题和困难，提出应对举措，寻找突破办法。

为城市能级跃迁增活力。开展电力电器产业发展情况专题协商，为地区电力产业集群发展提出建设性的建议。就我区新能源产业发展情况，深入乐甲街道100MW（兆瓦）网源友好型风力发电项目，进行考察调研，提出新能源产业绿色发展系列建议，推动职能部门与多家企业签订开

发框架协议，推动 2 个源网荷储项目和 4 个渔光互补项目开展前期工作。与中国国际工程咨询有限公司联络沟通，围绕项目谋划、产业发展、城市建设、乡村振兴等方面进行接洽，为在更多领域达成务实合作迈出坚实步伐。

为文旅融合发展挖潜力。推动北部山区旅游产业发展，以新理念赋予北部山区新动能，厚植生态美的乡村旅游沃土。联合区文旅局、莲城国投、上海城投成立调研组，深入开展文旅产业发展调研活动，对全区 18 个街道的文旅产业进行全面摸底，编制《普兰店区文旅产业发展调研材料汇编》，助推全区文旅产业强起来。

为乡村振兴工作聚智力。围绕我区乡村振兴战略实施召开专题议政性常委会，与区政府及职能部门达成加强人才培养、挖掘产业优势、发展生态农业、培树文明乡风等方面共识；组织委员赴浙江宁波考察学习乡村振兴工作，围绕智慧农业、文旅经济等方面，学习先进经验和做法，研究探讨推进我区发展村集体经济的有效路径，并形成调研报告，被区委推广到各街道阅鉴。围绕农村新型经营主体发展问题调研，推动全程托管、贷款贴息、示范农场、合作社示范等扶持政策的落地。开展畜禽粪污转运情况无陪同体验式调研，深入 8 家畜禽养殖企业实地了解情况，为建设资源节约、生态绿色的宜居宜业和美乡村贡献智慧力量。在围绕全区中心工作开展的专题调研中，坚持在深层次、前瞻性、可操作性上着力，提出政协智慧，区委区政府批转政协调研报告 8 篇，大连市采用 6 篇，其中一篇获二等奖。

三、释放效能潜能 高水平构建协商民主新格局

放大双线协商平台优势。"莲事联商"活动以"纵横两商"的形式，依托界别工作组和街道联络组"双线"组织活动，开展协商议事活动85场次，市场秩序、道路改造、农村环境整治、移风易俗、邻里纠纷等 78 个问题得到化解，实现了委员反映意见建议和党政部门解疑释惑良性互动、民主氛围和协商效果有机统一。组织委员深

入沙包街道开展"听民声集民智献良策"活动，20 余次深入基层为群众解答问题。街道政协工作联络组组织委员开展集体视察活动，持续推动基层单位与政协组织互动，创造委员知情明政条件，开创双线履职崭新局面。

放大参政议政渠道优势。围绕微观经济运行，深入企业，通过分析讨论、数据对比，从侧面强化对全区微观经济运行情况的感性认识，为建言献策提供第一手资料。组织委员赴中科院大连化物所参观考察，开阔视野思路，为"科技强区"建言赋能。开展送农业技术下乡活动，邀请高级农艺师现场授课，把群众急需的农业技术送到农民手中，围绕粮食增产增收与街道干部群众共同商讨办法。深入湿地公园、POP 设界、大连智德生命科技有限公司视察，针对不同类别、不同发展阶段的项目开展协商座谈，提出建议。

放大多跨监督联动优势。对区教育局、区发改局、区人力资源和社会保障局、区农业农村局四个部门进行民主评议，累计提出 14 项工作建议，提升民主监督质量。组织委员深入新华国际施工现场和海皮路绕线新建工程施工现场，深入了解项目施工进度，体察群众反响。组织召开未成年人保护法律监督专项工作协商座谈会，就关心关爱留守儿童、预防非在校学生犯罪、排查校园安全隐患等方面开展建言献策，推动我区未成年人保护工作提质增效。

放大协商民主制度优势。组织秘书长会议成员深入基层企业、社区村屯、家庭农场开展实地考察，了解我区农业特色产业发展情况，在党建赋能、加大名优特新农产品的宣传力度、搭建推广销售平台等方面提出意见建议。开展全区供水服务情况考察，详细了解从原水到自来水生产的全过程，并围绕供水价格、供水现状、供水结构等问题积极建言献策，引导全区供水管理工作做实做细，进一步消除各类用水安全隐患，保障了广大群众的生活用水安全、优质、稳定。开展"关注残疾儿童康复 促进救助政策落实"考察活动，提

出意见建议，得到区委批示，引导更多人关心特殊儿童的健康成长。

四、注重团结联谊 高站位打造凝聚共识新载体

增强界别关系和谐度。进一步加强主席会议成员与界别委员的联系、沟通和交流，搭建党派融合平台，发挥党派团体作用，开展联合调研视察 26 次，协商办理各党派团体、界别组织、个人提案 24 件，安排党派成员在各类议政平台上发言，营造"既畅所欲言、各抒己见，又理性有度、合法依章"的良好氛围。

增强委员履职融合度。邀请专家开展"乡村振兴 种业先行"培训，厚植各界别委员助力乡村振兴的能力基础。组织"三八"国际妇女节团建，开展"拓展游戏""体会交流"活动，锻炼了体魄，增进了友谊，增强了女委员的凝聚力和向心力，进一步促进本职工作和履职实践互相赋能。深入开展走访委员企业活动，与 35 家企业负责人面对面交流，共商企业发展良策，倾力纾困解难，助力企业高质量发展。

增强社会力量粘合度。以"雁归莲城"为主题，团结政协之友，搭建"天下莲城人"平台，召开工作推进会议，及时掌握在外人才动态和信息，前往北京等地，开展走访联络活动，做好宣传引导工作。邀请"天下莲城人"返乡企业家，到城子坦街道开展文旅项目考察活动，共谋文旅融合发展大计。

增强舆论宣传推介度。加强政协微信公众号、"莲城政协讲堂"等网络平台管理运用，推出"学习二十大 委员有话说""辽宁故事——普兰店篇""民情恳谈""党派行动"等专题专栏，公众号发布宣传稿件 198 篇，发布"讲好普兰店故事"20 篇，在《人民日报》《人民政协报》《友报》《大连日报》等媒体刊发区政协工作各类稿件 138 篇，对外唱响莲城最强音，舆论主阵地稳步提升。

五、坚持人民至上 高效率畅通为民服务新渠道

广开言路为民发声。召开反映社情民意推进会，组织委员代表、民主党派代表、政协之友代表就如何提升反映社情民意信息工作作经验交流，报送社情民意 63 篇，其中 8 篇被省、市政协采用，区政协社情民意工作荣获市政协系统先进单位。围绕"双减"工作建言，针对问题提出意见建议。开展医疗卫生次中心建设建言，就补齐短板、完善功能提出意见，不断提升百姓获得感。

广搭平台为民解忧。为进一步推进提案办理实效，召开专题协商提案办理工作常委会和提案办理工作座谈会，搭建提办双方沟通协商平台。全年共立案 172 件，办结率 100%，满意率 99.5%。对 10 件重点提案进行主席、副主席领衔现场督办，协助解决有关问题，促进提案成果转化，"提"的质量和"办"的效果得到"双提升"。开展涉农区域信贷统计口径献策，提升县域金融服务质效，促进信贷投资更好地服务农村，为群众共富提供不竭动力。

广献良策为民谋利。开展全区水资源保护情况视察，深入畜禽粪污处理中心、刘大水库等地看实情、查隐情、提建议，《人民日报》、人民政协网、《人民政协报》、大连市政协公众号等多家媒体转发报道。深入各街道开展农村环境整治视察，实地查看设施建设、垃圾清运、污水治理等情况，提出务实管用举措；深入田间地头视察春耕农资供应情况，了解农村备耕情况及农民需求，助力春耕工作落实。针对西工路自发农贸市场占道堵路经营问题，组织相关职能部门商讨对策，提出短期立竿见影、长期利于根治的有价值建议。

广聚人心为民造福。举办"爱心助教·情暖莲城"教育设备器材公益捐赠活动，人力资源组委员向区教育系统捐赠价值 80 万元的视频电子设备和捐资 40 万元用于资助贫困学生。政法组开展进企业解难题履职实践，为金融机构清收挽损 55 万元。教育组召开职业教育发展座谈会，积极推动现代职教体系建设。社保组、海外联谊组积极参与关爱困境儿童活动，为改善残疾儿童学习和生活献计出力。农业组、医疗卫生组开展走访慰问以及送医下乡等活动 12 场，参与委员 280 余人次，发放慰问物资折合人民币 8.4 万元，展现服务社会情怀。民族宗教组委员深入乐甲街道，为推动当地乡村产业发展、完善基层社会治理等方面献策，筹资 8 万元解决对峰社区农产品运输难和饮水设施安全问题。工业组、工商联组、商贸组委员自发筹集资金 3 万元为同益街道困难户修缮房屋，筹措物资在中粮麦芽厂附近为环卫职工设立休息室，长期免费提供桶装饮用水。

一年来，区政协坚持以主题教育为抓手，铭初心、筑同心、强信心，在增进思想政治共识上达到了新高度；以助力经济高质量发展、建设乡村振兴示范区为主线，集聚资源、集聚智慧、集聚力量，在服务中心大局上展现了新作为；以创新改革为牵引，重塑理念、重塑方式、重塑机制，在推进政协工作提质增效上取得了新突破，推动了人民政协制度在普兰店的具体实践更加生动，为我区实现城乡一体化高质量发展作出了积极贡献。

履职工作体会

实践永无止境，经验弥足珍贵。三届区政协认真学习贯彻习近平总书记关于人民政协工作的重要讲话和指示精神，在推进实践、理论、制度创新的过程中，进一步深化了对做好新时代基层人民政协工作规律性的认识，增强了工作质效。

一、党委领导坚强有力。

区委始终把人民政协工作摆在全局和战略高度的位置，召开常委会，专题听取政协工作汇报，召开区委政协工作会议贯彻上级会议精神。印发《关于充分发挥政协专门协商机构作用 推进全区基层协商民主建设的实施意见》等系列文件，及时解决政协工作中存在的困难和问题，营造了"党委重视、政府支持、政协主动、各方配合"的良好氛围，为加强和改进政协工作提供了保障。

二、守正创新推动有力。

因事制宜，顺应形势发展需要，强化顶层设计，区政协针对政协党建、民主监督、参政议政、凝聚共识、队伍建设等各项工作，推出适应工作要求的不同活动载体，推动各项工作与时俱进，确保政协事业在创新中发展，在创新中激发动能。

三、政协委员履职有力。

通过"微调研、微协商、微服务"等协商议事、民情恳谈活动，使委员唱响主旋律，融入主阵地，委员在本职工作中的带头作用、政协工作中的主体作用和界别群众中的代表作用更加凸显，促进了协商民主的理念深入社会、深入基层、深入群众。

四、团结共识凝聚有力。

在街道、企业建立"政协委员之家"等基层委员活动阵地，引导界别委员把聪明才智、专业特长，充分集中到各自所熟悉的领域和最有话语权的问题上，努力在团结合作中与界别群众拉近距离、增进了解、联络感情，达到了"一位政协委员"影响"一批界别群众"的社会效果。

存在的问题和不足：一是学用结合不够。运用新思想指导实践推动工作效果不明显，融会贯通、活学活用助推发展的实招硬招不多。二是"委员工作室"作用发挥不充分。在协商成果转化上还有一定差距，制度化、规范化、程序化建设还需要持续加强。三是网络议政、远程协商作用发挥不明显。在"准""新""微""快"上下功夫不足，还没有形成与政协气质相一致的移动平台。以上问题和不足，在今后工作中要认真加以克服和改进。

2024 年工作思路

深入贯彻落实习近平总书记在新时代推动东北全面振兴座谈会上的重要讲话精神和中办《关于加强和改进新时代市县政协工作的意见》，聚焦"城乡一体化高质量发展"目标要求，深刻把握新时代新征程人民政协的使命任务，按照区委要求，坚持党的领导、统一战线、协商民主有机结合，坚持发扬民主和增进团结相互贯通、建言资政和凝聚共识双向发力，持续推动政协工作高质量发展。

一、筑牢政协之魂　做思想建设的引领者

始终把加强政治理论学习摆在更加重要的位置，在市政协的大力支持下，不断创新理论学习方式方法，把全面学习把握、贯彻落实中共二十大精神和习近平总书记系列重要讲话精神作为当前和今后一个时期的首要政治任务，团结带领全体政协委员和参加人民政协的各党派团体、各族各界人士，把思想和行动统一到党中央的决策部署上来，把智慧和力量集中凝聚到实现中共二十大确定的目标任务上来，始终忠诚核心、拥戴核心、紧跟核心、维护核心、捍卫核心，坚持不懈用习近平新时代中国特色社会主义思想凝心铸魂。大力开展"三维党建"活动，通过"联建 + 共建 + 互建"模式，建立"四级联创"工作与中心工作紧密结合的有效机制。机关党支部要与社区基层党组织联建，将政协工作触角更好融入社区，推动基层政协组织更好开展活动。要建立政协党员委员双重管理有效沟通机制，政协党组织与党员委员单位党组织同抓共管，双方的管理工作要协调一致，实时互动。界别党支部要与企业党支部、新型农业经营主体党支部、教育卫生等事业单位党支部互联互动，为推动特定领域议题的长期探讨提供组织保障。通过建优党员队伍，激活党组织活力，切实增强政协机关和委员的创造力、凝聚力、战斗力。

二、筑牢政协之要　做资政建言的奋进者

紧扣奋力谱写全面建设社会主义现代化国家普兰店篇章新要求，坚持群众关切、切口较小、解决及时、普遍受益的选题原则，推行"六联"工作法，推进阵地联享、队伍联建、议题联选、协商联合、问题联解、机制联创，联动开展协商议事活动，在协商中疏通"堵点"、消除"痛点"，传播"好声音"、形成"金点子"，实现以政协"好建议"推动问题"快解决"，以委员"好计策"促进工作"大进步"。大力开展"行业调研"活动，以 14 个界别为分类，细分界别委员的行业类型，同行业的委员共同确定课题，

组织开展各行业的基础调研工作。聚焦产业，"解剖麻雀"，针对一个街道、每家企业，汇总情况，梳理规律，建言献策。基本要求就是搜集新数据、发现新问题、提出新思路，以调研成果奠定参政议政的扎实基础。

三、筑牢政协之责　做提质增效的推动者

完善民主监督和委员联系界别群众制度机制，紧紧抓住就业、教育、医疗卫生、养老、住房、社会保障等人民群众最关心最直接最现实的利益问题，献良策、出实招、办实事，促进人民生活品质提升，推动共同富裕迈出坚实步伐。设立"民情联络站"，就近开展"家门口"协商，建立"调研寻、约稿找、群众提、委员荐"社情民意"四找"机制，畅通"网络反映、书面提交、面谈协商""三通"渠道，变"数量型"为"质量先"，积极向区委政府反映群众诉求。持续深化察民情解民忧暖民心、助力乡村振兴、"妈妈式"助企服务等实践活动，提高政协组织帮扶基层实效，促进基层社会治理上水平上台阶。大力开展"委员十进"活动，紧盯全区"1+8"战略布局，着眼五大建设领域，以专委会、工作组、党支部为单位，组织委员进科研院所、进项目基地、进企业车间、进田园大棚、进管理重点部位、进热点问题始发源头、进社区（村屯）、进民生事业基层点位、进民主党派、进思想教育基地，让委员把握发展前沿动态、掌握区情社情、紧跟全区发展步伐，使履职有高度、有深度、接地气，增进工作成效。

四、筑牢政协之本　做凝心聚力的实践者

积极为委员搭建履职平台，在共谋"合力"、巧借"外力"、苦练"内力"上下功夫，增强向心力，激发正能量。坚持大团结大联合，提高参加政协各党派团体、各族各界人士凝聚共识水平，定期走访看望委员和专家人才，畅通党外知识分子、非公有制经济人士、新的社会阶层人士意见诉求表达机制。加强少数民族界、宗教界委员专题调研和界别协商，广泛汇聚全面助推经济社会发展的磅礴力量。大力开展"五个一"履职活动，各

专委会要结合主任工作会议，开展一次履职培训活动；参加政协的各民主党派、社会团体，要以政协秘书长会议为依托，开展一次社会联谊活动；界别工作组要发挥各自界别的独特优势，集全体成员之力，撰写一件高质量集体提案；街道联络组要围绕企业生产经营、基层社会治理、乡村振兴发展、群众所需所盼等内容，办好一件实事；各位委员要结合工作领域和岗位，反映一条有价值的社情民意。"五个一"是履职的硬指标，也是政协履职的风向标。

五、筑牢政协之能　做勇于担当的先行者

深化委员队伍建设，加强委员培训和履职服务管理，建立界别联街道、委员联社区"两联"机制，讲好普兰店故事，推进"书香政协"增势强效，提高委员从全局高度看问题、提建议的素养和能力。进一步加强政协机关的政治建设、思想建设、组织建设、作风建设和制度建设，完善工作方式，打造一支"充满激情、富于创造、勇于担当"的机关干部队伍。大力开展"品质委员建设"活动。完善政协常委会会议制度，对常委的会议发言事项做出具体规范，提出明确要求；完善对党支部书记、工作组组长、联络组组长的考核办法，坚持强调数量，更要注重质量；建立委员定期轮流进驻"委员工作室"制度，让政协基层活动场所成为履职的重要平台。通过制度规范、考核激励，营造"委员有话说"的议政氛围，打造想发声、能发声、善发声的委员队伍，强化委员的履职责任担当。

各位委员，同志们！春风浩荡满目新，征衣未解再跨鞍。让我们高举中国特色社会主义伟大旗帜，更加紧密地团结在以习近平同志为核心的中共中央周围，在中共普兰店区委的坚强领导下，一心向党、心系大局、为国履职、为民建言，每一位政协委员前进的脚步，都将汇入祖国复兴的磅礴浪潮之中，同心协力为加快建设人民满意的社会主义现代化新普兰店做出更大贡献！

概　　貌

普兰店区概况

【地理位置】　普兰店区位于辽东半岛中南部东侧，行政区域面积2681.65平方千米。区境东临庄河市和黄海，西接瓦房店市，南与大连市金州区毗连，北与盖州市接壤，东南与长海县隔海相望。地势北高南低，西高东低。地形大体分为三部分，北部低山区、东北及中部丘陵区、南部沿海丘陵平原区。海岸线总长92千米。

【建置沿革】　今普兰店区境在战国时期属燕国辽东郡。秦沿袭燕制。公元前195年，西汉时沓氏县在今铁西街道二道岭社区张店屯建立。190年（东汉末期）属新置时平州辽东郡。238—274年（三国、西晋时期）仍属辽东郡。404年（东晋末期）被高句丽割据。668年，区境为唐朝安东都护府所辖。916年（辽神册元年），辽东地尽入于辽。919年（辽神册四年），辽在辽东半岛置扶州（后改复州，治所在复州城）、苏州（治所在金州城），区境分属二州。1116年（金收国二年）被金兵所占，归复州辖。1215年被地方割据的大真国统治。1233年，元蒙古军灭大真国，归元朝。元代分属金州、复州万户府。明代分属金州卫、复州卫。清代分属复州、宁海县（1843年后改为金州厅）。

1898年3月，俄国通过《旅大租地条约》强租旅大。租借地以普兰店湾北至貔子窝湾北尽头一线为北界，面积3200平方千米。1899年，俄国在租借地置关东州厅（治所在旅顺），下设金州、貔子窝、亮甲店、旅顺和岛屿5个行政区及金州、旅顺和貔子窝3个市。区境南部沦为俄国租借地，北部为清政府复州所辖。1905年，日俄战争结束，日本取代俄国侵占大连地区。1905—1924年，普兰店隶属金州民政（支）署。1924年12月，金州、普兰店、貔子窝均隶属大连民政署。1930年10月，设大连、旅顺、金州、貔子窝、普兰店民政署。1931年，日本发动九一八事变，侵占东北三省，将辽宁省改为奉天省，辖复县（今瓦房店市）。1932年3月，今区境北部属伪满洲国之复县。1934年，日本殖民统治当局废除关东厅，设关东局，下辖关东州厅，并实行会制。今区境南部设貔子窝民政署、普兰店民政署，下设38个会（含长海县5个会、金州区土城子等地2个会）。1936年，伪满洲国城乡实行街村制（村，相当于中华人民共和国成立后的区），被复县辖制的村有复东、墨盘、双塔、俭吉、同益、腰岭、安波、孤山、莲山、星台、骑河、白山、祥隆、王家、沙河、田家16个村的全部和复东镇（今城子坦街道中街小桥以北部分）的大部、天台村的小部。1945年8月15日，日本宣布无条件投降，中国人民抗日战争取得全面胜利。

1945年9月初，中共胶东区委根据中央指示精神，决定将日伪统治时期设置的貔子窝、普兰店民政署所辖38个会地域建置新金县。9月25日，中国共产党领导下的新金县政府在貔子窝宣告成立。11月17日，中共新金县委成立。1958年11月，经辽宁省委、省政府批复，新金县政府所在地从貔子窝镇迁到普兰店镇，县直机关从15日起正式办公。1991年11月30日，经国务院批准，撤销新金县，设立普兰店市（县级）。1992年2月28日召开普兰店市成立大会，正式挂牌办公。2010年4月9日，中共大连市委、大连市人民政府《关于新市区管理体制改革的实施意见》决定将金州区的三十里堡、石河2个街道，瓦房店市的炮台、复州湾2个镇，普兰店市的铁西、丰荣、太平3个街道和海湾工业区，一并规划为普兰店湾新区，该功能区土地总面积1008.5平方千米，总人口40.2万人。将普兰店市北部区域规划为普兰店湾新区的拓展区。普兰店湾新区采取"一套人马、两块牌子"的一体化运作模式，设立普兰店湾新区管委会，是大连市政府的派出机构，行政级格为大连市正局级。普兰店湾新区管委会与普兰店市政府合署办公。将普兰店市所辖的瓦窝镇、元台镇，划归瓦房店市实施行政托管。2010年4月9日，大连市委办公厅《关于成立中共大连普兰店湾新区工作委员会的通知》中将"普兰店湾新区"简称为"普湾新区"。2010年5月27日，在普兰店市人民影院举行普湾新区成立大会。2012年7月17日，《辽宁省人民政府关于调整大连市部分行政区划的批复》中将瓦房店市的炮台、复州湾2个镇划归普兰店市管辖，并撤销炮台镇和复州湾镇，设立炮台街道和复州湾街道，将普兰店市的瓦窝、元台2个镇划归瓦房店市管辖。2012年7月27日，《辽宁省人民政府关于调整大连市部分行政区划的批复》中将金州区的三十里堡、石河2个街道划归普兰店市管辖。2015年10月13日，国务院正式批复同意撤销普兰店市，设立大连市普兰店区。全区下辖11个街道、5个镇、3个乡。2015年12月30日，辽宁省人民政府下发《辽宁省人民政府关于同意大连市部分行政区划调整的批复》，2016年2月6日，大连市政府下发《大连市人民政府关于普兰店区石河街道和三十里堡街道划归金州区管辖的通知》，2月19日，大连市政府下发《大连市人民政府关于普兰店区炮台街道和复州湾街道划归金州区管辖的通知》，将普兰店区石河街道、三十里堡街道、炮台街道、复州湾街道划归金州区管辖。

【行政区划】 普兰店区辖丰荣、太平、铁西、皮口、城子坦、唐家房、杨树房、大刘家、大谭、莲山、沙包、安波、星台、乐甲、墨盘、同益、四平、双塔18个街道和普兰店经济开发区。

【人口】 2023年,普兰店区人口总户数246401户，户籍总人口691569人。其中，城镇人口346692人，乡村人口344877人；男性人口346041人，女性人口345528人。0—17岁人口76142人，18—34岁110816人，35—59岁281564人，60岁及以上223047人。出生人口2722人，死亡人口9466人。

【气候】 2023年,普兰店区最高气温33.7℃，最低气温-20.4℃，平均气温11.2℃，平均地表温14.2℃。年降水量合计623.5毫米，年日照时间合计2500.8时。年平均风速2.4米/秒，年平均气压1015.1百帕。

国民经济和社会发展

【概况】 2023年，普兰店区全面贯彻新发展理念，坚持以发展经济为中心，突出做好稳增长、稳就业、稳物价工作，经济运行整体好转，发展质量有效提升。全区实现地区生产总值404.3亿元，按可比价格计算，比上年增长5.0%。分产业看，第一产业增加值103.4亿元，比上年增长5.8%；第二产业增加值154.2亿元，比上年增长4.2%；第三产业增加值146.7亿元，比上年增长5.1%。三次产业构成比例为25.6:38.1:36.3。人均地区生产总值58468元（按户籍人口计算）。

【财政】 2023年，普兰店区一般公共预算收入31.4亿元，比上年增长11.4%。其中，税收收入12.9亿元，比上年增长8.2%；非税收入18.5亿元，比上年增长13.8%。一般公共预算支出48.7亿元，比上年增长4.5%。

【税收】 2023年，普兰店区税务收入总额55.51亿元，比上年增长2.9%。其中，税收收入总额24.51亿元，比上年增长15.4%。全年增值税15.07亿元，比上年增长24.4%。

【农业】　2023年，普兰店区农林牧渔及其服务业总产值209.6亿元，按可比价格计算，比上年增长4.9%。粮食总产量35.2万吨，比上年增长1.1%；蔬菜总产量54.5万吨，比上年增长3.1%；水果总产量34.2万吨，比上年增长5.1%；肉总产量31.4万吨，比上年增长6.2%；蛋总产量7.1万吨，比上年增长1.5%；水产品总产量16.1万吨，比上年增长5.2%。

【工业】　2023年，普兰店区规模以上工业企业151家，实现总产值241.9亿元，比上年增长0.7%。规模以上工业增加值比上年下降2.7%。规模以上工业企业营业收入252.1亿元，比上年增长4.9%；营业成本205.7亿元，比上年增长4.1%；营业利润11.4亿元，比上年增长12.3%；利润总额13.1亿元，比上年增长13.3%。从企业控股类型看，全区规模以上工业外商投资企业产值比上年增长6.3%；内资企业和港澳台商控股企业分别比上年下降1.2%和17.6%。从行业看，在全区24个行业大类中，有8个行业产值实现正增长，其中"农副食品加工业""酒、饮料和精制茶制造业"和"橡胶和塑料制品业"产值分别比上年增长22.5%、21.3%和7.5%。从产品产量看，在规模以上工业生产的31种主要产品中有15种产品的产量实现正增长，占比48.4%，其中有10种产品实现两位数增长，饲料产品产量比上年增长56.8%。

【固定资产投资】　2023年，普兰店区固定资产投资总额比上年增长22.2%，其中建设项目投资比上年增长53.1%，房地产开发投资比上年下降13.9%。分产业看，第一产业投资比上年下降55.2%，第二产业投资比上年增长160.4%，第三产业投资比上年下降15.9%。

【建筑业和房地产开发】　2023年，普兰店区具有资质等级的建筑企业140家，全年资质以上建筑业总产值67.4亿元，比上年增长4.6%。全年房屋施工面积186.6万平方米，比上年增长2.6%；房屋竣工面积33.5万平方米，比上年增长36.2%；商品房销售面积24.1万平方米，比上年增长19.5%；商品房销售额15.5亿元，比上年增长10.4%。

【国内贸易】　2023年，普兰店区社会消费品零售总额55.5亿元，比上年增长10.1%，其中限额以上单位消费品零售额7.6亿元，比上年下降0.6%。全年限额以上单位商品零售额中，服装、鞋帽、针纺织品类零售额比上年下降23.5%，粮油、食品类零售额比上年下降20.7%，中西药品类零售额比上年增长2.5%，日用品类零售额比上年下降2.0%，汽车类零售额比上年增长3.1%，石油及制品类零售额比上年增长41.3%，饮料类零售额比上年下降29.6%，家用电器和音像器材类零售额比上年下降21.0%，烟酒类零售额比上年下降32.0%。

【对外经济】　2023年，普兰店区实际利用外资2201万美元，比上年增长83.7%；引进省外实际到位资金47.31亿元。全年进出口总额107.87亿元，比上年下降2.3%。其中，进口35.89亿元，比上年增长7.0%；出口71.98亿元，比上年下降6.3%。

【交通运输】　2023年，普兰店区年末港口码头总长922.8米，港口旅客吞吐量170.5万人次，比上年增长68.3%；港口货物吞吐量230.6万吨，比上年增长27.3%。公路年末到达里程3084.9千米，其中等级公路3084.9千米，等外公路0千米。晴雨通车里程3084.9千米。

【教育】　2023年，普兰店区普通中学33所，在校学生18157人，专任教师2200人，毕业生6357人；小学39所，在校学生24584人，专任教师1577人，毕业生3432人；九年一贯制学校1所，在校学生2273人，专任教师121人，毕业生369人；职教中心1所，在校学生642人，专任教师139人，毕业生228人；盲聋哑学校1所，在校学生87人，专任教师38人，毕业生7人；幼儿园95所，在校学生7667人，专任教师778人，毕业生3588人。

【文化】 2023年,普兰店区有公共图书馆1个，藏书量38.4万册；公共博物馆1个，文物藏品3286件；文物保护区55个。全年组织文艺活动224次。

【医疗卫生】 2023年,普兰店区医疗机构425个，床位数3433个，卫生技术人员4649人（医生1884人）。其中，县及县以上医院5个，床位数1560张，卫生技术人员1770人（医生629人）；街道卫生院18个，床位数480张，卫生技术人员377人（医生187人）。

【居民收入和社会保障】 2023年，普兰店区城镇居民年人均可支配收入40725元，比上年增长3.3%。农村居民年人均可支配收入24842元，比上年增长7.3%。社会保障全面覆盖，收养性社会福利单位53个，年末职工392人，床位4007张，年末在院人数1639人。全年发放城镇居民最低生活保障金1417万元，发放农村居民最低生活保障金4493万元。

注：文中所有数据来源于普兰店区2023年国民经济和社会发展统计公报

组织机构及负责人

中国共产党普兰店区委员会

书记	周振雷
副书记	姜 斌 李 光
常委	沙 石（—6月）
	曹 洋（—4月）
	金建国
	傅小昇
	侯述宝
	邹积政
	于永忠
	杜广元（6月— ）
	马廷福（9月— ）

办公室

［挂机要局（国家密码管理局）、保密委员会办公室（国家保密局）、档案局牌子］

主任	任冠宇
副主任	刘 畅（兼）
	宫景兰（女）
	周海丰
	王江泉
区委国家安全委员会专职副主任	裴浩男

组织部

（挂非公有制经济组织和社会组织工委、机关工委、老干部局、公务员局牌子）

部长	沙 石（—6月）
	杜广元（6月— ）
分管日常工作的副部长	张成彬（—3月）
	房绍敏（9月— ）
副部长	刘 胜（兼）
	牛俊波（女，—7月）
	房绍敏（—9月）
	于 秀（女，3月— ）

部务委员	于　秀（女，—3月）			阎　平（女）
	于丽丽（女）		**信访局**	

非公有制经济组织和社会组织党工委

书记	沙　石（兼，—6月）		局长	刘　畅
	杜广元（兼，6月—　）		副局长	冯　军
副书记	牛俊波（兼，女，7月—　）			崔中洋
	李彤升（兼）		信访督查专员	刘文华（女，—9月）
	曲敬军（兼）		**巡察办**	
	郑　伟（兼）		主任	牛俊波（女，7月—　）

宣传部

（挂精神文明建设指导委员会办公室和新闻出版局牌子）

部长	傅小昇		副主任	刘世民
分管日常工作的副部长	郑　波			邓德辉
副部长	王　鑫（女）		**巡察组**	
	崔　严（女）		组长	徐　毅

统战部

（挂台湾工作办公室、民族和宗教事务局、侨务办公室牌子）

				郝国堂
部长	邹积政（—10月）			范庆波
	马廷福（10月—　）		副组长	王　欣
分管日常工作的副部长	王玉娟（女）			吴剑宇
副部长	崔海涛			孙富刚
	王选滨		巡察专员	刘振堂
				贺　伟（女）

民族和宗教事务局

局长	崔海涛（兼）			滕新颜（女）

政法委员会

普兰店区人大常委会

书记	邹积政		主任	吴作江（—9月）
分管日常工作的副书记	季世峰（—3月）			周振雷（12月—　）
	卢恩强（9月—　）		党组书记	吴作江（—10月）
副书记	卢恩强（—9月）			周振雷（10月—　）
	姜　涛		党组副书记	连丕江
	牟明凯（9月—　）		副主任	连丕江

机构编制委员会办公室

				王　勇
主任	刘　胜			董振一
				罗滨久
			党组成员	王　勇
				董振一
				陈忠新（10月—　）
副主任	王学庆（—7月）		**办公室**	
			主任	陈忠新（10月—　）

副主任	牟明凯（—9月）		于永忠
	王曦魏（女）		董振金
	潘学群（9月— ）		王　强

人事代表工作委员会

主任	刘丽娟（女）
副主任	孙中桅（女）

经济和环境资源保护工作委员会

主任	聂振江
副主任	马永利
	刘尊旭
	荆胜章（7月— ）

农村工作委员会

主任	迟金玉
副主任	郝新庆（—9月）
	李剑光（9月— ）

法制和申诉控告工作委员会

主任	郐凤华（女）
副主任	潘学群（—9月）
	滕　飞（9月— ）

科教文卫工作委员会

主任	王　彦（7月— ）
副主任	赵德勇

普兰店区人民政府

区长	姜　斌
党组书记	姜　斌
党组副书记	曹　洋（—6月）
	于永忠（7月— ）
副区长	曹　洋（—3月）
	贺滢锦（女）
	王　强
	邓　峰
	梁宏刚（挂职，—10月）
	于永忠
	刘仁飞（10月— ）
党组成员	曹　洋（—7月）
	贺滢锦（女）

右栏续：

	于永忠
	董振金
	王　强
	梁宏刚（挂职，—7月）
	刘仁飞（10月— ）

政府办公室

主任	董振金
党组书记	董振金
副主任	朱　艳（女）
	李治峰
	刘　辉（7月— ）
党组成员	朱　艳（女）
	李治峰
	刘　辉（7月— ）

发展和改革局

局长	王育新（—4月）
	安　耀（4月— ）
党组书记	王育新（—3月）
	安　耀（3月— ）
副局长	隋成一（—7月）
	李艳艳（女）
部务委员	周文远
	孙维进（10月— ）
	林峻衡（10月— ）
党组成员	隋成一（—7月）
	周文远
	王选朋
	孙维进（9月— ）
	林峻衡（9月— ）

国防动员办公室

主任	王育新（兼，—3月）
	安　耀（兼，3月— ）
副主任	隋成一（兼，—7月）

教育局

局长	孙　乡（女）
党组书记	孙　乡（女）
党组副书记	马超平

副局长	曲富强	党组成员	姜祖栋（—9月）
	田昌运		王　旭
	马超平		邢孝通
党组成员	曲富强		
	何德广		

财政局

（挂国有资产监督管理局牌子）

	何德广	局长	曲　泉（—4月）
	田昌运		王育新（4月—　）
	连　鑫	党组书记	曲　泉（—3月）

区委教育工作委员会

书记	李　光（兼）		王育新（3月—　）
副书记	孙　乡（女，兼）	副局长	赵训江（—10月）
	马超平（兼，3月—　）		何广明

教育督导室

			王宝军
主任督学	何德广	党组成员	赵训江（—9月）

科技和工业信息化局

			何广明
局长	王　升		王宝军
党组书记	王　升		

人力资源和社会保障局

副局长	邵　雷	局长	刘贵雄
	惠兆福	党组书记	刘贵雄
	宫国翔	副局长	何新武
党组成员	邵　雷		李　鹏（女）
	惠兆福		栾文博（女）
	宫国翔	党组成员	何新武

民政局

			李　鹏（女）
局长	陶贵安		葛庭清（女）
党组书记	陶贵安		杨　杰

住房和城乡建设局

副局长	曲敬军		

（挂城市管理综合执法局和人民防空办公室牌子）

	程　敏（女）		
	孙德良	局长	王忠为
党组成员	曲敬军	党组书记	王忠为
	孙德良	副局长	富　涛
	回　然（女）		李景秋

司法局

			张　伟
局　长	仲光华	党组成员	富　涛
党组书记	仲光华		李景秋
副局长	姜祖栋（—10月）		张　伟
	王　旭		杨　祝
	邢孝通		

城市管理综合行政执法队

队长	王忠为
副队长	富涛
	李景秋
	张伟

交通运输局

局长	郑兴彬
党组书记	郑兴彬
副局长	胡兆东
	王兴
	韩秋阳
党组成员	胡兆东
	王兴
	韩秋阳

交通运输综合行政执法队

队长	郑兴彬（兼）
副队长	胡兆东（兼）
	王兴（兼）
	韩秋阳（兼）

农业农村局

（挂水务局和扶贫开发领导小组办公室牌子）

局长	杨平仁
党组书记	杨平仁
副局长	周世勇
	刘洪海
	梁启明
	林永亮（7月— ）
	王玢（挂职，7月— ）
党组成员	周世勇
	刘洪海
	林永亮（7月— ）
	张岩
	赵羽昂（3月— ）
	王玢（挂职，7月— ）
区委农办专职副主任	赵羽昂（3月— ）

农业综合行政执法队

队长	杨平仁（兼）
副队长	周世勇（兼）
	刘洪海（兼）

海洋与渔业综合行政执法队

队长	杨平仁（兼）
副队长	刘洪海（兼）
	梁启明（兼）
	林永亮（兼，7月— ）

商务局

（挂外事办公室牌子）

局长	周时蕊（女）
党组书记	周时蕊（女）
副局长	石祥铭
	高美娜（女）
	张鑫达
党组成员	石祥铭
	高美娜（女）
	张鑫达

文化和旅游局

（挂广播电视局和体育局牌子）

局长	贺花（女）
党组书记	贺花（女）
副局长	张景田
	曾晖
党组成员	张景田
	曾晖
	刘乃洋

文化市场综合行政执法队

队长	杨平仁（兼，—4月）
副队长	高健（兼，—10月）

卫生健康局

局长	杜斌
党组书记	杜斌
副局长	王玉平（女）
	辛永勤
	刘乔华（女，4月— ）

党组成员　　王玉平（女）

　　　　　　　辛永勤

　　　　　　　刘乔华（女，3月—　）

退役军人事务局

局长　　　　葛立良

党组书记　　葛立良

副局长　　　王传江

　　　　　　张法滨

　　　　　　刘海峰（兼，4月—　）

党组成员　　王传江

　　　　　　张法滨

　　　　　　冷秋华（女）

　　　　　　刘海峰（兼，3月—　）

应急管理局

局长　　　　柳金林

党委书记　　柳金林

副局长　　　娄洪键

　　　　　　肖厚广

　　　　　　邢　哲

党委委员　　娄洪键

　　　　　　肖厚广

　　　　　　邢　哲

　　　　　　于富顺

应急管理综合行政执法队

队长　　　　柳金林（兼，6月—　）

副队长　　　肖厚广（兼，6月—　）

　　　　　　娄洪键（兼，6月—　）

　　　　　　邢　哲（兼，6月—　）

审计局

局长　　　　毕聪生（—10月）

　　　　　　赵训江（10月—　）

党组书记　　毕聪生（—9月）

　　　　　　赵训江（9月—　）

副局长　　　吕向前（—10月）

　　　　　　沙兴浩　孙　嵘（女）

党组成员　　吕向前（—9月）

　　　　　　孙　嵘（女）

市场监督管理局

（挂知识产权局牌子）

局长　　　　于　红（女）

党组书记　　于　红（女）

副局长　　　荆胜章（—7月）

　　　　　　王　霞（女）

　　　　　　郑　伟

党组成员　　荆胜章（—7月）

　　　　　　王　霞（女）

　　　　　　郑　伟　赵成举

市场监管综合行政执法队

队长　　　　于　红（兼，女）

副队长　　　王　霞（兼，女）

　　　　　　郑　伟（兼）

　　　　　　荆胜章（兼，—7月）

统计局

局长　　　　张胜涛（兼）

党组书记　　贾　波（女）

副局长　　　李希财

　　　　　　周雪莲（女）

党组成员　　李希财

　　　　　　周雪莲（女）

营商环境建设局

（挂行政审批局牌子）

党组书记　　刘　军

局长　　　　王树红（女）

副局长　　　林　峰

　　　　　　刘洪海

党组成员　　林　峰

　　　　　　刘洪海

政协普兰店区委员会

主席　　　　王继晓

党组书记　　王继晓

党组副书记　李　志（女）

　　　　　　邹积政（兼，—10月）

	马廷福（兼，10月— ）
副主席	李 志（女）
	张胜涛
	陈 红（女）
党组成员	李晓娜（女）
秘书长	李晓娜（女）

办公室

主任	李晓娜（女）
副主任	连 平
	娄立新

经济委员会

主任	孙金云（女，—4月）
	于广为（4月— ）
副主任	冷栋基

科教文卫体委员会

主任	段晓伟（女）
副主任	单丽萍（女）

提案法制委员会

主任	王 炜（女）
副主任	于广为（—4月）
	杨青松（9月— ）

人口资源环境委员会

主任	李希财（—4月）
	于鸿远（8月— ）
副主任	范加鑫

委员工作委员会

主任	姜连军
副主任	殷 波（女）

中共普兰店区纪律检查委员会

书记	金建国
副书记	孙宝石
	杜 斌（—3月）
	姜欲飞（女，3月— ）
常委	姜欲飞（女，—3月）
	吕雪梅（女）

	王沛铭（挂职1年，—4月）
	应彦博（6月— ）
	彭喜峰（7月— ）
	郑 颖（女，7月— ）

监察委员会

主任	金建国
副主任	孙宝石
	杜 斌（—4月）
	姜欲飞（女，4月— ）
委员	欲 飞（女，—4月）
	吕雪梅（女）
	刘 超（—7月）
	郑 颖（女）
办公室主任	南玉振（9月— ）
组织部部长	姜海洋（女）
宣传部部长	牟 鑫
法规室主任	夏 舜（—7月）
党风政风监督室主任	李艳松
案件管理室主任	徐广平
第一纪检监察室主任	彭喜峰（—9月）
	王晓楠（9月— ）
第二纪检监察室主任	姜晓婷（女）
第三纪检监察室主任	
第四纪检监察室主任	周 鹏
第五纪检监察室主任	滕长征
第六纪检监察室主任	王 东
第七纪检监察室主任	高成军
案件审理室主任	梁 栋
纪检监察干部监督室主任	徐 堃（女）

信访室	唐晓明
机关党委专职副书记	张恒达

普兰店区人民法院

院长	杨全红（女，—9月）
	赵　林（12月—　）
党组书记	杨全红（女，—11月）
	赵　林（11月—　）
党组副书记	吴　彬（—7月）
	逄春盛（7月—　）
分管日常工作的副院长	吴　彬（—8月）
	逄春盛（8月—　）
副院长	武肖玲（女）
政治部主任	张秀峰
审判委员会专职委员	孙志新
	迟传凯
党组成员	孙志新
	迟传凯
	张秀峰

普兰店区人民检察院

检察长	潘晓意（—10月）
	孟祥宇（12月—　）
党组书记	潘晓意（—10月）
	孟祥宇（10月—　）
党组副书记	张洪斌
分管日常工作的副检察长	张洪斌
副检察长	唐绮雯（女）
	曹　冰
政治处主任	张德政
检察委员会专职委员	林　立（女）
	刁君冲
党组成员	唐绮雯（女）
	张德政

群众团体

总工会
主席	李丰明（提名人选）
党组书记	李丰明
副主席	王　军
	王永强
	李　艳（女）
党组成员	王　军
	王永强
	李　艳（女）

共青团普兰店区委员会
书记	丛　媛（女，3月—　）
副书记	战秀玉（女）

妇女联合会
主席	姜　昕（女）
党组书记	姜　昕（女）
副主席	张秀苓（女，—4月）
	谷鹏飞（女）
	程　敏（女，挂职，—9月）
党组成员	张秀苓（女，—3月）
	谷鹏飞（女）

科学技术协会
（由科技和工业信息化局代管）
主席	郭　超
副主席	马　璐（女）
	田昌运（兼）

文学艺术界联合会
（由宣传部代管）
主席	高　歌（女）

工商业联合会
主席	
党组书记	王选滨（兼）
副主席	李彤升
党组成员	李彤升
	崔海涛（兼，7月—　）

残疾人联合会

理事长	张大庆
党组书记	张大庆
副理事长	刘清林
	时美霞（女）
党组成员	刘清林
	时美霞（女）

红十字会

（由卫生健康局代管）

会长	贺滢锦（女，兼）
常务副会长	高万和

区直事业单位

区委党校

（挂行政学校、社会主义学校牌子）

常务副校长	张　镇
副校长	沙延会
	徐　冉

区委党史研究室

（区地方志办公室）（11月— ）

主任	王新委（女）
副主任	于松玄

档案馆

馆长	王家卓
副馆长	尹　泓
	邹　宇

融媒体中心

（区广播电视台）

主任（台长）	刘　薇
副主任(副台长)	许昌林
	苗红青（女）
	张人尧（3月— ）

机关事务服务中心

主任	高安滨
党组书记	高安滨
副主任	高春莲（女，3月— ）

自然资源事务服务中心

负责人	吴永峥
副主任	王　强
党组成员	王　强

大数据中心

（区营商环境建设服务中心、区市民诉求服务中心）

负责人	朴军大
副主任	张延宽
	苗育新
	许德龙（女）
党组成员	张延宽
	苗育新
	许德龙（女）

水务事务服务中心

负责人	侯德田
副主任	孙致国
	董兴涛
	李仁辉

供销合作社联合社

主任	杨洪全
党组书记	杨洪全
副主任	阎　峰
	王　华（女）
监事会主任	王　峰
党组成员	阎　峰
	王　华（女）
	王　峰

教师进修学校

负责人	范琦亮
副校长	刘忠远
	王成轮

区委党建综合服务中心

负责人	于丽丽（女，兼，—3月）
主任	张秋立（女，3月— ）

信用中心

（区价格认定中心、区粮食和物资安全监测中心）

主任	王选朋（11月— ）

教育事业发展中心

主任　　　　　连　鑫

民政事务服务中心

（区婚姻登记处）

主任　　　　　回　然（女）

财政事务服务中心

负责人　　　　刘　刚

就业和人才服务中心

主任　　　　　葛庭清（女）

社会保险事业服务中心

主任　　　　　杨　杰

住房城乡建设事务服务中心

主任　　　　　杨　祝

交通运输事业服务中心

负责人　　　　马恒武

现代农业生产发展服务中心

（区农业技术推广中心、区植物保护中心）

主任　　　　　张　岩

公共文化服务中心

主任　　　　　刘乃洋

退役军人服务中心

主任　　　　　冷秋华（女）

应急管理事务服务中心

（区地震办公室）

主任　　　　　于富顺

市场监管事务服务中心

（区消费者协会办公室）

主任　　　　　赵成举

大连莲城国投发展集团有限公司

党委书记　　　张文革

董事长　　　　张文革

总经理　　　　张文革

功能区管理机构

大连普兰店经济开发区

党工委书记　　阎天勇

管委会主任　　阎天勇

管委会副主任　高　飞

党工委委员　　高　飞

大连皮杨中心产业区

党工委书记　　刘振昌

管委会主任　　刘振昌

管委会副主任　柳全发

党工委委员　　柳全发

街　道

丰荣街道

党工委书记　　马廷福

主任　　　　　安　耀（—4月）

　　　　　　　赵志明（7月—　）

人大工委主任　马廷福（兼）

党工委副书记　安　耀（—3月）

　　　　　　　赵志明

副主任　　　　刘广洲

　　　　　　　邵　鸣（—12月）

　　　　　　　丛　媛（女，—4月）

　　　　　　　雒荣彬（—7月）

　　　　　　　蔡劲健

　　　　　　　尹胜难（女，7月—　）

　　　　　　　秦建国（7月—　）

纪工委书记　　王绍鹏

武装部长　　　陈晟宇

管委会主任　　刘广洲

　　　　　　　陈晟宇

　　　　　　　王绍鹏

　　　　　　　邵　鸣（—11月）

　　　　　　　丛　媛（女，—3月）

　　　　　　　雒荣彬（—6月）

　　　　　　　蔡劲健

　　　　　　　尹胜难（女，7月—　）

　　　　　　　秦建国（7月—　）

铁西街道

党工委书记　　张允智

主任	王世华
人大工委主任	张允智（兼）
党工委副书记	李剑光（—9月）
	王世华
	王 毅（9月— ）
副主任	陈 颖（女，—4月）
	韩文锋
	孙少建
	王长磊（7月— ）
纪工委书记	赵 娟（女）
武装部长	陈吉慧
党工委委员	陈吉慧
	陈 颖（女，—3月）
	赵 娟（女）
	韩文锋
	孙少建
	王长磊（7月— ）

太平街道

党工委书记	吕锡恩
主任	
人大工委主任	吕锡恩（兼）
党工委副书记	郐云斐（女）
	隋成一（主持办事处工作，7月— ）
副主任	姜功胜（—10月）
	于 琳（女）
	宋立君（—7月）
	王英晨
纪工委书记	毕崇莉（女，—9月）
	王德维（9月— ）
武装部长	殷大东
党工委委员	姜功胜（—9月）
	殷大东
	于 琳（女）
	宋立君（—6月）
	王英晨
	毕崇莉（女，—9月）
	王德维（9月— ）

大刘家街道

党工委书记	沙浩然（女）
主任	李 锋（4月— ）
人大工委主任	沙浩然（女，兼）
党工委副书记	李 锋
	王学庆（7月— ）
副主任	鲁九彤
	纪永发
	陈 龙
	尹 梅（女，7月— ）
	尹胜难（女，—7月）
纪工委书记	王德维（—9月）
武装部长	许金刚
党工委委员	鲁九彤
	许金刚
	王德维（—9月）
	纪永发
	尹胜难（女，—7月）
	陈 龙
	尹 梅（女，7月— ）
	尹胜难（女，—7月）

杨树房街道

党工委书记	王丽军
主任	
人大工委主任	王丽军（兼）
党工委副书记	李信国
副主任	迟庆玉（—10月）
	林祥斌（—7月）
	王吉丰
	姜枫捷（女）
纪工委书记	于福勇
武装部长	李东君（9月— ）
党工委委员	王吉丰
	迟庆玉（—9月）
	林祥斌（—7月）
	于福勇

姜枫捷（女）

李东君（9月—　）

皮口街道

党工委书记	王全清
主任	邓吉英
人大工委主任	王全清（兼）
党委副书记	邓吉英
	陈　颖（女，3月—　）
副主任	庞兴茂
	韩日明
	王　毅（—10月）
	姜爱华（女）
纪工委书记	王吉国
武装部长	郑彦锋
党工委委员	郑彦锋
	庞兴茂
	王吉国
	韩日明
	王　毅（—9月）
	姜爱华（女）

城子坦街道

党工委书记	韩洪峰
主任	沈万刚
人大工委主任	韩洪峰（兼）
党工委副书记	沈万刚
	孙有键
副主任	孙立铭
	辛　伟
	牟　田
	秦建国（—7月）
纪工委书记	孙喜淼
武装部长	张明财
党工委委员	孙立铭
	辛　伟
	牟　田
	秦建国（—7月）
	张明财

孙喜淼

唐家房街道

党工委书记	蔡文涛
主任	刘国武
人大工委主任	蔡文涛（兼）
党工委副书记	王宏伟
	刘国武
副主任	邵会友
	高仁忠
	王世权（—4月）
	郭　爽（女）
纪工委书记	徐洪伟
武装部长	曲　良
党工委委员	邵会友
	高仁忠
	徐洪伟
	王世权（—3月）
	郭　爽（女）
	曲　良

大谭街道

党工委书记	董学增
主任	滕人军
人大工委主任	董学增（兼）
党工委副书记	滕人军
	曲　红（女）
副主任	陶贵凯
	康　宁（女）
	王　强（—4月）
纪工委书记	高振龙
武装部长	沙鹰成
党工委委员	陶贵凯
	高振龙
	康　宁（女）
	王　强（—3月）
	沙鹰成

莲山街道

党工委书记	王德涌

主任	于鸿远（—7月）		主任	郑重
	林祥斌（7月— ）		人大工委主任	徐海峰（兼）
人大工委主任	王德涌（兼）		党工委副书记	郑重
党工委副书记	于鸿远（—7月）			王景
	于传北		副主任	鲁晖
	林祥斌（7月— ）			田志宏（—4月）
副主任	李旸业			张丽景（女）
	马娣（女）			刘钦宽
	王绍君		纪工委书记	宋连盛
纪工委书记	柳广波（—3月）		武装部长	刘钦跃
武装部长	刘成占		党工委委员	鲁晖
党工委委员	柳广波（—3月）			刘钦跃
	马娣（女）			田志宏（—3月）
	李旸业			张丽景（女）
	王绍君			宋连盛
	刘成占			刘钦宽

安波街道

党工委书记	黄庆臣
主任	孙思（女）
人大工委主任	黄庆臣（兼）
党工委副书记	孙思（女）
	宫林金
副主任	姜淑娟（女）
	孙兆华（—4月）
	姜兆全
	郑继彬（4月— ）
纪工委书记	张亮亮（女）
武装部长	徐生春
党工委委员	姜淑娟（女）
	徐生春
	孙兆华（—3月）
	姜兆全
	张亮亮
	郑继彬（3月— ）

沙包街道

党工委书记	徐海峰

星台街道

党工委书记	王彦（—7月）
	张德军（7月— ）
主任	姜宁
人大工委主任	王彦（兼，—7月）
	张德军（兼，7月— ）
党工委副书记	姜宁
	尹梅（女，—7月）
	刘鑫（7月— ）
副主任	刘鑫（—7月）
	王德龙（—4月）
	马永逵（—4月）
	张风波
	郭为（7月— ）
	崔圣修（7月— ）
纪工委书记	张伟
武装部长	辛树梁（—8月）
党工委委员	辛树梁（—3月）
	张伟
	刘鑫（—7月）
	王德龙（—3月）

马永邃（—3月）

张风波

郭　为（7月—　）

崔圣修（7月—　）

乐甲街道

党工委书记	傅小昇（兼）
主任	丁长勋
人大工委主任	傅小昇（兼）
党工委副书记	丁长勋
	于吉峰
副主任	王世杰
	孙连奎
	邹　健
	张德财
纪工委书记	宋德新
武装部长	崔圣修（—8月）
	张晓理（9月—　）
党工委委员	王世杰
	孙连奎
	崔圣修（—7月）
	邹　健
	宋德新
	张德财
	张晓理（9月—　）

双塔街道

党工委书记	庞立安
主任	连世忠
人大工委主任	庞立安（兼）
党工委副书记	连世忠
	张秀圣
副主任	沙仁龙
	贾伟生
	张修志（—4月）
	赵大明（女，4月—　）
纪工委书记	李洪锋
武装部长	姜　波
管委会主任	洪　锋

沙仁龙

贾伟生

张修志（—3月）

姜　波

赵大明（女，3月—　）

四平街道

党工委书记	李长勇
主任	
人大工委主任	李长勇（兼）
党工委副书记	王天波
	杨卫贤
副主任	林永亮（—7月）
	张家波
	蔡云涛
	吕双鹤（10月—　）
纪工委书记	肖　利（女）
武装部长	孙仁东
党工委委员	肖　利（女）
	孙仁东
	林永亮（—7月）
	张家波
	蔡云涛
	吕双鹤（9月—　）

同益街道

党工委书记	邹　旭
主任	王晓龙
人大工委主任	邹　旭（兼）
党工委副书记	王晓龙
	孟相勇
副主任	李振和
	丛义静（女）
	王　洋（—4月）
纪工委书记	马勇任
武装部长	朱延东
党工委委员	李振和
	丛义静（女）
	王　洋（—3月）

马勇任

朱延东

墨盘街道

党工委书记　张德军（—7月）

　　　　　　姜功胜（9月—　）

主任　　　　于吉龙

人大工委主任　张德军（兼，—7月）

　　　　　　姜功胜（兼，9月—　）

党工委副书记　于吉龙

　　　　　　韩明明

副主任　　　顾兆芳

　　　　　　刘　滨

　　　　　　吴昌川

　　　　　　侯莉娜（女）

武装部长　　孙旭明（3月—　）

纪工委书记　李仁川

党工委委员　顾兆芳

　　　　　　李仁川

　　　　　　刘　滨

　　　　　　吴昌川

　　　　　　侯莉娜（女）

　　　　　　孙旭明（3月—　）

驻普兰店区省、市直属单位

大连市公安局普兰店分局

局长　　　　王　强

政委　　　　刘香一

副局长　　　张振贵

　　　　　　张建华

　　　　　　孙　庚

纪检组组长　徐　侃

政治处主任　卢俊达

国家税务总局大连市普兰店区税务局

局长　　　　冷凤军

副局长　　　陈业明

　　　　　　周克兵

纪检组长　　崔兴学

总经济师　　刘丽杰（女）

大连市普兰店区气象局

局长　　　　庄永富

副局长　　　张德惠

　　　　　　金文岩（女）

大连市自然资源局普兰店分局

局长　　　　宋守刚

副局长　　　李治奇

　　　　　　齐忠勇

大连市生态环境局普兰店分局

局长　　　　邹　阳

副局长　　　王　剑

　　　　　　于成杰

　　　　　　连　奇

国家统计局辽宁调查总队普兰店调查队

副队长　　　李明嵘（主持工作）

　　　　　　衣振华（女）

纪检员　　　徐德莉（女）

国网辽宁省电力有限公司大连市普兰店区供电分公司

经理　　　　阎　涛

副经理　　　周　勋

　　　　　　姜世堂

　　　　　　生　涛

　　　　　　王　刚

　　　　　　王海龙

中国邮政集团公司大连市普兰店区分公司

经理　　　　李文德

副经理　　　邵　岩（女）

　　　　　　王明樑

大连市住房公积金管理中心普兰店办事处

主任　　　　薛　涛

副主任　　　殷万良

中国移动通信集团辽宁有限公司普兰店分公司

总经理　　　张海涛

副总经理　　于立强

中国联合网络通信有限公司大连市普兰店区分公司

总经理　　　修忠军
副总经理　　程　巍（女）
　　　　　　王　进

中国电信股份有限公司普兰店分公司

总经理　　　李　鸣
副总经理　　潘仁慧（女）
　　　　　　肖俊峰

中国石油天然气股份有限公司辽宁大连普兰店销售分公司

经理　　　　岳红军
副经理　　　邹来国
　　　　　　祁永龙
　　　　　　赵　超

大连市普兰店区烟草专卖局

局长、经理　董广明
副经理　　　王沛波
副局长　　　于世国
副调研员　　杨海峰

中国人民银行普兰店市支行

行长　　　　李广庆
副行长　　　王晓岩
　　　　　　赵凤舞

中国工商银行股份有限公司大连普兰店支行

行长　　　　郭　哲
副行长　　　雷丽萍（女）
纪委书记　　尹成波
副行长　　　张贵彬
　　　　　　曹飞虎

中国建设银行股份有限公司大连普兰店支行

行长　　　　王伟智
副行长　　　刘云平
　　　　　　史　元（女）

中国银行股份有限公司大连普兰店支行

行长　　　　魏世有
副行长　　　石　刚
　　　　　　冷滨海
　　　　　　朱诚罡

中国农业银行股份有限公司大连普兰店支行

行长　　　　林士刚
副行长　　　宿洪源
　　　　　　李少样
　　　　　　葛玉梅（女）
　　　　　　初　云

中国农业发展银行大连市普湾支行

行长　　　　孙　蕾（女）
副行长　　　孙　博
　　　　　　王燕妮（女）

中国邮政储蓄银行股份有限公司大连普兰店区支行

行长　　　　崔珂嘉
副行长　　　邵会蛟
　　　　　　张富豪

交通银行股份有限公司大连普兰店支行

行长　　　　杨文盛
副行长　　　唐宙忠
　　　　　　郭富盛

大连银行股份有限公司普兰店支行

行长　　　　于　涛
副行长　　　刑　健

大连农村商业银行股份有限公司普兰店支行

行长　　　　孙振国
副行长　　　徐连山
　　　　　　朱相伟

中国人民财产保险股份有限公司普兰店支公司

总经理　　　张国之
副总经理　　孙禄嵩
　　　　　　秦　威

中国人寿保险股份有限公司普兰店市支公司

总经理　　　耿福君
副经理　　　辛士桥
　　　　　　李　伟

中国平安财产保险股份有限公司普兰店支公司

经理　　　　周　勇

中国太平洋财产保险股份有限公司大连分公司普兰店支公司

经理　　　　张　琳

大事记（2023）

1 月

1 日 普兰店区启动实施门诊共济改革，各基层医疗机构均设立便民门诊，为辖区居民提供家庭医生升级包签约服务。

13 日 "启航新征程 幸福中国年" 2023年全国"村晚"示范展示活动—大连市普兰店区唐家房街道"村晚"，作为辽宁三场特色"村晚"之一入选全国展播活动，并在央视频和国家公共文化云等平台播出。

14 日 中央广播电视总台在安波大集进行现场直播，安波年货市场"忙年"场景及普兰店区土特产品登上CCTV-2、CCTV-13、CCTV-17、《中国之声》及央视新媒体客户端。

16 日 在辽宁省第十四届人民代表大会第一次会议上，杨树房街道战家村党总支书记张德斌当选为第十四届全国人民代表大会代表。

17 日 普兰店区与中国科学院大连化学物理研究所签订战略合作协议，进一步深化拓展双方合作，全面夯实科技人才支撑，推动地区优势产业转型升级发展，提升地区竞争力和影响力。

28 日 普兰店区在皮口街道举行海水制氢产业一体化示范项目暨2023年第一批项目开工仪式。项目一期投资约8亿元，建设100兆瓦滩涂光伏、60兆瓦制氢，建成投产后形成年发电量1.37亿千瓦时绿电氢产能。

29 日 普兰店经济开发区举办第一季度项目集中签约仪式，现场集中签约项目4个，总投资3亿元。

30 日 大连安波旅游度假区被评为第二批辽宁省级滑雪旅游度假地。

2 月

4 日 普兰店区举办2023年"春风送真情，援助暖民心"新春专场招聘会。

6 日 电视剧《我们的日子》在中央电视台综合频道首播，并在爱奇艺、腾讯视频同步播出。该剧在城子坦街道春满社区百年老街实地取景拍摄。

7 日 丰荣街道办事处获全国无偿献血促进奖（单位奖）。

21 日 辽宁沿海运动休闲带启动仪式暨首届辽宁运动休闲带六城市体育产业巡礼活动在安波街道举行。

28 日 位于丰荣街道的大连种子展示馆建成，成为全省第一家农作物种子展示馆。该馆作为大连特种粮研究所组成部分，展览面积309平方米，展示种子标本、实物标本2198个。

3 月

3 日 普兰店区政府与中国农业发展银行大连市分行签订战略合作框架协议。

△ 普兰店区野生动植物保护志愿队成立。

6 日 普兰店区四平街道费屯村被农业农村部推介为2022年全国乡村特色产业产值超亿元村。

13 日 由普兰店区政府主办，区委宣传部、区农业农村局、四平街道、区樱桃协会承办的"大连·普兰店大樱桃产业文化节暨第四届四平大樱桃推介会"正式启幕。

15 日 普兰店区政府与昇辉智能科技股份有限公司签订氢能产业项目战略合作协议。

17 日 普兰店区2023年第二批重大项目暨大

连智德生命科学项目开工仪式在普兰店经济开发区举行，美德乐四期、智德生命科学、丰泽制造等10个项目同日开工。

24日 省委副书记、市委书记胡玉亭来到普兰店区，调研春耕备耕、乡村振兴、重点项目建设、民营经济发展、基层社会治理等工作情况。

24—26日 在2023全国优质农产品博览会（深圳站）上，普兰店区四平大樱桃获金奖。

27日 普兰店区与中交第二航务工程局投资合作协议签约仪式在区会议中心举行。

28日 普兰店区首个专业合作社联合社——大连市普兰店区平岛鑫玉龙海洋牧场专业合作社联合社在皮口街道揭牌成立。

31日—4月2日 在合肥市滨湖国际会展中心举行的第二十二届中国绿色食品博览会上，普兰店区"连粳4号"大米获金奖。

4 月

1日 普兰店区举行"不负春光，相约莲城"2023春季消费暨旅游活动启动仪式。大连市旅游协会及7家重点旅行社和协会与区部分景区签订高质量协同发展框架协议。

7日 普兰店区农村产业党组织"跨村联建"暨农村人居环境整治工作推进会议召开。

8日 普兰店区举行中粮麦芽（大连）扩建5万吨大麦仓储项目开工仪式，该项目总投资7759.11万元。

16日 普兰店区开展春季全民义务植树活动。

21日 普兰店区纪委监委与中科院计算技术研究所下属中科金瑞（北京）大数据科技有限公司在区会议中心举行战略合作协议签约仪式，推动普兰店区纪检监察工作向数字化、精准化迈进。

△ 普兰店区农业农村局与国网大连市普兰店区供电公司举行"乡村振兴、电力先行"服务合作协议签约仪式。

△ 辽宁轻工职业学院与普兰店区职教中心举行

"优质生源基地"签约揭牌仪式。

24日 普兰店区"党群共同致富"活动推进会暨第三批产业联合党委揭牌仪式举行，标志着全区20个产业联合党委全部组建完毕，覆盖18个街道、涵盖多个特色产业的"党群共同致富"新框架初步构建。

△ 2023年普兰店区老旧小区改造工程（丰荣街道）开工。工程涵盖9个社区、21个小区、333栋居民楼，建筑面积124万平方米，造福百姓1.46万户，惠及人口4万余人。

27日 台渤路通车仪式举行。台渤路南起轻河路，北至区第三十八中学，道路红线宽20米，路线全长575.6米，通车后大幅缓解城区交通压力。

5 月

1日 南国线道路改扩建工程开工奠基。该项目位于普兰店区铁西街道，全长2.65千米，投资总额1200万元。

2日 省委书记郝鹏来普兰店区调研，考察大杨集团、龙德李生态农业园。

6—7日 在第六届"果庄杯"优质设施桃大赛上，由普兰店区供销联社选送的"花脸丑桃"获得金奖，普兰店区也成为本次大赛辽宁省唯一获得金奖的县（市、区）。

11日 辽宁师范大学大学生就业实习实践基地在区融媒体中心揭牌成立。

△ 大连市莲城粮食收储有限公司在普兰店区正式揭牌成立。

△ 《人民日报》第10版以《村干部强素质 助乡村添活力》为题报道普兰店区"头雁领航·百村提升"工作举措、成果。

13日 沈阳农业大学院士专家工作站、沈阳农业大学乡村振兴战略研究院大连分院揭牌仪式在杨树房街道战家村培训基地举行。

△ 共青团普兰店区委与区农业农村局共同主办的"探寻家乡味道助力乡村振兴"青春集市在万达广场开市。

15日 普兰店区在区会议中心与铁岭城市建设投资发展有限公司、吉林省建设集团有限公司共同签订海蓝山项目开发合作与转让框架协议。

17日 大连市普兰店区南山医院更名为大连市普兰店区第六人民医院。

19日 普兰店区沙包街道被中央农村工作领导小组办公室和农业农村部确定为2023年第二轮土地承包到期后再延长30年试点地区。

20日 第21届大连国际徒步大会暨第32届大连赏槐会普兰店分会场活动在安波街道举行。

25日 大连市统一战线助力乡村振兴活动启动仪式在乐甲街道举行。

6 月

1日 由普兰店区民政局、区精神文明办、区慈善总会联合开展的"助力乡村振兴 关爱特殊困难群体"志愿服务活动暨"关爱困境儿童"活动启动。

2日 《农民日报》头版以《以"党建链"引领"产业链"创建国家乡村振兴示范县》为题报道普兰店区创建国家乡村振兴示范县经验做法。

8日 共青团中央、中央宣传部、中央政法委、中央网信办、全国妇联、最高人民检察院等机关公布2023—2024年度全国维护青少年权益岗创建单位名单，普兰店区人民检察院第三检察部入选。

14—15日 全国和美乡村广场舞大赛总决赛在河南省信阳市新县举行，由普兰店区文化和旅游局选送的广场舞节目代表辽宁省参加比赛，获中老年组规定套路一等奖、自选套路二等奖、优秀指导员奖、团体总分第一名。

16日 "大连樱桃·京东鲜到"大连（普兰店）大樱桃品牌文化节举行，借助京东物流一体化供应链，助力普兰店区大樱桃品牌化营销。

27日 普兰店区召开农村产业党组织跨村联建推进会议，集中为10个产业联合党委揭牌。至此，全区已组建产业联合党委（社企联盟）36个，145个村全部"上链"，实现全域覆盖。

28日 普兰店区首批12家妇联执委工作室正式授牌成立。

7 月

11日 位于普兰店区海湾工业园区的220千伏枣房智能变电站成功投运。工程于2021年3月开工建设，总投资2.9亿元，是普兰店首座无人值班大型220千伏智能变电站。

△ 全省首家"退役军人乡村振兴培训基地"在杨树房街道战家村乡村振兴学院揭牌成立。

△ 普兰店区安波街道米屯铁皮柿子被中国绿色食品发展中心认定为绿色食品A级产品，许可使用绿色食品标志。

19日 大连首届古莲文化节暨普兰店区文旅产业发展大会在千年古莲园启幕。

28日 普兰店区举行"辽参·鲟鱼小镇"揭牌暨普兰店区进港路通车仪式。

△ 普兰店区人民检察院利用"检察+网格"和"大数据赋能"工作模式，成功办理全市首例追缴海域使用金、挽回国有资产流失公益诉讼案例。

31日 2023年辽宁省中小企业特色产业集群认定名单公示，大连市普兰店区互感器产业集群上榜，是我区首个入选的省级中小企业特色产业集群。

△ 中国服装协会发布"2022 年服装行业百强企业"名单，大杨集团有限责任公司是唯一一家营业收入、利润总额、营业收入利润率三项排名均在"百强"榜中的服装企业。

8 月

4日 中国共产党大连市普兰店区第二届委员会第五次全体会议在区会议中心召开。

10—11日 由大连市体育局、大连市教育局主办，普兰店区委、区政府承办，区文化和旅游局、区教育局协办的2023年WAVE3大连市青少年三对三超级篮球赛普兰店分区赛在普兰店消防大队篮球场举办。全市有43支队伍近180名篮球爱好者报名参加比赛。

11日 普兰店区唐家房街道阳光玫瑰葡萄、辽峰葡萄被中国绿色食品发展中心认定为绿色食品A级产品，许可使用绿色食品标志。

23日 18时19分，普兰店区（北纬39.42°，东经122.20°）发生4.6级地震，震源深度8千米；18时40分，普兰店区（北纬39.42°，东经122.18°）发生2.8级地震，震源深度10千米。地震震中位于唐家房街道李沟村附近，震中距普兰店主城区23千米、距大连市主城区76千米。无因灾死亡失踪人口和紧急转移安置人口。损失12.9万元。

25日 普兰店区第二人民医院与大连市友谊医院医联体签约授牌仪式举行。

31日 普兰店区举办滨海路部分路段保障性通车仪式。工程项目总投资1.2亿元，道路总长4.44千米，红线宽度40米，道路等级为城市主干路，双向六车道，设计车速50千米/小时。

△ 普兰店区举办海湾中小学落成投入使用仪式。学校坐落于千年古莲园西侧、湾南路南侧，总用地面积6.24万平方米，总建筑面积3.4万平方米，项目总投资2.2亿元。其中，小学设36个班型，1620个学位；中学设36个班型，1800个学位，并设有风雨操场、食堂、报告厅和塑胶运动场等。

9 月

2日 以"逐浪大连时装周·律动时尚普兰店"为主题的2023大连时装周普兰店时尚之夜系列活动启幕。活动上，普兰店区被中国纺织工业联合会及辽宁省纺织服装协会分别授予"中国服装智能制造名城"及"辽宁省服装定制名城"牌匾，这是普兰店区纺织服装产业继"中国西装名城"之后的又一项国字号和省字号荣誉。POP设界·普兰店时尚产业创新服务综合体揭幕，该项目占地面积7300余平方米，是普兰店区委、区政府

与上海设界科技集团联合为当地企业和全国优秀设计师打造的第三方公共服务平台。此外，普兰店时尚产业推介、普兰店区服装纺织协会成立、普兰店时尚产业供应链协同发展签约、普兰店时尚产业教学实践基地挂牌等活动举行。

3日 东北亚时尚智造高峰论坛在POP设界·普兰店时尚产业创新服务综合体举行。

4日 普兰店区乐甲街道板桥希望小学正式挂牌成立。

8日 普兰店区互感器产业知识产权联盟成立大会在大连北方互感器集团有限公司召开。

12日 "阳光教育"小程序在普兰店区全面上线，区教育局机关和全区62所学校录入信息，接受社会监督。普兰店区是全市唯一一家全域推广该程序的地区。

20日 省委常委、市委书记熊茂平来到普兰店区，调研乡村振兴、基层党建、产业发展等情况。

22日 省委第五巡视组巡视大连市普兰店区工作动员会议召开。

25日 普兰店区举办海皮路绕线工程太平街道庙山段通车仪式。

10 月

7日 普兰店区安波米屯铁皮柿子成功注册"莲城米屯"商标。

10日 中海华普兰店区希望中学揭牌仪式在普兰店区第十六中学举行。

12日 普兰店区举行廉洁文化主题湿地公园揭牌暨大连市廉洁文化教育基地启动仪式。

△ 2023年大连市少年军校示范活动暨海湾小学少年军校成立仪式在区海湾小学举行。

16日 沙包街道雷锋纪念馆暨抚顺市雷锋纪念馆沙包街道（流动）展馆授牌仪式举行，这是抚顺市雷锋纪念馆全国第七家、省内第三家、大连地区首家流动展馆。

17日 "翰林·南山赋"房地产项目举行奠

基仪式。停滞6年的原"新华国际"烂尾项目地块被激活。

19日 省委副书记、省长李乐成来到普兰店区，调研大连鑫玉龙海洋生物种业科技股份有限公司。

△ 大连市业余排球赛在普兰店区举办，来自全市10个区（市、县）的100余名运动员参加比赛。

20日 省委副书记、省长李乐成到大杨集团考察调研并召开座谈会。

21日 中国·大连普兰店第十二届辽参文化周活动在皮口街道平岛正式启幕。

△ 中国渔业协会授予普兰店区"中国辽参鲟鱼产业之乡"称号，成为普兰店区第六张国字号名片。

△ 普兰店区国家级刺参种质资源场落成剪彩仪式在皮口街道举行。

△ 普兰店辽参商会鑫玉龙平岛海洋牧场海参交易中心奠基仪式在皮口街道举行。

△ 中国农业银行普兰店支行、普兰店海参协会、普兰店平岛鑫玉龙海洋牧场专业合作社联合社三方仓单质押项目签约仪式在皮口街道举行。

△ 普兰店海参协会、福建霞浦海参协会战略签约仪式在皮口街道举行。

23日 "医路同行"慈善救助活动在普兰店区试行启动，全区65周岁以上的低保、低收入或特困老年群体可根据具体情况，相应获得全额、定额或限额救助。

26日 大连第一互感器有限责任公司被工业和信息化部评为2023年度智能制造优秀场景。

29日 "奔跑吧·少年"2023年大连市青少年女足精英赛暨普兰店区足球进乡村校园活动对接仪式在普兰店区西山公园举行。

30日 东北地区首家"行走的医院"项目在普兰店区试运行。试运行服务覆盖范围为太平、铁西、丰荣3个主城区街道50个社区（村）。

△ 普兰店国家气象观测站迁建项目正式开工。项目选址太平街道西山公园观景台，占地2092平方米。

11 月

1日 普兰店区首家大连市"阳光心理大讲堂"连锁站在普兰店区教师进修学校挂牌成立。

△ 普兰店区举行丰荣新区污水处理工程（一期）开工仪式。

8日 大连第一互感器有限责任公司、大连北方互感器集团有限公司、大连第二互感器集团有限公司、中粮麦芽（大连）有限公司被工业和信息化部评为国家级绿色工厂。

△ 普兰店区城子坦街道宝盈龙酒庄旅游景区被大连市旅游景区质量等级评定委员会评定为国家AAA级旅游景区。

△ 普兰店区海湾小学作为大连唯一队伍代表大连市参加全省少年军校大比武，获得"队列队形集体赛"铜奖、"战地救护个人单项赛"铜奖、"打背包个人单项赛"铜奖。

9日 普兰店区被农业农村部渔业渔政管理局评为2022—2023年度全国渔业平安创建示范县。

△ 第二十届中国国际农交会在山东青岛举办，中国农业品牌目录2022农产品品牌入选名单正式发布。普兰店区大连鑫玉龙海洋生物种业科技股份有限公司"鑫玉龙"海参入选中国农业品牌目录。

△ 沙包街道雷锋纪念馆作为普兰店区少先队校外实践基地正式揭牌。

11日 普兰店区同益街道举办苹果产业文化节暨第二届老帽山登山节。

13日 普兰店区"装备制造（互感器）·大连互感器产业园"通过工业和信息化部复审。

16日 普兰店区九七体育公园改扩建项目（一期）完成验收并正式投入使用。

17日 普兰店区杨树房街道战家村被农业农村部、中央宣传部、司法部联合评审认定为第三批全国乡村治理示范村。

21日 在辽宁省"四好农村路"省级示范市、示范县、示范乡镇评选中，安波街道以第一名的成绩获评省级示范乡镇。

12 月

3日 米屯铁皮柿子交易市场在安波街道米屯村正式开业。

△ 辽宁师范大学中国文学批判研究中心"安波创作与研究基地"在安波鸿缘温泉山庄落成。

20日 全国检察机关队伍建设工作会议暨第十次"双先"表彰大会在北京召开。会上，大连市普兰店区人民检察院被授予"全国模范基层检察院"称号。

24日 中国共产党大连市普兰店区第二届委员会第六次全体会议暨区委经济工作会议在区会议中心召开。

26日 大连医科大学附属第三医院暨附属第二医院普湾院区正式开诊。

27日 以"激情冰雪 欢乐大连"为主题的第14届中国·大连（安波）国际温泉滑雪节在安波鸿缘温泉山庄启幕。

28—29日 中国人民政治协商会议大连市普兰店区第三届委员会第三次会议在区科教中心召开。

28—29日 大连市普兰店区第三届人民代表大会第三次会议在区科教中心召开。

党 政 机 关

中国共产党普兰店区委员会

· 区委重要会议及文件 ·

【区委全体会议】 2023年8月4日，中国共产党大连市普兰店区第二届委员会第五次全体会议在区会议中心召开。会议坚持以习近平新时代中国特色社会主义思想为指导，全面贯彻党的二十大精神和中共中央总书记习近平关于东北、辽宁、大连振兴发展重要讲话、指示批示精神，全面落实中央和省委经济工作会议精神，市委十三届四次、五次全会精神及大连全面振兴新突破三年行动部署，总结年初以来工作，部署下一阶段任务。动员全区各级党组织和广大党员干部坚定信心、保持定力，迎难而上、锐意进取，全力以赴冲刺"下半场"，高标准完成全年目标任务。

12月24日，中共大连市普兰店区委二届六次全会暨区委经济工作会议在区会议中心召开。会议全面贯彻党的二十大精神和中共中央总书记习近平在新时代推动东北全面振兴座谈会上的重要讲话精神，认真落实中央经济工作会议精神和省委十三届六次全会、省委经济工作会议精神及市委十三届七次全会、市委经济工作会议精神，总结区委2023年工作，部署2024年任务。审议通过《中共大连市普兰店区委关于深入贯彻习近平总书记在新时代推动东北全面振兴座谈会上重要讲话和〈国务院关于进一步推动新时代东北全面振兴取得新突破若干政策措施的意见〉精神奋力谱写城乡一体化高质量发展新篇章的意见》《中共大连市普兰店区委　大连市普兰店区人民政府关于深入贯彻习近平总书记在新时代推动东北全面振兴座谈会上重要讲话

和〈国务院关于进一步推动新时代东北全面振兴取得新突破若干政策措施的意见〉精神奋力谱写城乡一体化高质量发展新篇章的实施方案》《中共大连市普兰店区委关于2023年落实全面从严治党主体责任情况的报告》。动员全区各级党组织和广大党员干部同心协力、坚定信心，勇担使命、锐意进取，全面推进城乡一体化高质量发展迈出新步伐。

【区委重要会议】 2023年1月18日，普兰店区营商环境电视电话会议召开。会议明确将全面开启营商环境"3.0版"升级模式，全力打造北方一流营商环境，为建设城乡一体化高质量发展示范区聚势赋能。

2月17日，普兰店区委农村工作会议召开。会议深入学习贯彻中共中央总书记习近平关于"三农"工作重要论述和指示批示精神，全面落实2023年中央一号文件及中央、省委、市委农村工作会议精神，总结2022年全区农业农村工作，研究部署2023年任务，推动全区"三农"工作迈上快车道、再上新台阶。

3月1日，普兰店区党建工作会议召开。会议深入贯彻落实习近平新时代中国特色社会主义思想和党的二十大精神，认真落实党中央和省委、市委关于党建工作新要求、新部署，回顾总结2022年工作，安排部署2023年各项任务，动员全区各级党组织和广大党员响应"勇当新时代东北振兴'跳高队'先锋"号召，勇毅前行、奋发作为，为城乡一体化高质量发展示范区建设提供坚强的政治保证。

9月22日，省委第五巡视组巡视大连市普兰店区工作动员会召开。会议明确全区上下要切实提高政治站位，充分认识巡视工作的重要意义，把接受

巡视监督作为深刻领悟"两个确立"的决定性意义，增强"四个意识"、坚定"四个自信"、做到"两个维护"的过程，强化政治担当，积极支持配合省委巡视组工作，共同完成好省委交给的巡视任务。

9月27日，普兰店区领导干部会议召开。会议传达学习中共中央总书记习近平在新时代推动东北全面振兴座谈会上的重要讲话精神，部署普兰店区贯彻落实工作。明确要加强组织领导，确保学习宣传贯彻中共中央总书记习近平重要讲话精神取得实效。要抓好学习培训，把学习贯彻中共中央总书记习近平重要讲话精神作为干部培训的主要内容，组织干部开展集中轮训，确保学习培训全覆盖。要深入宣传阐释，丰富宣传手段，迅速开展全方位、广覆盖、立体式宣传宣讲。要严格落实责任，全力以赴抓好经济运行调度，加强项目建设，稳定企业经营，抓实安全生产，坚决完成全年各项目标任务。

9月27日，普兰店区组织工作会议召开。会议传达学习中共中央总书记习近平对党的建设和组织工作的重要指示及全国、省、市组织工作会议精神，总结全区组织工作情况，部署当前和今后一个时期党的建设和组织工作任务。

12月7日，普兰店区宣传思想文化工作会议召开。会议深入学习贯彻习近平文化思想和党的二十大关于文化建设的战略部署，认真落实全国、全省、全市宣传思想文化工作会议精神，总结回顾党的十九大以来全区宣传思想文化工作情况，安排部署当前和今后一个时期全区宣传思想文化工作。

【区委重要文件】 《普兰店区开展"营商环境巩固年"活动实施方案》 深入贯彻国家和省市关于优化营商环境的决策部署，认真落实区委、区政府确定的"普兰店区优化营商环境三年攻坚行动"，以提升市场主体和人民群众的满意度和获得感为宗旨，以丰富"市场化、法治化、国际化"营商环境内涵的"优普办"品牌为引领，以"大数据＋六巩固＋七提升"举措打造北方一流营商环境为目标，开展"营商环境巩固年"活动。

《普兰店区开展"走企业解难题促发展"三年行动方案（2023—2025年）》 为进一步深化普兰店区"优化营商环境三年攻坚行动"，贯彻落实好中央和省市关于稳经济、助企纾困等一揽子政策，将"走企业解难题"专项行动走深走实，逐步建立常态化的服务企业工作机制，积极构建"亲清"政商关系，全力打造办事方便、法治良好、成本竞争力强和生态宜居的北方一流营商环境，根据普兰店区实际，决定在全区开展服务企业促进地区高质量发展三年行动。

《大连市普兰店区加强新时代廉洁文化建设行动方案》 深入贯彻《中共中央办公厅印发〈关于加强新时代廉洁文化建设的意见〉的通知》《中共辽宁省委办公厅印发〈关于加强新时代廉洁文化建设的实施意见〉的通知》精神，全面落实《中共大连市委办公室关于印发〈大连市加强新时代廉洁文化建设行动方案〉的通知》要求，切实加强新时代廉洁文化建设，打造具有普兰店辨识度的"莲城·廉城"廉洁文化，让清风正气不断充盈。

《普兰店区加强新时代基层党建工作的实施意见》 进一步提升新时代全区基层党建工作质量，全面增强基层党组织政治功能和组织力，推进基层党组织全面进步全面过硬。

《普兰店区开展"阳光教育"行动实施方案（试行）》 坚持以习近平新时代中国特色社会主义思想为指导，以办人民满意教育为抓手，坚持党建引领，认真贯彻全面从严治党主体责任，聚焦群众关心关注的热点难点问题，立足教育职责，健全阳光透明的教育管理机制，整治教育领域管理中的漏洞、盲点和微腐败行为，纠正教育行业的不正之风，净化教育生态，打造"清廉"教育，不断增强人民群众的获得感、幸福感、安全感，提高市民对教育的满意度，为推动普兰店区城乡一体化高质量发展提供更加优质、高效、廉洁、文明的教育环境。

《关于大兴调查研究的实施方案》 全面落实《中共中央办公厅印发〈关于在全党大兴调查研究的工作方案〉的通知》《中共辽宁省委办公厅印发〈关于

大兴调查研究的实施方案〉的通知》《中共大连市委办公室印发〈关于大兴调查研究的实施方案〉的通知》要求，更好实施辽宁全面振兴新突破三年行动，推动大连加快挺进"万亿GDP城市"，推进普兰店区以首创精神和更大作为开创城乡一体化高质量发展新局面。

《大连市普兰店区开展学习贯彻习近平新时代中国特色社会主义思想主题教育的实施方案》 深入贯彻中央及省委、市委关于开展第二批主题教育工作要求，全区主题教育以县处级以上领导干部为重点，在区直机关及其直属单位，各街道、园区，各村、社区，中小学校等事业单位和国有企业以及新经济组织、新社会组织、新就业群体等全区各级党组织中开展。

《大连市普兰店区创建"国家乡村振兴示范县"三年行动方案》 以习近平新时代中国特色社会主义思想为指导，全面贯彻党的二十大精神，按照产业兴旺、生态宜居、乡风文明、治理有效、生活富裕的总要求，围绕"种业＋科技＋农村、一二三产业融合＋数字农业＋绿色低碳"发展方向，打造"北方种质资源引育中心"，创建"中国北方沿海农业硅谷"。推进普兰店区农业农村现代化，推动农民增收致富、高效实施宜居宜业和美乡村建设。构建东北地区科技含量高、产业融合强、路径模式优的"国家乡村振兴示范县"。为推动普兰店区城乡一体化高质量发展，大连"两先区"建设，打好打赢新时代"辽沈战役"贡献普兰店力量。

《大连市普兰店区打造北方种质资源引育中心创建"中国北方沿海农业硅谷"三年行动方案》 种业是国家战略性、基础性核心产业，种业现代化是农业现代化的标志性、先导性工程。党中央、国务院高度重视种业工作，先后出台《国务院关于加快推进现代农作物种业发展的意见》《国务院办公厅关于加强农业种质资源保护与利用的意见》等系列文件，对种业发展做出系列部署。按照国家、省、市关于推进种业振兴工作的部署要求，围绕"打造'北方种质资源引育中心'，创建'北方沿海农业硅谷'"目标，落实举措，加快建成系统完整、科学高效的农业种质资源保护与利用体系，推动农业特色产业实现更高质量发展。

《大连市普兰店区"富村强街、联产带农"三年行动方案》 推动乡村振兴战略"产业兴旺、生态宜居、乡风文明、治理有效、生活富裕"20字方针落实落地，进一步促进农民增收致富、村集体经济实力壮大、街道经济基础持续夯实，真正补齐城乡差距短板，推动农民农村迈向共同富裕，实现城乡一体化高质量发展。

（李永福）

· 组　织 ·

【概况】 2023年，普兰店区组织工作坚持以习近平新时代中国特色社会主义思想为指导，全面贯彻党的二十大精神，认真落实上三级组织工作会议、组织部长会议精神和区委工作要求，发挥教育培训主阵地作用，提升干部队伍建设成效，完善基层党组织政治功能和组织功能，推进新时代人才强区战略，各项工作取得新进展新突破。

大连市普兰店区2023年"莲城讲堂"第一期领导干部讲座式培训

区委组织部　供稿

【**主题教育高质量开展**】　2023年，普兰店区组织工作贯彻落实中央和省委、市委关于主题教育的安排部署，印发主题教育"1+7"实施方案，指导全区72个单位及时启动主题教育工作，覆盖基层党组织1800余个、党员3.5万余名。建立"区级领导包联""重要文稿双重审核"等系列工作机制，确保规定动作不走样。坚持理论学习、调查研究、推动发展、检视整改等重点环节融合推进。区级领导班子举办读书班3期，各单位领导班子成员结合分管工作累计确定调研课题364个，形成制度成果14个。各单位领导班子建立问题清单356个，立行立改155个。

【**乡村振兴人才培育**】　2023年，普兰店区依托杨树房街道战家村农村实用人才培训基地，成立沈阳农业大学院士专家工作站和沈阳农业大学乡村振兴战略研究院大连分院，开展培训班11期，培训村干部及乡土人才1500余人次。举办抓党建促乡村振兴示范培训班，组织村党组织书记等50人，赴山东省潍坊市等先进地区考察学习现代农业发展经验。完成全国村（社区）党组织书记、村（居）委会主任视频培训班普兰店分课堂管理保障工作。组织驻村"第一书记"、村（社区）党组织书记等60人参加省市调训。

【**"富村强街、联产带农"工程深入推进**】　2023年，普兰店区分4批次组建跨街产业联合党委2个、跨村产业联合党委29个、社企联盟5个，实现18个街道145个村全覆盖。推动同益街道与新疆生产建设兵团第八师133团开展跨省联建，成为大连市首家开展全域跨区跨街跨村联建的地区。推动村党组织领办创办合作社61家，其中村办企业14家。组建党群共富责任区2043个，累计带动村民增收960余万元，推动村集体增收

530余万元，相关工作经验获《人民日报》《农民日报》等各级媒体宣传报道。

【**领导班子和干部队伍建设**】　2023年，普兰店区研究调整干部7批180人次，其中提职（进一步使用）38人，区管干部理顺职级26人，公务员晋升职级77人，交流16人。开展干部无任用调研工作，储备建立素质高、能力强、潜力大的年轻干部队伍。选派66名科级年轻干部参与"领导干部进项目进企业·勇当振兴急先锋"专项行动。贯彻落实新修订《领导干部报告个人有关事项规定》，完成全区358名领导干部"个报"填报工作。严格监督执纪第一种形态，发挥"12380"等"四位一体"信访举报平台的监督作用，加大对"一把手"和领导班子监督力度。全年谈话提醒区管干部4人，函询区管干部16人，批评教育5人，受理信访件31件。印发《普兰店区季度"比武晾晒"工作实施方案》，每季度组织全区区管领导干部、中层干部、各社区（村）书记、驻村第一书记"晾晒"工作完成情况。

组织年轻干部调研锦绣华府项目　　　　　　区委组织部　供稿

【**人才发展环境优化**】　2023年，普兰店区组建专班赴大连海洋大学、大连大学等高校开展招才引智工作，参与企业288家，达成就业意向257人；赴沈阳理工大学、沈阳农业大学、大连职业技术学院推介普兰店产业发展情况，吸引更多青年人才来普就业创业。推行"项目+人才+基地"模式，助推

辽宁擅能孵化器产业园有限公司引入创新企业和创新团队45个。推动区职教中心与辽宁轻工职业学院、大连职业教育学院合作办学，引进大专专业5类34个，打造大连市职业教育基地、辽中南职业教育中心。推动与中国科学院大连化学物理研究所、沈阳农业大学、大连海洋大学等高校院所就加强长期全面合作签订战略合作协议。"氢化镁材料和相关产品的研发及产业化"入围"揭榜挂帅"项目。

【离退休干部服务管理】　2023年，普兰店区规范整改离退休干部党组织25个，将全区离退休干部党组织数量由48个提升至75个。开展离退休干部"六好"党支部星级评定，获市委老干部局审批"六好"五星级党支部6个、四星级党支部44个、三星级党支部19个。印发《关于进一步加强离退休干部党支部活动学习阵地建设的通知》，开展创建"老党员之家""老干部活动室"工作。督导各单位开展"赠书·寄语·谈话"荣誉退休制度，落实荣退制度413人。开展离休干部重点关注对象"一人一策"精准服务动态管理，春节走访慰问市级老干部及部队团职转业干部77人，发放慰问金15.4万元；走访慰问困难离休干部25人，发放慰问金2.6万元。开展"讲述六地故事　点亮红色辽宁"主题活动，向市委老干部局报送作品31篇，其中《向热血芳华致敬》获省委老干部局优秀作品奖。开展选树宣传"基层治理有我·共建和谐家园"先进典型活动，向市委老干部局报送先进个人事迹材料18份、先进集体事迹材料3份。组织老干部到大连市党员思想教育基地"周恩来总理在大连"纪念展室、大连博物馆参观学习。

（郑亚楠）

· 宣　传 ·

【概况】　2023年，普兰店区宣传思想文化战线以习近平新时代中国特色社会主义思想为指导，全面贯彻党的二十大精神，深入学习贯彻《中国共产党宣传工作条例》，推动宣传思想文化工作在全区工作大局中展现新作为。区委理论学习中心组开展集中学习研讨12次，推动各级党委（党组）理论学习中心组开展学习1032次。在中央及省、市级主流媒体发稿2510篇。

【理论学习进一步加强】　2023年，中共普兰店区委宣传部用党的创新理论最新成果武装头脑、指导实践、推动工作。区委理论学习中心组开展集中学习研讨12次，推动各级党委（党组）理论学习中心组开展学习1032次。牵头开展主题教育理论学习指导，举办区委主题教育读书班4期，印发相关学习资料2.5万份。统筹全区三级宣讲队伍开展对象化、分众化、互动化理论宣讲3080场，受众26.9万人。邀请大连市高校专家学者，开展主题宣讲和宣传干部培训6场。选调精干力量组建核心宣讲队伍，开展系列微宣讲活动6期。理论文章《深耕沃野、逐梦前行、高质量创建"国家乡村振兴示范县"》在《辽宁工作》发表，《普兰店区深化调查研究、提升宣传干部队伍"四力"》等3篇工作信息获中宣部采用。

学习贯彻习近平总书记在新时代推动东北全面振兴座谈会上的重要讲话精神
市委宣讲团报告会　　　　　　　　　　　　　　　区委宣传部　供稿

【社会舆论引导】 2023年，中共普兰店区委宣传部在中央及省、市级主流媒体发稿2510篇，其中中央媒体发稿1035篇。《人民日报》地方新闻头条刊登文章《大连市普兰店区实施"头雁领航·百村提升"计划强素质、助乡村添活力》，《农民日报》头版报道该区高质量创建"国家乡村振兴示范县"的经验做法。皮口石固花卉产业入选中宣部《乡村行、看振兴》挂标专栏，在央视新闻

开展"文明实践集中日"活动　　　　　　区委宣传部　供稿

频道报道。央视《朝闻天下》栏目报道城子坦水稻丰收。中央电视台全媒体直播推荐春节前安波大集。策划大连时装周普兰店时尚之夜宣传推介，协调北斗融媒、大连电视台等媒体现场直播活动，收看人数200余万人次，《辽宁日报》头版、《大连日报》头版、《中国日报》相关网站及客户端分别报道。举办"勇立潮头当先锋·普兰店"夏季广场晚会12场，营造良好社会文化氛围。

【意识形态领域管理和引导】 2023年，中共普兰店区委宣传部落实党委（党组）意识形态工作、网络意识形态工作和思想政治工作3个责任清单，对全区70个单位意识形态工作开展专项督查。加强意识形态领域研判预警、联动处置，召开意识形态领域分析研判会议4次、意识形态工作联席会议2次，每月排查化解风险隐患。开展"扫黄打非"专项行动，取缔无证摊点3处。构建覆盖政治、经济、民生等各个领域的网络工作矩阵，向各涉事单位通报舆情预警信息515条、妥善处置354条、协调删除有害信息和不实言论161条。

【精神文明创建工作推进】 2023年，中共普兰店区委宣传部印发《普兰店区2023年全国文明城市创建工作方案》，对1324个静态指标建立分类台账，销号1240个。杨树房街道战家村获大连市省级

以上文明村专项考核第一名。原创小品《一米带不走》获辽宁省移风易俗小戏小品大赛第三名。区内1个文明实践所、8个文明实践站获评全省"十百千"示范项目。建设中心"14＋N"、所站"6＋N"志愿服务队伍，开展文明实践活动2万余场、志愿服务交流展1场、"文明实践集中日"29场。培育志愿服务特色项目，为老年人提供健康义诊、健身文体等服务，惠及1.3万人。开展未成年人国防教育夏令营、少年军校示范等活动5场，海湾小学获评大连市少年军校示范校。沙包街道雷锋纪念馆作为大连地区首家雷锋纪念馆流动展馆建成并投入使用。当年选树"辽宁好人"1人、"大连好人"3人、大连市"道德模范"1人、省级"新时代好少年"1人、市级"新时代好少年"2人。

（王作峰）

· 统　战 ·

【概况】 2023年，中共普兰店区委统战部坚持以习近平新时代中国特色社会主义思想为指导，全面贯彻落实党的二十大精神，深入贯彻落实《中国共产党统一战线工作条例》，对标新时代统一战线工作新部署、新要求，凝聚政治共识，服务改革发展。区委常委会专题研究统战工作6次，完善各项工作协调机制。开展乡村振兴、营商环境调研座谈，形成

调研报告5篇，建言献策60余条。指导宗教界开展"三爱""四史""崇俭戒奢"等教育活动。石山寺获评大连市"坚持我国宗教中国化方向"示范场所。

【统一战线发挥优势作用】 2023年，普兰店区对接大连市委统战部，申请民扶项目资金99万元，用于乐甲街道中小学校车亭建设项目和沙河村"同心"村屯建设项目。组织市区两级统战成员，在乐甲街道开展捐赠、法律援助、义诊等活动。筹措资金走访铁西街道、唐家房街道等地贫困户，为杨树房街道胡家社区捐建文化广场设施，为铁西街道圈龙山社区修建作业路。

中共大连市普兰店区委统一战线工作领导小组会议　　区委统战部　供稿

【统一战线领域思想政治引领】 2023年，中共普兰店区委统战部组织召开"贯彻落实二十大　同心奋进新征程"党外代表人士、基层统战干部培训、党外代表人士学习习近平总书记在新时代推动东北全面振兴座谈会上的重要讲话精神专题培训、"美好生活·民法典相伴"主题宣讲等教育培训活动。在"普兰店区统一战线"微信公众平台开设《学习党的二十大　同心奋进新征程》专栏，转发党的方针政策及区委区政府重点工作138篇、本地原创统战工作动态28篇。在中央统战部网站发布信息2次。开展"凝心铸魂强根基　团结奋进新征程"主题教育。团结引导各民主党派、统战团体成员深入学习习近平新时代中国特色社会主义思想和中共二十大精神。开展纪念中共中央发布"五一口号"75周年活动，弘扬多党合作的优良传统。

【大统战工作格局完善】 2023年，普兰店区召开统一战线工作领导小组会议，修订区委统一战线工作领导小组工作规则，建立民族工作协调机制和宗教工作协调机制。贯彻落实《关于加强全省基层宗教工作三级网络和两级责任制建设的指导意见》，各街道成立宗教工作领导小组，村（社区）建立宗教工作小组。配齐配强基层宗教工作"四员"（助理员、协理员、信息员、网格员）队伍。组织18个街道400余名基层宗教工作者参加网上培训，利用辽宁"宗教事务服务"应用软件开展工作，织密区、街道、村(社区)三级宗教工作网络。

【民营经济领域统战】 2023年，中共普兰店区委统战部建立民营企业诉求办理工作机制，帮助民营企业纾困解难。发布政商交往正负面清单，构建新型"亲清"政商关系。开展"领导干部进项目进企业勇当振兴急先锋"专项行动，解决企业发展难题4个，协助解决大连顺隆建设集团有限公司60套抵押房屋办证难问题。

【多党合作制度效能提升】 2023年，中共普兰店区委统战部发挥民主党派的民主监督效能，组织党外代表人士参观辖内重点项目，推荐9名民营经济代表人士作为大连市营商环境建设特约监督员。拓宽社会监督渠道，向区监察委员会推荐特约监察员2人，组织民主党派成员参与阳光教育监督工作。印发《2023年度普兰店区政党协商计划》，召开党外代表人士调研协商座谈会3次。各民主党派和统战团体开展"打造特色品牌，助力乡村振兴""加强营商环境建设，助力城乡一体化高质量发展"调研，形成调研报告5篇，建言献策60余条。

普兰店区党外人士调研协商座谈会　　　　区委统战部　供稿

完善党外知识分子和无党派人士信息，推荐10名党外知识分子作为大连市知联会会员代表，新认定无党派人士9人。

【侨务和港澳台海外统战】　2023年，中共普兰店区委统战部开展"乡村振兴系两岸　基层交流谱新篇"2023辽台基层交流走进普兰店活动，40余名台湾政商界人士参观龙德李生态园、大杨服饰生产基地及大杨博物馆等，增进两岸同胞文化交流。

（胡耀丹　吕经纬）

【民族宗教领域统战】　2023年，普兰店区印发《关于以铸牢中华民族共同体意识为主线推进新时代党的民族工作高质量发展的实施意见》，指导民族工作开展。开展"石榴花开映莲城全面振兴新突破"民族团结进步宣传月活动。联合区教育局等单位开展铸牢中华民族共同体意识宣传教育。开展清真食品安全宣传和专项执法检查，按时发放具有清真饮食习惯的少数民族低保对象肉食补贴，办理清真食品生产经营许可和延续审批，及时为少数民族群众办理民族成分变更，关心新疆籍外来务工人员生活。组织全区宗教活动场所负责人在清泉寺开展消防实战演练。联合区消防大队检查宗教活动场所消防安全工作，整改安全隐患30余处。牵头组织相关职能部门和街道，开展佛教道教传统庙会安全检查工作。

【党外代表人士及新的社会阶层人士统战】　2023年，中共普兰店区委统战部建设"民主之家"党外代表人士活动实践基地，为党外代表人士履行职能提供场地保障。举办"庆丰收　促和美"游园活动暨特色农副产品宣传推介会展，助力当地特色农产品销售。组织新的社会阶层人士开展外出考察学习交流活动。开展新媒体从业人员和网络代表人士谈心谈话活动。

· 机构编制 ·

【概况】　2023年，中共普兰店区委机构编制委员会办公室坚持党对机构编制全面领导，优化党政机构职能体系，提升机构编制管理水平，统筹使用机构编制资源，为全区经济社会健康有序发展提供坚实机构编制保障。全年办理出入编手续1312人次，调整人员信息1615人次。

【党政机构职能体系优化】　2023年，中共普兰店区委机构编制委员会办公室完成区疾病预防控制体系改革和国防动员体制改革。组建区应急管理综合行政执法队，七大领域综合执法改革全部完成，基本形成"区—中心街——一般街（中心村）"三级联动执法体系。优化政府职责体系，动态调整权责清单1715项。厘清部门职责边界，解决原环保系统垂管前退休人员归属、安波旅游景区管理职能、农村散坟占用耕地、噪音污染、消费者投诉等部门职责不清问题8类17项。

【机构编制管理水平提升】　2023年，中共普兰店区委机构编制委员会办公室建立编委会议定事项跟踪督办台账，对台账涉及的17家区直部门开展调研和督查。督查全区调整优化的事业单位29家，推动移交资产1.7亿元、文书档案3132件、会计档案268件。协调组织人社部门，将人员编制及领导职数核定单、入编单作为人事手续和工资审批的前置程序，解决实名制系统数据不准确、人事档案入编材料缺失的难题。确定临时核编入编流程和手续，解决特殊时间节点人员调转问题，确保102名人员调转工作及时开展。

【机构编制资源统筹使用】 2023年，中共普兰店区委机构编制委员会办公室压缩普通事业编制89名，核减全区普通中小学教职工编制1115名。严格核定事业编制使用，对教育系统教职工按照"退三进一"的标准审批招聘数量，对区直部门事业单位招聘计划压缩40%，减少招聘岗位约170个。保障重点领域用编需求，允许区公证处、区市场监管事务服务中心、区动物疫病预防控制中心突破控制编制数开展招聘。

（魏文雯）

· 信　访 ·

【概况】 2023年，普兰店区信访系统坚持以人民为中心的发展思想，贯彻落实中央和省、市、区决策部署，开展"控京访、治重访、抓初访"专项工作，积案化解成效显著，国家、省交办台账案件成批化解，进京访实现减量退位，全区信访形势稳中向好。全年召开信访工作相关会议26次，研究部署信访稳定工作，推动解决疑难复杂信访问题。

【信访责任压实】 2023年，普兰店区完善区级领导包案制度，全区区级领导包"钉子案、骨头案"110件，带案下访约访102案次500余人次，推动解决重点信访案件49件。各街道、职能部门主要领导包案506件，约访下访86人，化解499件，持续跟踪督办信访案件32件。开展"涉军访""退休教师群体访""办证难"等7大类问题专项治理，推动解决17个群体和111个个体信访问题。

【信访案件攻坚化解】 2023年，普兰店区印发《普兰店区集中开展瓶颈信访问题化解攻坚年活动实施方案》等文件，开展瓶颈信访问题化解攻坚活动。上报非管辖范围内事项情况报告9件，按要求提级办理。辽宁省交"万件化访"台账案件506件，化解503件，化解率99.4%。全区上三级登记初访信访事项1036案次，初访信访事项一次化解率87%。

【信访源头治理】 2023年，普兰店区完善区、街道（职能部门）、社区（村）、网格、综治中心户五级信访网格化工作体系，推进信访矛盾源头治理。区级领导接访139起320人次，受理信访事项93件，现场协调解决72件，受理信访事项化解率100%。严格落实信访事项"三到位一处理"工作要求，2022—2023年累计解决合理诉求88件，解决部分合理诉求19件。投入区级资金398.8万元，救助上访人25人；投入市级以上资金236万元，化解信访重点案件及群访案件9件。处理违法闹访信访人9人。

大连市普兰店区信访工作联席会议　　　　区信访局　供稿

（赵义廷）

· 党史地方志 ·

【概况】 2023年，中共普兰店区委党史研究室（普兰店区地方志办公室）以习近平新时代中国特色社会主义思想为指导，真抓实干，主动作为，推动各项工作提质增效。开展党史资料征编、红色资源普查、党史宣传教育等工作。完成《普兰店年鉴（2023）》编纂工作。完成《普兰店概览（2023）》编纂工作。完成《大连年鉴（2023）》和《数字大连》普兰店区相关文字稿件工作。

【地方党史工作扎实推进】 2023年，中共普兰店区委党史研究室（普兰店区地方志办公室）开展革命老战士口述史料抢救性挖掘工作，累计采访参加过抗日战争、解放战争、抗美援朝战争的老战士23人，相关工作成果获《大连晚报》《半岛晨报》专题刊登。配合上级党史部门完成全区30处革命文物遗址普查和资料采集工作。开展党史进机关、进企业、进农村、进校园、进社区、进军营、进网络"七进"活动，全年组织宣讲5场，受众400余人次。

【《普兰店年鉴（2023）》编纂完成】 2023年，中共普兰店区委党史研究室（普兰店区地方志办公室）完成《普兰店年鉴（2023）》编纂工作并出版发行。《普兰店年鉴（2023）》设类目25个，类目下设分目93个、子分目35个，含有条目660个，收录表格55个，随文附图130幅。该书全面系统地反映普兰店区2022年政治、经济、文化、社会等基本面貌和发展情况。

【《普兰店概览（2023）》编纂完成】 2023年，中共普兰店区委党史研究室（普兰店区地方志办公室）完成《普兰店概览（2023）》编纂工作。该书记述全区自然、政治、经济、社会、文化等方面发展情况，设置特载、文化体育、社会事业、街道园区等栏目，全面展示2022年度普兰店区经济社会发展的最新成果。《普兰店概览（2023）》为32开

本，内容丰富，携带方便，是一本便于各级各部门和社会有关方面了解普兰店区区情的简明实用的工具书。

【《大连年鉴（2023）》和《数字大连》普兰店区相关文字稿件工作完成】 2023年，中共普兰店区委党史研究室（普兰店区地方志办公室）根据中共大连市委党史研究室（大连市地方志办公室）相关编辑的工作意见和要求，搜集资料、图片并编辑成文，真实、准确地反映全区2022年经济社会发展概况，《大连年鉴（2023）》和《数字大连》普兰店区相关文字稿件工作按计划完成。

【地情资源开发利用】 2023年，中共普兰店区委党史研究室（普兰店区地方志办公室）印发《大连市普兰店区推进地方志事业高质量发展行动方案（2023—2025年）》，夯实存史修志主业，提升地方志开发利用水平。根据区委、区政府要求，编纂《普兰店区大事记（2023）》，记录该区党建、经济和社会各项事业发展的重大情况、主要业绩，发挥史志资政辅治功能。

（李尔纳）

· 关心下一代工作 ·

【概况】 2023年，普兰店区关心下一代工作委员会围绕传承红色基因、培育时代新人主题，坚定服务青少年正确方向，调动各级关工委组织和"五老"积极性，助力青少年爱国主义教育、青少年关爱帮扶、青少年法治教育等工作。推进企业关工委建设，全区新建企业关工委组织39个。加强和改进宣传工作，全年发表各类文章、信息68篇。大连航天育种基地和唐房烈士陵园获评大连市关心下一代教育基地。

【关工委开展青少年爱国主义教育】 2023年，普兰店区关心下一代工作委员会将引导青少年坚定理

想信念作为政治责任，开展形式多样的爱国主义教育活动。丰荣街道关工委在清明节期间组织开展祭扫烈士墓活动，参与活动"五老"和中小学生200余人。唐家房街道关工委开展宣讲党史红色故事活动3次，参与活动"五老"310余人、青少年780余人。星台街道关工委开展"话传统、谈复兴、聚力量"专题调研活动，引导老同志追忆英雄事迹，为青少年讲述红色故事。全区2500余名"五老"作宣讲报告98场、讲红色故事73场次，青少年受众1.8万人次。

【关工委开展青少年法治教育】 2023年，普兰店区关心下一代工作委员会参与青少年法治宣传教育活动10余次。与区委政法委等单位联合开展"关爱明天，普法先行"青少年法治宣传教育活动。与区委法治办等单位联合开展"送法进校园——普法第一课"活动，到区中小学校举办普法讲座，赠送法律书籍6000余册，发放各类宣传资料5万余份，受众4万余人。与区委宣传部、区司法局、区教育局等部门联合印发《关于加强青少年普法讲师团和普法宣讲团建设的意见》，选拔青少年普法讲师团成员86人。召开全区学校兼职法治副校长和法治辅导员工作会议，为62所中小学校聘任兼职法治副校长60人、兼职法治辅导员60人。与区司法局、区教育局等部门联合印发《关于贯彻落实〈青少年法治教育大纲〉的实施意见》。开展"守法好青少年"评选活动，获普兰店区"守法好青少年"称号110人。举办青少年"法在我心中"诗歌朗诵和集体演讲比赛，覆盖学校60所、学生4万余人。同益街道关工委组织大型法治宣传活动4次，发放法治宣传教育资料1.2万份，覆盖学生2000余人次。城子坦街道关工委开展关爱未成年人健康成长法治宣传教育活动。区教育系统关工委组织学校分类指导开展法治教育。

【关工委关爱帮扶青少年】 2023年，普兰店区关心下一代工作委员会坚持帮青致富、关心青少年人身安全、帮扶困难家庭儿童、帮助教育失足青少年，为青少年健康成长办实事、做好事。开展特困儿童手牵手圆梦行动，摸清特困儿童底数。区关工委老专家报告团团长谢辉到辖内街道、村（社区）为农民讲解先进农业种植技术30余场，培训200余人次。太平街道关工委常务副主任刘世峰，到太平、沙包等街道为农民讲授农业技术课6场，培训350余人次。四平街道关工委联合区科协、区妇联举办技术讲座、典型观摩3次，培训种植农民1500余人次。大谭街道关工委引导青年农民加入协会组织，鼓励成员互帮互助。铁西街道关工委发挥种植大户带头作用，带动120余名青年农民栽植大樱桃80余公顷。

（曲　波）

· 党　校 ·

【概况】 2023年，中共普兰店区委党校贯彻落实《中国共产党党校（行政学院）工作条例》及中共中央总书记习近平在中央党校建校90周年庆祝大会上的重要讲话精神，抓好干部培训、党的建设、队伍建设、办学质量评估等工作，提升办学治校水平。完成基础设施维修改造工作，改善办学条件。组织主题教育宣讲骨干教师集体备课，完成宣讲专题《学深悟透新思想，凝心铸魂创伟业》。全年举办主体班13期，培训1405人。

【党校科研资政】 2023年，中共普兰店区委党校坚持调研、科研、教研三位一体工作思路，全年完成调研报告8篇，在市级以上刊物发表论文4篇。组织年轻干部培训班学员深入农村开展体验式教学与实践调研，选取优秀调研报告汇编成册。

【干部教育培训】 2023年，中共普兰店区委党校坚持把习近平新时代中国特色社会主义思想作为教育培训的中心内容，党的理论教育和党性教育课程占比

大连市普兰店区区管领导干部学习贯彻党的二十大精神专题培训班　区委党校　供稿

【档案宣传】　2023年，普兰店区档案馆在国际档案日期间，到乐甲街道开展"奋进新征程兰台谱新篇"档案宣传活动，发放宣传单400余份、宣传画册200余份、宣传包200余个，解答群众咨询50余人次。举办"百年征程筑梦莲城"普兰店地方"四史"图片展，全年接待9家单位146人，开展宣讲19场次，受众1200余人次。

70%以上。开设"莲城讲堂"和新时代基层干部专题培训班，引导领导干部将理论武装转化为振兴突破的思路方法和专业能力。严格落实区管领导干部任职前考核测试制度，把好干部提拔使用政治关。全年举办主体班13期，培训1405人。开展送党课下基层35场。开展合作办学10期。

【队伍建设和学员管理】　2023年，中共普兰店区委党校加强教师队伍建设，组织教师参加中网院师资网络集中培训，组织年轻教师参加省市党校师资培训。严格落实干部教育培训学员管理有关规定，建立规范考勤制度，将学习培训情况作为干部考核的重要依据。

（丁吉利）

举办"百年征程　筑梦莲城"普兰店地方"四史"图片展　区档案馆　供稿

· 档　案 ·

【概况】　2023年，普兰店区档案工作贯彻落实上级档案部门的方针政策和工作任务，坚持党管档案，提升全区档案法治意识，加强档案业务能力建设，优化档案工作发展环境。当年，区档案馆馆藏档案10.65万卷、42.2万件，图书资料1.4万册，照片1880张，影像资料45盘。

【档案移交工作】　2023年，普兰店区档案馆推进档案移交工作，印发《普兰店区档案馆2023年度档案接收计划》《普兰店区档案馆接收档案的标准和要求》。推进档案数字化进程，馆藏档案数字化率由46.6%提升至60%。开展档案整理业务培训，检查指导单位8家。全年接收17家单位档案1922盒、50948件、127卷。

【档案服务升级】　2023年，普兰店区档案馆改造档案查阅大厅，服务窗口由1个增设至4个。提供电话查档、公休日预约查档、邮寄查档等特色服务。全年接待单位和个人查阅利用档案1万余人次，提供档案资料6500余件次。

（董学华）

普兰店区人民代表大会

【概况】 2023年，普兰店区人民代表大会常务委员会坚持以习近平新时代中国特色社会主义思想为指导，全面贯彻落实党的二十大和各级人大工作会议精神，牢固树立以人民为中心的发展思想，坚持党的领导、人民当家作主、依法治国有机统一，围绕中心大局，统筹安排监督、决定、任免、代表等各项工作。全年召开常委会会议8次、主任会议9次，开展视察调研和执法检查45次，听取和审议"一府两院"专项工作报告19个，作出决议、决定8个，任免国家机关工作人员及人民陪审员247人次，补选市人大代表2人、区人大代表15人。

【人大履行依法监督职责】 2023年，普兰店区人民代表大会常务委员会听取和审议国民经济和社会发展计划执行情况报告及区政府实施"十四五"规划纲要中期评估报告。听取财政预算执行情况报告，推动财政部门优化预算支出结构，在丰荣街道建成大连市人大常委会预算工委基层联系点。调研区政府债务管理情况，推动形成防范化解政府债务风险的长效机制。加强国有资产管理情况监督，推动国有资产保值增值。跟踪监督相关部门对5大类37个审计查出问题的持续整改。听取和审议"国家乡村振兴示范县"创建工作情况报告，调研鲟鱼辽参数字化产业园建设推进情况。赴本溪市等地考察中药材产业发展情况，研究发展中药材种植产业的可行性路径。调研乡村文化旅游发展及其可利用资源情况，推动区政府探索"文旅+"模式赋能乡村振兴。调研生态环境状况和生态环境保护目标完成情况，督促相关部门压实环境监管和社会治理责任。调研新能源开发利用情况，推动区政府加快建立绿色低碳循

环发展的经济体系。审议普兰店区级和乡镇级国土空间规划（2021—2035年），督促区政府科学合理构建国土空间开发保护利用新格局。视察"阳光教育""阳光医务"推进情况，制发社会层面调查问卷4万份，就存在的问题提出针对性改进意见。听取和审议重点群体就业帮扶工作情况的报告，提出出台更优就业政策、提升职业技能供给能力等意见建议。调研《中华人民共和国残疾人保障法》贯彻实施情况，促进残疾人事业健康发展。关注冬季供暖保障、小区物业管理全覆盖、卫生人才队伍建设、体育事业发展等工作推进情况，助力增进民生福祉。

【人大推进法治化建设】 2023年，普兰店区人民代表大会常务委员会配合区委法治建设委员会对12个部门和街道开展"八五"普法中期督导验收工作。开展"12·4"国家宪法日宣传活动，组织拟任职同志开展任前法律知识考试，组织宪法宣誓仪式3场次。配合中央依法治国办市县法治建设工作督察整改。协助上级人大开展《中华人民共和国学前教育法（草案）》《辽宁省宗教事务条例（草案）》等7部法律法规修改和征求意见活动并提出有关建议。听取和审议区政府关于2022年法治政府建设情况的报告。调研区检察院涉案企业合规考察工作。调研区法院发挥人民法庭作用、服务保障法治乡村建设工作。组织人大代表到区法院旁听社会关注度较高、有代表性的案件庭

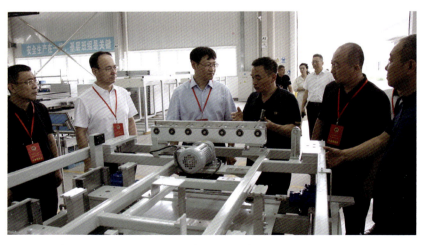

调研《中华人民共和国安全生产法》贯彻实施情况　　　　区人大 供稿

审，推进阳光司法。全年受理来信来访和申诉控告34件次、69人次，转办、督办信访件7件。探索"人大监督+检察监督"新模式，将检察建议的处理、回复等情况纳入人大监督内容，相关经验做法获法治网转载报道。与区检察院联合拟定《关于建立人大代表驻检察机关监督联络机制的实施意见》，选任市区两级人大代表担任区检察院监督联络专员。

【代表工作提质增效】 2023年，普兰店区人民代表大会常务委员会开展"践行全过程人民民主，争做新时代人民好代表"主题实践活动，区街两级集中开展各类培训82次、参培代表1000余人次。邀请74名市区两级人大代表列席区人大常委会会议，邀请代表参加视察、调研、执法检查以及全区各类会议、活动291人次，人大代表中非公经济人士建立党组织14个、开展活动118次。推进常委会组成人员联系代表制度化、常态化，全体组成人员全年联系代表204名、708人次，收集问题和意见建议30件，帮助解决问题24件。全区各级人大代表接待选民和群众3468人次，收到意见建议603件，解决实际问题296件，帮助困难群众188人次。选择10件代表建议作为常委会主任会议成员重点督办建议，推动一批社会普遍关注的问题解决。区三届人大二次会议上代表提出的2件议案、242件建议全部办结。

视察区政府办理代表建议情况　　　　　　　　区人大　供稿

普兰店区人民政府

· 重要会议 ·

【区政府全体会议】 2023年2月15日，普兰店区政府三届二次全体（扩大）会议召开。围绕区党代会、两会和区委经济工作会议明确的各项任务，动员区政府系统进一步提高思想认识、强化目标导向，以"有解思维"谋破题之策、行有为之举，推进落实今年重点工作，奋力开创全区经济社会高质量发展新局面。

【区政府常务会议】 2023年1月31日，普兰店区政府三届十五次常务（扩大）会议召开。会议传达学习2022年中央经济工作会议及省、市两会精神。审议《2023年普兰店区〈政府工作报告〉任务分解和责任分工方案》《大连市普兰店区2023年重点民生实事项目》《关于开展"阳光教育"行动实施方案》等相关事宜。

2月27日，普兰店区政府三届十六次常务（扩大）会议召开。会议审议《大连市普兰店区创建国家乡村振兴示范县三年行动方案》《大连市普兰店区打造北方种质资源引育中心　创建北方农业硅谷建设方案》《大连市普兰店区"富村强街"三年行动方案》等相关事宜。

3月22日，普兰店区政府三届十七次常务（扩大）会议召开。会议传达学习全国两会及省、市相关会议精神，中共中央总书记习近平关于统计工作重要批示及省、市主要领导批示内容，中共中央总书记习近平对爱国卫生运动作出的重要指示精神。审议《大连市普兰店区2023年国民经济和社会发展计划目标分解》《大连市普兰店区生态文明建设和生态环境保护委员会工作规则》等相关事宜。

4月14日，普兰店区政府三届十八次常务（扩大）会议召开。会议传达学习大连市市长陈绍旺到普兰店区调研时讲话精神。听取《2022年度普兰店区行政案件司法审查情况报告》《2022年普兰店区林长制工作情况汇报》。审议《大连市普兰店区人民政府2023年重大行政决策事项目录（草案）》《加强科技赋能一二三产与数字经济融合发展实施意见》等相关事宜。

5月16日，普兰店区政府三届十九次常务（扩大）会议召开。会议传达学习4月28日中共中央政治局会议精神。审议《中国初保基金会帮扶项目——"行走的医院"有关金融帮扶方案》《辽宁省大连市普兰店区"五好两宜"和美乡村试点试验项目实施方案》等相关事宜。

6月5日，普兰店区政府三届二十次常务（扩大）会议召开。会议传达学习中共中央总书记习近平在中共中央政治局第五次集体学习时的重要讲话精神。审议《大连市普兰店区推动项目高质量发展三项机制》《大连市普兰店区推动项目高质量发展三年行动方案（2023—2025年）》等相关事宜。

6月19日，普兰店区政府三届二十一次常务（扩大）会议召开。会议传达学习中共中央纪委通报精神及省、市领导批示意见。审议《关于落实耕地保护和粮食安全责任制中耕地保护考核工作情况的报告》《普兰店区关于建立民营经济健康发展服务保障机制的实施方案》等相关事宜。

6月30日，普兰店区政府三届二十二次常务（扩大）会议召开。会议审议《大连市普兰店区国土空间规划（2021—2035年）》《关于规范完善普兰店区土地收购储备工作制度的有关意见》《关于普兰店区清理整顿养殖用海审批及管理的处置意见》等相关事宜。

7月18日，普兰店区政府三届二十三次常务（扩大）会议召开。会议审议关于大连市普兰店区生活垃圾收运及焚烧发电一体化PPP项目实施方案调整有关事宜。

7月20日，普兰店区政府三届二十四次常务（扩大）会议召开。会议传达学习中共中央总书记习近平在内蒙古考察、主持召开加强荒漠化综合防治和推进"三北"等重点生态工程建设座谈会时重要讲话精神。审议《关于做好2023年乡村振兴重点工作全面推进乡村振兴示范县创建的实施意见》有关事宜。

7月31日，普兰店区政府三届二十五次常务（扩大）会议召开。会议审议《辽宁全面振兴新突破大连普兰店行动方案（2023—2025年）》《〈辽宁全面振兴新突破大连普兰店行动方案（2023—2025年）〉2023年行动清单》《辽宁全面振兴新突破大连普兰店行动（2023—2025年）指挥部工作规则》《普兰店区促进经济高质量发展次季度重点工作目标清单化调度运行机制》《普兰店区海岸线向陆一侧土地问题清理整顿工作方案》等相关事宜。

8月22日，普兰店区政府三届二十六次常务（扩大）会议召开。会议传达学习中共中央总书记习近平给上海市虹口区嘉兴路街道垃圾分类志愿者的回信内容精神。审议《大连市普兰店区殡葬改革三年行动实施方案（2023—2025年）》《关于大连市普兰店区2022年财政决算情况的报告》等相关事宜。

9月15日，普兰店区政府三届二十七次常务（扩大）会议召开。会议传达学习中共中央总书记习近平在新时代推动东北全面振兴座谈会上的重要讲话精神、省政府第十四届二次全体会议精神。审议《大连市普兰店区大气环境质量提质升级管控实施方案》等相关事宜。

11月13日，普兰店区政府三届二十八次常务（扩大）会议召开。会议传达学习中央金融工作会议、省委常委会（扩大）会议、市委常委会（扩大）会议和市政府常务会议精神。审议《普兰店区对标习近平总书记重要讲话精神　加快"城乡一体化高质量发展"提升清单》。听取《关于2023年普兰店区中小学党建工作情况的报告》等相关事宜。

12月11日，普兰店区政府三届二十九次常务（扩大）会议召开。会议传达学习中共中央政治局审议《关于进一步推动新时代东北全面振兴取得新突破若干政策措施的意见》会议精神。审议《政府工作报告》《关于大连市普兰店区2023年国民经济和社会发展计划执行情况与2024年国民经济和社会发展计划（草案）的报告》《关于大连市普兰店区2023年财政预算执行情况和2024年财政预算（草案）的报告》《大连市普兰店区海洋强区建设三年行动方案（2023—2025年）》等相关事宜。

【区政府重要办公会议】 关于研究解决第八批4家企业"办证难"问题区长办公会议 1月4日，副区长梁宏刚在区政府233室主持召开办公会议，专题研究解决第八批大连碧海环保设备有限公司、大连金泰华实业股份有限公司、大连华弘体育用品有限公司、大连建林源铸业有限公司等4家企业"办证难"问题。

关于普兰店区2023年老旧小区改造工程项目有关事宜区长办公会议 2月7日，副区长曹洋、于永忠在区政府200会议室主持召开办公会议，专题研究2023年老旧小区改造工程项目相关事宜。会上，各参会部门结合职责进行沟通交流，明确工作任务。

关于新能源项目推进工作区长办公会议 3月10日，区领导在区政府226会议室召开办公会议，专题调度推进新能源项目。会上，相关部门进行讨论交流，明确工作任务。

关于加速推进重点项目建设区长办公会议 5月9日，副区长于永忠在区政府200会议室主持召开办公会议，专题研究重点项目推进工作相关事宜。会上，相关部门就经济开发区工业项目、天陆湾国际康养度假小镇等项目进行讨论交流，明确工作任务。

关于大沙河生态治理工作区长办公会议 8月15日，副区长邓峰在区政府233会议室主持召开办公会议，专题研究大沙河生态治理工作。区生态环境分局汇报普兰店区大沙河水质和菹草清理工作进展情况。与会人员进行充分讨论，明确工作任务。

关于校园安全专题区长办公会议 9月1日，副区长贺滢锦主持召开办公会议，结合检查秋季开学准备情况以及前三季度全区各学校安全检查情况，对校园安全工作提出加强消防安全、校园内外交通安全、监控系统安全、校舍安全、食品安全等五个方面具体要求。

（刘 锐）

· 退役军人事务 ·

【概况】 2023年，普兰店区退役军人工作坚持稳中求进，发挥退役军人作用，落实上级决策部署，加强退役军人服务保障体系建设，完成拥军优抚、退役军人就业创业、英雄烈士褒扬纪念等工作任务。当年获评大连市最美退役军人1人，获评"大连市最美兵支书"。

【退役军人就业创业】 2023年，普兰店区退役军人事务局组织退役军人招聘会2场，153家企业提

大连市普兰店区2023年度退役军人返乡欢迎暨退役军人乡村振兴培训基地揭牌仪式
区退役军人事务局 供稿

供用工岗位2000余个，实现就业150余人。协调区就业管理服务中心及私营企业，推荐26名退役军人入企工作。组织100余名退役军人到大连北方互感器有限公司、大连第二互感器集团有限公司参观学习。在杨树房街道战家村成立退役军人乡村振兴培训基地，开展退役军人就业技能培训、思想政治教育等活动。

【拥军优抚】 2023年，普兰店区春节前走访慰问驻军部队，投入资金26.7万元。走访慰问军企干部和重点优抚对象205人次，投入10.2万元。帮扶困难退役军人646人次，投入资金43.9万元。新增优抚对象137人。为5696名优抚对象发放补助金3641万元。换发伤残证和调整残疾等级13人。

【英雄烈士褒扬纪念】 2023年，普兰店区退役军人事务局开展"2023清明·祭英烈"主题党日活动，全区党政机关、企事业单位及烈士家属7000余人参与祭扫活动。在"9·30"国家烈士纪念日举办向烈士敬献花篮仪式。开展为亲寻墓和为墓寻亲"双寻"活动。接待解放军某部"普兰店英雄连"来普传承红色文化。加强3处烈士陵园的日常管理维护工作。

开展向烈士敬献花篮仪式　　　　　区退役军人事务局　供稿

【退役军人服务保障体系建设】 2023年，普兰店区退役军人事务局为新增退役军人和符合条件的其他优抚对象悬挂光荣牌168块。举办退役军人优待证集中发放仪式，为全区退役军人申请办理优待证2万余张。与区万达广场签订退役军人优待证使用合作协议，拓宽优待证使用范围。开展自主就业退役士兵学历专升本资格审核86人次。与爱尔眼科医院签署合作协议，免费为患有白内障的退役军人治疗。

（王成龙　杜广洲）

普兰店区退役军人暨其他优抚对象优待证首发仪式 区退役军人事务局　供稿

· 营商环境建设 ·

【概况】 2023年，普兰店区营商环境建设局以开展"营商环境巩固年"活动为契机，深化"放管服"改革，提升政务服务质量，加强营商环境监督，推动全区营商环境进一步优化。当年，区市民服务中心累计办理业务96206件，日均接待群众咨询1200余人次。

【政务服务水平提升】 2023年，普兰店区营商环境建设局印发《普兰店区政务服务"好差评"工作方案》，实现区、街道、社区三级政务服务中心"好差评"全覆盖，督促2个部门完成差评整改，督办临期办件14件。实现"不见面办"事项540个、"一次办"事项842个、政务服务事项材料"零提交"226个，高频政务服务事项"掌上办"71个。拓展"24小时自助服务区"功能，为办事群众提供更为便捷的政务服务。选取热点服务事项638项，编制《办事不找关系指南》。在"普兰店营商"微信公众号推出《"优普办"帮您轻松办事》系列专题25期。建设综合窗口5个，涵盖政务事项124个。打造"优普办"品牌，新增企业项目备案、社保企业征缴、医保企业参保登记3项帮办代办高频业务，累计帮代办件481件。

【营商环境持续优化】 2023年，普兰店区营商环境建设局督办涉企营商环境投诉件9件，集中反映工程拖欠款问题。督办省委巡视营商环境信访件45件，办结39件。推进"走企业解难题促发展""领导干部进项目进企业勇当振兴急先锋"2个专项行动，为全区52家单位300名领导干部配对重点项目72个、企业1000家。累计走访企业7389次，收集问题265件，协调解决问题255件，满意率92%。协调解决市级疑难问题21件。分析定责区级未办结诉求件40件，向18个承办部门下发督办通知单，督办后办结38件。全区上报录入电子证照115个，实际产生数据电子证照39个，累计汇聚电子证照76842个。

【诉求办理质效双升】 2023年，普兰店区便民服务平台受理各类诉求21297件，满意率96%。人民网领导留言板受理诉求162件，满意率97.5%。受理营商环境"万件清理"诉求76件，满意率100%。22个承办部门424个诉求件综合满意率提高2.5%。组织全区40个承办部门更新知识库数据5031条。

（王彦明）

· 机关事务服务 ·

【概况】 2023年，普兰店区机关事务服务中心贯彻落实区委区政府各项决策部署，提升保障水平、服务品质和管理效能。推进公物仓建设，将闲置国有资产纳入公物仓管理，提升国有资产使用效率。推进节约型食堂建设和绿色厨房创建，全年为53个机关单位提供就餐服务。优化一线服务人员岗位设置，定岗178人，比上年缩减17%。推介"一参一鱼一薯""四禽五果""一街一品"等具有地区特色的农产品，助力乡村振兴发展。

【公务接待服务】 2023年，普兰店区机关事务服务中心严格执行接待规则和操作流程，全年完成省级以上领导公务接待14次、市级公务接待26次，保障区内大型会议285次，累计接待4906人次。完成"律动莲城""时尚之夜""办证难集中颁证仪式"、古莲文化节、徒步大会、海参捕捞节等大型活动服务保障工作。

【办公用房管理】 2023年，普兰店区机关事务服务中心更新各办公楼宇入驻单位分布示意图，建立本年度党政机关、各街道办公用房管理信息台账。完成大连市办公用房信息统计年报工作。完成全区办公用房使用情况自查工作。完成区委区政府办公楼、市民服务中心办公楼、行政大厦办公楼、党群办公楼入驻单位办公用房实际使用情况核实工作。完成市民服务中心办公楼十三和十七层、党群办公楼办公用房调整工作，配合相关单位办理入驻手续。完成本年度省、市巡视巡察办公用房基本使用情况和出租情况统计工作。

【公务用车】 2023年，普兰店区机关事务服务中心完善公车管理信息档案，统计监督平台公车无任务出行次数及费用录入情况。完成上年度全区

49家机关单位、3家区直事业单位、38家局属事业单位公务用车年报数据及系统维护情况统计工作。配合区大数据中心完成三级巡察公车数据材料上报工作。全年为请用单位派车520余次，保障公务出行需求。至年末，全区安装北斗终端平台公务用车243辆。

【机关安全生产管理】 2023年，普兰店区机关事务服务中心落实安全生产月抽查、周检查、日巡查制度。开展安全生产专项检查20余次，发现并整改安全隐患6处。更换4部电梯的钢丝绳和曳引轮，排除电梯安全隐患。定期更换燃气软管，完成6个燃气报警器年检，安装熄火保护装置5台。维修各综合办公楼屋顶及屋面防水3处、空调设备7处。排查会议中心及各食堂老旧线路，更换空气开关，重新布线200米。维修班全年焊接设备用具120次，开展各类维修1700余次。

【公共节能管理】 2023年，普兰店区机关事务服务中心为各综合办公楼更换节能灯管170个。完成市民服务中心办公楼节水改造，安装节水感应器95个。开展垃圾分类宣传，张贴垃圾分类投放指南194张，报送垃圾分类工作总结20篇。

2023年全区机关事业单位消防安全培训会议　　区机关事务服务中心　供稿

【机关事务业务培训】 2023年，普兰店区机关事务服务中心开展消防安全实战演练6次、大型消防安全知识培训2次。开展物业防暴防恐演练4次。组织60余名餐饮员工参加食品安全网络培训并获得证书。全年开展业务培训32次、食品安全培训88次、垃圾分类培训10次、外地交流培训3次。

（蒋　巍）

政协普兰店区委员会

【概况】 2023年，政协普兰店区委员会坚持以习近平新时代中国特色社会主义思想为指导，聚焦团结和民主两大主题，围绕大连勇当新时代东北振兴"跳高队"目标任务，扩展全过程人民民主基层实践内涵。开展"一送二建"活动，扩建政协党建文化广场等阵地7处。践行"党建+履职"理念，与35家单位联合开展专题培训、理论研讨、参观学习等各类活动190场次。建立"1+2+N"培训体系，将全体委员、政协之友纳入培训计划，开展以会代训活动6次，举办政协委员能力提升培训班4期。组织委员400人次参加各项评议及谈心谈话活动，选派19名委员担任营商环境监督员。

【政协履职尽责】 2023年，政协普兰店区委员会开展电力电器产业发展情况专题协商，为地区电力产业集群发展提出建议。调研经济运行、新能源战略性新兴产业等议题。调研乐甲街道100兆瓦网源友好型风力发电项目，推动签订开发框架协议。开展"驻厂服务促发展"活动，协调解决企业厂房手续、用水用电等问题6个。关注百亿级国家鲟鱼辽参数字产业园建设，针对存在问题提出应对举措。开展北部山区旅游产业发展情况调研，编制《普兰店区文旅产业发展调研材料汇编》。组织委员赴浙江省宁波市考察学习乡村振兴工作并形成调研报告。调研农村新型经营主体发展问题，推动扶持政策落地。开展畜禽粪污转运情况无陪同体验式调研。当年获区委、区政府批转调研报告8篇，获大连市采用调研报告6篇。

【政协政治协商】 2023年，政协普兰店区委员会开展社区村屯"板凳协商""地头协商"，协商议事85场次，化解问题78个。开展"听民声集民智献良策"活动，深入基层为群众解答问题20余次。赴中科院大连化物所参观考察，协助推进科技强区建设。开展送农业技术下乡活动，与街道干部群众商讨粮食增产增收问题。开展走访委员企业活动，与35家企业负责人共商企业发展良策。

【政协民主监督】 2023年，政协普兰店区委员会构建主席会议、专委会、界别工作组（街道联络组）、委员四级履职架构。加强与党政督查、纪检监察等各方联动，增强监督合力。对区教育局、区发改局、区人社局、区农业农村局4个部门开展民主评议。现场督办区交通运输局承办的《关于唐尖线道路重新修建的提案》《关于皮口港引堤道路修缮工作的提案》等重点提案。召开专题协商提案办理工作常委会和提案办理工作座谈会。全年立案172件，办结率100%，满意率99.3%。

【政协履职平台创新】 2023年，政协普兰店区委员会打造"掌上政协"，推出"学习二十大　委员有话说""辽宁故事——普兰店篇"等专题专栏，发布宣传稿件198篇，发布"讲好普兰店故事"20篇，在《人民日报》《人民政协报》《友报》《大连日报》等媒体刊发各类工作稿件138篇。推进"天下莲城人"平台建设，开展"返乡联谊""走出去请进来""双回"等活动。组织秘书长会议成员深入基层企业、社区村屯开展实地考察，了解区域内农业特色产业发展情况。

【政协畅通为民服务渠道】 2023年，政协普兰店区委员会召开反映社情民意推进会，报送社情民意43篇，其中获省市政协采用8篇。针对"双减"工作中存在的问题提出意见建议。视察医疗卫生次中心建设情况并提出建议。深入"新华国际"项目施工现场和海皮路绕线新建工程施工现场，了解项目施工进度。考察全区供水服务情况，推动消除各类用水安全隐患。开展"关注残疾儿童康复　促进救助政策落实"考察，引导更多人关心特殊儿童的健康成长。开展全区水资源保护情况视察，活动获《人民日报》等媒体转发报道。开展农村环境整治视察，深入田间地头视察春耕农资供应情况。针对西工路边自发农贸占道堵路经营问题提出建议。召开未成年人保护法律监督专项工作协商座谈会。举办"爱心助教·情暖莲城"活动，人力资源组委员向区教育系统捐赠视频电子设备价值80万元、捐赠资金40万元。教育组召开职业教育发展座谈会，推动现代职教体系建设。社保组、海外联谊组参与关爱困境儿童活动，为改善残疾儿童学习和生活提出建议。农业组、医疗卫生组开展走访慰问、送医下乡等活动12场，发放慰问物资价值8.4万元。民族宗教组委员筹资8万元，解决乐甲街道对峰社区农产品运输难和饮水设施安全问题。工业组、工商联组、商贸组委员筹措资金3万元为同益街道贫困户修缮房屋，筹措物资为环卫职工建设休息室。

（张庭麟）

中共普兰店区纪律检查委员会 普兰店区监察委员会

【概况】 2023年，普兰店区纪检监察机关忠实履行党章和宪法赋予职责，聚焦区委中心工作，扛牢政治监督责任，坚定不移推进全面从严治党，推动全区纪检监察工作高质量发展。整治乡村振兴领域不正之风和腐败问题，选取高标准农田建设等4个乡村振兴项目开展督查，推动解决3个方面7个问题。开展非法违规占用海域、滩涂、岸线整顿专项监督，配合开展医药领域腐败问题集中整治，推动挽回经济损失2200余万元。结合"走企业解难题促发展"专项行动，领导班子带队走访企业100余家。制发廉情抄告38份，派驻纪检监察组列席区直单位"三重一大"等活动57次。规范审慎回复党风廉政意见5502人次，容错减责免责干部3人，澄清正名干部13人，批评教育失实错告举报人2人，提出不影响使用廉政审核意见干部18人。推进"三个万件"治理，开展"微腐败"大清扫行动，办理省督办件506件。对粮食购销领域、星台街道开展"蹲点式"监督调查"回头看"，进驻交通系统、皮杨产业园、国有林场等实施"蹲点式"监督。以零容忍态度反腐惩恶，全年处置问题线索1024件，比上年增长89.6%，立案查处417件，党纪政务处分454人，留置5人，移送检察机关6人，收缴、扣押涉案款5400余万元。做实案件查办"后半篇文章"，制发纪检监察建议书22份，督促建立完善制度机制20余项。组织召开全区领导干部警示教育大会，制作《清"窝腐"，正风纪》廉政警示教育片。在重要时间节点开展明察暗访3轮20余次，通报曝光典型案例3起。举办廉洁文化书画展，建设廉洁文化主题湿地公园，打造具有当地特色的廉洁文化矩阵。深化纪检监察体制改革，完成141名监察官等级首次确定工作，推动设立专职派驻纪检监察组7个。

【纪检监察智慧中心建设】 2023年，普兰店区纪检监察机关开展"大数据赋能年"行动，完善区纪检监察智慧中心建设，核定事业编制岗位7人，专职负责大数据监督分析工作。完善全区基础数据库，推动全区69个单位起底数据信息4442万条、数据总量654千兆字节，打通部门间数据壁垒。运用"数战宝""智慧云"等大数据平台和智慧审理、智慧案管系统，提升办案效率。对全区66.4万条"水库移民补贴"和40万条"失独家庭补助"信息进行数据建模、筛查比对，发现疑点数据6400余条，追回违规领取水库移民补贴资金58.7万元。推广试用大连市行权数据监督平台，累计挂载数据870余万条。加强与中科院计算技术研究所合作，签订战略合作协议和服务合同，集中整合、治理、清洗数据217万条，建立民生救助资金、海域使用金等数据分析模型10个。

【阳光系列行动推进】 2023年，普兰店区纪检监察机关开展阳光系列行动。推进村级"阳光三务"，立案查处不公开、假公开干部7人。协调组织、教育、卫健等部门组建阳光系列工作专班。加强跟踪督查，制发工作通报7期。分级分类制订"办事不找关系指南"。督促卫健系统分批发布"阳光医务"服务信息358项，全区医疗卫生服务综合满意度90%以上。全区62所公办幼儿园、中小学全部纳入大连市"阳光教育"先行试点，通过微信小程序公示教育信息156项，相关做法在全市作经验交流。

【纪检监察队伍建设】 2023年，普兰店区纪检监察机关开展"质量规范提升年"活动，围绕5方面突出问题，明确具体举措27项，健全机关内部规章制度10余项。开展案件质量评查，制作执纪审

普兰店区廉洁文化主题湿地公园揭牌暨大连市廉洁文化教育基地启动仪式
区纪委监委　供稿

查安全工作提示卡。参加省市"精兵强将大讲堂"17期，开展"清风讲堂"培训4次。组织142名纪检监察干部签订行为规范承诺书，发放廉政提醒卡片。全年处置问题线索12件，立案4件，开除公职1人，调离纪检监察工作岗位2人。

【政治巡察利剑作用有效发挥】 2023年，普兰店区纪检监察机关启动二届区委第四轮巡察工作，对9个街道党工委所属的122个村（社区）党组织开展常规巡察。组建3个调研组开展巡察中期调研，组织部分村级党组织负责人开展集体座谈。按照上级要求将数据统计等8项内容纳入巡察范畴，修订完善巡察工作操作手册、巡察工作操作规程，梳理形成《普兰店区对村巡察调研工作情况汇报》。向区委常委会专题汇报二届区委前三轮巡察整改综合情况2次，跟踪督导完成一届、二届区委巡察反馈32个问题整改。督导被巡单位党组织制订整改措施299项，建立完善各项规章制度44项。将巡察整改落实情况纳入常规巡察内容，量化考核整改情况。

（苏可心）

人 民 团 体

普兰店区总工会

【概况】 2023年，普兰店区总工会加大服务帮扶职工力度，积极参与基层社会治理。开展基层工会组织规范化建设，拨付街道和开发区管委会工会经费85.5万元、村（社区）工会经费186万元、村（社区）"职工之家"补助经费93万元。新社会组织建会入会67个。万达广场爱心驿站获评辽宁省最美工会户外劳动者服务站。

领"活动，发放饮用水3万余瓶，惠及职工2000余人。新建工会户外劳动者服务站点3个。

开展"夏送清凉"活动　　　　　　　　区总工会　供稿

【工会服务职工能力增强】 2023年，普兰店区总工会举办招聘会10场次。承办促就业招聘会3场，参会企业317家，提供就业岗位6500个，求职者7040人，发放宣传材料3600份，达成就业意向880人次。分期举办月嫂培训班，培训40余人。开设就业流动服务站9个。为2名在档困难职工发放中央帮扶资金2.3万元。为2502名一线医护人员发放慰问金125.1万元。开展健康快车企业行活动，为全区10家企业400余名职工免费体检。开展贫困女职工"两癌"筛查活动，组织5家企业409名女职工参加"两癌"筛查。开展"两癌"筛查服务车进企业活动，惠及8家企业女职工978人。为3名患"两癌"的女职工发放关爱慰问金2.9万元。新建女职工特殊关爱室2个。开展单身青年交友联谊活动3场，参加活动330余人。开展"夏送清凉"走访慰问活动，走访企事业单位32家，惠及职工8814人。开展"夏送清凉 码上就

【工会举办特色职工文体活动】 2023年，普兰店区总工会举办"凝心铸魂跟党走　团结奋斗新征程——党的二十大精神进企业"主题文艺演出，10余家企业600名职工观看。举办"赓续百年工运传承凝聚大连奋进力量"台球、乒乓球比赛，台球参赛队伍33支，运动员100人；乒乓球参赛队伍29支，运动员200人。

【工会助推企业高质量发展】 2023年，普兰店区总工会开展二类竞赛3个，即厨艺技能竞赛、短视频制作竞赛、直播带货竞赛。推荐6支队伍20名选手参加大连市第五届"工匠杯"职工技能竞赛。大杨集团有限责任公司张继凯获全国五一劳动奖章。大连北互互感器有限公司王仁焘、大杨集团有限责任公司李丰满、中粮麦芽(大连)有限公司陈春洁获辽宁五一劳动奖章。获大连五一劳动奖章13人。大连鑫玉龙海洋生物种业科技股份有限公司获大连五一

劳动奖状。获评大连市"十佳最美职工"1人。获评大连市劳模创新工作室1个。验收并挂牌区级劳模（职工）创新工作室3个。

（侯志鑫）

共青团普兰店区委员会

【概况】 2023年，共青团普兰店区委员会聚焦主责主业，履行基本职责，切实增强政治性、先进性、群众性。全区有基层团组织767个，其中团委42个、团工委18个、团支部706个；少先队组织55个；团干部1299人，在册团员10914人。铁西街道团工委获评辽宁省先进团委，丰荣街道团工委获评大连市五四红旗团委，太平街道团工委获评大连市先进团委，铁西街道新村社区团支部、皮口街道夹心社区团支部获评大连市五四红旗团支部，获评大连市优秀共青团干部2人，获评大连市优秀共青团员2人。

【青少年思想政治引领】 2023年，共青团普兰店区委员会举办"学习二十大·永远跟党走·奋进新征程"主题宣讲培训会。组建"理响莲城"青年宣讲团，开展团员青年面对面交流217场，获评大连市基层理论宣讲先进集体。举办全区首届青年马克思主义者培养工程培训班。举办"书香莲城'悦'读青春"青年读书会。在"普兰店区共青团"微信公众平台开设"学习二十大·奋发向未来"宣传专栏。面向全区团员和青年开展学习贯彻习近平新时代中国特色社会主义思想主题教育。

【共青团助推社会发展】 2023年，共青团普兰店区委员会组织街道团干部举办青春集市3场，提升当地农特产品影响力。联合区文旅局、区融媒体中心组织开展"寻美莲城·青春代言"微视频大赛。组织团员青年、少先队员开展"小手拉大手 共建和美村"实践活动，带动市民共同参与农村环境净化整治工作。对接大连大学开展校地联合育人主题论坛交流活动，介绍该区营商环境、人才政策、企业需求等信息。联合区委人才办、区人社局组织大连鑫玉龙海洋生物种业科技股份有限公司、大连碧海环保设备有限公司等企业11家，赴大连海洋大学举办专场招聘会，提供岗位288个，收到简历345份，初步达成就业意向257个。组织青年志愿者为2023大连时装周普兰店区分会场各项活动提供志愿服务。举行群团志愿服务联盟成立大会暨"群团'益'起行 志愿暖莲城"学雷锋主题志愿行动启动仪式，参加活动志愿者100余人。

举办青春集市　　　　　　　　　　团区委　供稿

【共青团服务青年成长】 2023年，共青团普兰店区委员会落实《辽宁省中长期青年发展规划（2019－2025年）》，召开普兰店区青年工作联席会议第四次全体（扩大）会议，审议通过下年度为青年办实事项目34件。依托青年之家开展"爸爸，我有'画'对你说""浓情端午'粽'享童趣"等青少年公益活动20余场。开展青少年法治、禁毒、防艾、自护系列宣传教育活动20余场。在大连渔港至尊大酒店开设青年驿站，为来普就业创业青年提供7天免费住宿，服务133人次。开展大学生"返家乡""扬帆计划"社会实践活动，为返乡大学生提供实习岗位80余个。举办端午青年相亲游园会和"爱在莲城"七夕单身青年交友联谊会，为单身青年搭建交流平台。

【青少年助学帮困】 2023年，共青团普兰店区委员会对接大连市青少年发展基金会，为202名家庭相对困难学生，发放春季助学金、"圆梦大学"助学金43.8万元。联合相关单位援建希望学校4所，争取校园改造资金175万元。在大连八一希望小学等6所学校建设"希望图书室""希望水井""希望电脑室""希望体育园地"等公益项目。

【少先队建设持续加强】 2023年，共青团普兰店区委员会规范少先队员入队仪式，在北京师范大学大连普兰店区附属学校举行"童心向党 同心爱城"少先队新队员集中入队仪式观摩会。组织少先队员到铁西街道党史馆和大连大万食品有限公司工厂开展"六一"红领巾研学。承办大连市少年军校示范活动，普兰店区海湾小学获评大连市少年军校示范校，代表大连市参加全省少年军校大比武，获队列队形集体赛铜奖、战地救护个人单项赛铜奖、打背包个人单项赛铜奖。

承办少年军校示范活动　　　　　　　　团区委　供稿

【普兰店区青年联合会第一届委员会全体会议】 2023年，普兰店区召开青年联合会第一届委员会全体会议，审议通过《大连市普兰店区青联一届全委会关于第一届全委会工作报告的决议》《大连市普兰店区青年联合会组织和工作细则》，选举产生大连市普兰店区第一届青年联合会常务委员会委员21人。

（李　丹）

召开大连市普兰店区青年联合会第一届委员会全体会议　　团区委　供稿

普兰店区妇女联合会

【概况】 2023年，普兰店区妇女联合会聚焦思想政治引领，服务振兴发展大局，参与基层社会治理。深化妇联组织改革与建设，扩大妇女组织覆盖面。加强家庭家教家风建设，常态化寻找"最美家庭"，用妇女喜闻乐见的形式讲好家风故事。当年，刘金美家庭获评"全国最美家庭"。

【妇女创业创新工作】 2023年，普兰店区妇女联合会开展"巾帼创业创新课堂"进基层实践活动。举办"春风行动"女性专场招聘活动。针对下岗失业妇女、女大学生等群体开展创就业培训，引导妇女在更多领域自主创业、灵活就业。开展"巾帼科技服务进乡村"春耕生产实用技术培训，战家村巾帼新农人项目获第二届大连市女性人才创新创业大赛优秀奖。确定区级"最美庭院"200个、"美丽庭院示范街"36条，统一挂牌，实施动态管理。

【家庭家教家风工作】 2023年，普兰店区妇女联合会开展寻找"最美家庭"活动，获"全国最美家庭"称号家庭1户、获"滨城最美家庭"称号家庭49户。开展家庭家教家风建设系列宣讲活动12场，宣传"全国最美家庭"刘金美家庭等好家风事迹。组织开展未成年人家庭教育、心理健康教育实践活动。举办智慧家长公开课，传播科学家庭教育理念。

【妇女维权关爱服务】 2023年，普兰店区妇女联合会推动《大连市普兰店区妇女发展规划（2021—2030年）》《大连市普兰店区儿童发展规划（2021—2030年）》实施。举办各类普法活动23场，发放宣传手册6000余份，覆盖群众1万余人。加强婚姻家庭矛盾纠纷排查化解，排查出重点人群279户。为妇女群众提供法律咨询和心理疏导服务，接待来电来访28件，调处满意率100%。开展法律

咨询日活动5期，受益妇女23人。开展"爱心助梦微心愿"活动，实现留守困境儿童微心愿40个，建造微书房6个。实施省市城乡"两癌"患病低收入妇女救助项目，救助患病妇女9人。争取李桂莲慈善基金120万元，设立大杨"两癌"免费救治项目，协调区中心医院为306名低收入妇女开展"两癌"免费筛查，检出阳性20人。

【妇联组织阵地建设】 2023年，普兰店区妇女联合会指导新成立的3个社区完成妇联组建。至年末，全区18个街道189个村（社区）妇联兼职副主席432人、执委3285人。各级执委组建工作室14个。新建"妇女微家"10个，获评市级示范"妇女微家"3个。6月28日，召开第一届执委会第五次

普兰店区妇联执委工作室授牌仪式　　　　区妇联　供稿

全体会议，审议通过《普兰店区妇联一届五次执委会会议关于工作报告的决议（草案）》，增替补执委14人。

【党建带妇建工作】 2023年，普兰店区妇女联合会推出《习近平走进百姓家》巾帼领读分享专栏，制作系列节目8期。拍摄《点亮"她"微光》短视频宣传片，展现全区优秀女性风采。落实群团

设立大杨"两癌"免费救治项目　　　　区妇联　供稿

协同创新项目，打造交友联谊品牌，组织部队和机关事业单位青年交友活动2场。

（谭　坤）

普兰店区工商业联合会

【概况】 2023年，普兰店区工商业联合会坚持以习近平新时代中国特色社会主义思想为指导，以党的二十大精神为引领，全力促进民营经济高质量发展。建立涉案企业合规第三方监督评估机制管委会，对2起环境污染案件开展涉案企业合规考察，完成企业合规听证5家，其中环境污染企业1家、串投标企业4家。组织企业参加财税等方面专业培训，参训民营经济代表60人。组织成立区工商联青年企业家委员会，促进地区民营经济发展壮大。当年获评全国县级"五好"工商联。

获评全国县级"五好"工商联　　　区工商联　供稿

【工商联强化党建引领】 2023年，普兰店区工商业联合会开展调研纾困、理想信念教育、两会精神进民企等系列活动10项。组织开展"践行二十大·永远跟党走·奋进新征程"主题活动。深入商会企业开展党的二十大精神宣讲16次。开展两会精神进民企8次。组织民营经济人士开展"谈感想、话担当"活动，覆盖170人次。开展"缅怀革命先烈·坚定理想信念""民营企业跟党走"等

理想信念教育活动，覆盖会员企业和民营经济代表人士120人。

【工商联助力乡村振兴】 2023年，普兰店区工商业联合会邀请大连市部分异地商协会和知名企业家代表来普考察。其间乐甲街道与国房御膳（辽宁）膳食集团有限公司洽谈美国白山羊生态繁育基地建设和食用菌养殖等项目、与大连双兴隆盛农产品有限公司洽谈马铃薯产业基地项目。联合慈溪艾博特环保科技有限公司在唐家房街道发起"万企兴万村助力乡村振兴"公益捐赠活动，捐赠净水设备等家电物资价值50余万元。

（郭明涛）

普兰店区科学技术协会

【概况】 2023年，普兰店区科学技术协会团结带领全区科技工作者，扎实推动各项工作落实。开展专家技术指导工作，邀请省级专家8批次20人。建设科技工作者之家活动室1处，有各类图书资料3000余册。开展科技志愿服务22场。

【全国科普日宣传活动】 2023年，普兰店区科学技术协会联合区科工信局、区农业农村局等10余家单位，在唐家房街道开展"提升全民科学素质　助力科技自立自强"全国科普日主题宣传活动。活动期间，全区各单位开展宣传活动20场次，解答农民咨询460余人次，服务农民580人次。

【科普培训】 2023年，普兰店区科学技术协会邀请农业领域专家，开展"科技助力乡村振兴　促进农民增产增收"科普宣传讲座32场次，并根据农户需求入户入棚具体指导。邀请农业领域专家

开展在线解答农民咨询1580次、微信咨询620次。印发科技明白纸9种5万份。编发病虫简报16期。在"普兰店发布"平台发布信息5条。配合辽宁卫视"黑土地"栏目制作电视讲座2期，大连电视台新闻综合频道制作节目1次，区电视台制作电视讲座6期、新闻12期。

承办"到人民中去　艺心跟党走"夏季广场文艺晚会　　区文联　供稿

【青少年科普系列活动】 2023年，普兰店区科学技术协会推进青少年科学技术创新工作，组织全区中小学参加大连市青少年网络安全知识竞赛、大连市青少年人工智能系列竞赛、大连市青少年科技创新大赛等活动。获大连市青少年创意编程大赛一等奖4人、二等奖1人、三等奖1人。获大连市青少年网络安全知识竞赛三等奖1人。

（徐少英）

普兰店区文学艺术界联合会

【概况】 2023年，普兰店区文学艺术界联合会坚持以人民为中心的创作导向，发挥组织优势和专业优势，满足人民群众对精神文化的需求，推进全区文艺事业高质量发展。"喜迎二十大 礼赞新时代"文艺进基层展演活动获评2022年度大连文艺界"十项有影响的活动"。

【文艺惠民活动】 2023年，普兰店区文学艺术界联合会践行"文联+"工作思路，与其他部门和街道等协同开展活动。区书法家协会、区美术家协会协助区纪委监委举办"学习贯彻党的二十大精神　弘扬廉洁文化"书画展。区摄影家协会协助杨树房街道举办"影歌盛世　再谱华章"主题摄影展。区戏曲家协会与大连市心连心艺术团联合开展迎"五一"慰问演出。区音乐家协会协助太平街道开展"颂歌献给党 奋进新征程"文艺进基层庆祝中国共产党成立102周年文艺晚会。区书法家协会与区教育局联合举办全区首届中小学书法大赛。区摄影家协会与区文旅局共同举办"光影普兰店"摄影展，协助POP设界普兰店时尚产业创新服务综合体拍摄时尚走秀，策划"雪韵童梦　时尚莲城"时尚摄影展。各协会组织老中青文艺家参与区文联承办的"到人民中去　艺心跟党走"夏季广场文艺晚会。

【文艺志愿服务】 2023年，普兰店区文学艺术界联

"追光·红马甲礼赞"普兰店区2023年度文明实践志愿服务交流展示活动

区文联　供稿

合会成立文艺志愿服务队，首批文艺志愿者168人。区民间艺术家协会、书法家协会、美术家协会、摄影家协会共同参加"追光·红马甲礼赞"文明实践志愿服务交流展示活动。区戏曲家协会志愿者到御湘苑养老中心开展"文艺进万家　关爱老年人美好生活"文艺慰问专场演出。区声乐学会文艺小分队到乐甲街道中心敬老院、同益街道中心敬老院开展"文艺进万家　健康你我他"关爱老年人慰问演出。区书法家协会、区美术家协会志愿者到学校公园等场所为学生赠送书法和绘画作品500余幅。区舞蹈家协会选派会员4人，到大谭、皮口、乐甲等街道文化站开展舞蹈教学培训，惠及乡村舞蹈爱好者150余人。当年，全区文艺志愿者参与活动400余人次，服务受众1万余人。

【文艺创作活动】 2023年，普兰店区文学艺术界联合会组织开展一系列"文艺界助力乡村振兴"主题创作采风活动。区级各文艺家协会会员创作作品获大连市级以上奖项66件，其中省级以上28件。乡村振兴纪实《小浆果谱写五彩人生》、小品《一米带不走》等原创作品在省级评比中获奖。在《大连日报》《东北之窗》《海燕》及北斗融媒等各类报刊媒体平台发表文学摄影等作品197篇（幅）。创作群口快板《莲城味道》、新金大鼓《爆破英雄宇克勇》等深受观众喜爱的作品。"到人民中去　艺心跟党走"文艺晚会整场节目视频上传至"辽宁文化云"平台。区书法家协会获评辽宁省"我们的中国梦——送万福进万家"书法志愿服务公益活动先进集体。

【文艺人才培训】 2023年，普兰店区文学艺术界联合会定期组织相关专业协会会员参加大连"名家谈艺"系列讲座，全年组织参与各类采风实践、作品研讨、主题讲座等20余期。区作家协会邀请中国作家协会全委会委员、辽宁省作家协会副主席孙惠芬来普开展文学讲座。区曲艺家协会举办首届"万亿·荷畔兰亭"杯讲故事比赛决赛展演。区曲艺家协会承办大连"长生岛杯"少儿曲艺非遗达人秀普

兰店赛区比赛，获最佳组织奖。区美术家协会和区音乐家协会选派5位会员参加第四期全国市县文联文艺骨干网络培训。

（曹轶博）

普兰店区残疾人联合会

【概况】 2023年，普兰店区残疾人联合会加强自身建设和组织管理工作，完善专职委员考核管理办法，提高工作效率和管理水平。办理残疾人证1892件，其中入户办理残疾人证195件，减轻残疾人家庭经济负担4万余元。残疾人就业率比上年增长15.8%。受理12345网上咨询投诉58件，满意率95%。按时完成残疾人家庭无障碍改造任务150户。成立专班协调解决北方星晨康复机构办学难题。

【残疾人康复服务】 2023年，普兰店区残疾人联合会为先天听力障碍儿童申请人工耳蜗手术补贴2人，补贴金额23.6万元。为残疾儿童申请康复训练补贴136人，补助金额235万元。实施白内障复明手术患者304人，投入资金30余万元。完成成年残疾人肢体康复160人，投入资金112万元。申请精神残疾人免费投药补贴1026人。完成残疾人辅助器具申请与适配862人。提供肢体康复手术救助24人。提供肢体类手术救助儿童1人。提供住院治疗救助精神残疾人3人。

【残疾人托养服务】 2023年，普兰店区享受托养政策残疾人1858人，其中居家安养1716人、集中托养142人。享受托养政策并办理入住217人。每季度开展托养中心残疾人点名工作，确保人员在位率。配合大连市残联完成区托养审计工作。开展2018—2022年享受托养政策人员自查工作并及时整改。

【残疾人就业服务】 2023年，普兰店区残疾人联合会联合区人社局开展"春风行动暨就业援助月"就业招聘会，8家企业为残疾人求职者提供工作岗位

50个，达成就业意向残疾人45人。依托名科职业技能培训学校免费提供中式面点培训，惠及残疾人30人。在皮口街道开展大棚蔬菜种植农村实用技术培训，惠及残疾人50人。联合区税务局加大残疾人就业保障金征缴力度，促进残疾人就业形势好转，全年完成171家企业726名残疾人就业人数认定，比上年增长15.8%。

【残疾人扶贫工作】 2023年，普兰店区办理残疾人两项补贴10.9万人次，金额1503.5万元。其中，生活补贴4.1万人次，金额823.8万元；护理补贴6.8万人次，金额679.7万元。办理55—59周岁重度残疾人补助1.6万人次，金额192.9万元。社会组织走访残疾人45户，发放慰问金3.2万元。党政机关走访残疾人4280户，发放慰问金341.4万元。验收上年农村贫困残疾人家庭房屋修缮20户，总投资10.9万元。

【残疾人助学工作】 2023年，普兰店区残疾人联合会实施特殊教育提升计划，完成6—14周岁适龄未入学残疾儿童少年统计工作。开展贫困残疾学生和残疾人家庭子女助学工作，审核643人，投入补助资金227.2万元。提供奖励资金，鼓励民办教育机构接纳大连户籍的残疾儿童。开展残疾大学生新生奖励工作，奖励9人，投入资金3.5万元。

【残疾人文体宣传】 2023年，普兰店区残疾人联合会组织人员参加大连市第一届国家通用手语技能大赛，杨冬冬、康清华获得健听组二等奖，张镭钟获得听障组三等奖。组织2名文学爱好者参加辽宁省残联"新时代新征程"主题征文活动。组织人员参加大连市第十三届残疾人健身周飞镖项目推广活动及飞镖裁判员培训班。组织人员代表大连队参加辽宁省第十四届残疾人

运动会暨第二届特殊奥林匹克运动会，张欣欣获飞镖女子站姿组冠军，仲光蕊获盲人柔道81公斤级第二名，李来祖获羽毛球男子下肢双打第三名，谭有烨、丛琪峻、林钰阳获滚球类项目冠军。

（王志君 战小庆）

普兰店区红十字会

【概况】 2023年，普兰店区红十字会完成普及性培训8期，培训500余人。各红十字志愿服务队组织开展志愿服务57次，参与志愿者567人次，累计服务时长1505小时。全年申请登记捐献遗体202人。

【红十字志愿服务】 2023年，普兰店区红十字会组织志愿者举行"人体器官捐献缅怀纪念月"主题宣传活动，发放宣传资料200余份，走访慰问遗体器官捐献者2人。开展"世界献血者日"主题宣传活动，发放宣传资料200余份，参与无偿献血22人，捐献血液9100毫升。在区人民广场开展"世界急救日"宣传活动，发放宣传材料100余份，现场讲解应急救护知识，受益群众50余人。开展"三献"（献血液、献造血干细胞、献人体器官组织）百日公益行动，自制宣传折页2万份，组建"三人行"活动小分队开展宣传活动23场次。

开展"世界献血者日"宣传活动　　　　　区红十字会　供稿

【红十字人道救助】 2023年，普兰店区红十字会开展困难学子公益助学活动，争取大连市红十字会助学金10万元，资助困难高中学生50人。协调企业向同益中心幼儿园捐赠彩笔500支、益智玩具10套。开展"5·8人道公益日"互联网筹资活动，3333人次捐款，筹资2.8万元。走访造血干细胞志愿者，发放慰问金800元。走访遗体器官捐献者家属，发放生活物资价值1000元。开展大病儿童救助项目，协助申报中央专项彩票公益金大病儿童救助项目白血病儿童3人、先天性心脏病儿童2人。

【红十字应急救护培训】 2023年，普兰店区红十字会举办广场宣传普及讲座4期，培训群众200人次。举办应急救护专题讲座2期，培训群众200人次。举办学校救护大讲堂1期，培训教师80人。举办企业应急救护知识1期，培训职工40人。

(李映川)

开展应急救护知识培训活动　　　　　　　　　区红十字会　供稿

法　　　治

概　　述

【概况】 2023年，普兰店区坚持党对政法工作的绝对领导，履行维护国家政治安全、社会安定、人民安宁的政法工作使命。当年，中共普兰店区委政法委员会向区委常委会专题汇报政法工作情况5次。召开区委政法委全体委员会议3次，研究部署重点政法工作。指导政法单位巩固提升法治化营商环境建设成果，推出法治化营商建设"五个一批"创建典型34个。支持公安机关开展反电诈宣传，协助公安机关深入4个街道开展反诈宣传5场次，受众430余人。

公安机关开展反诈宣传活动　　　　　　区委政法委　供稿

【政法机关保障社会经济发展】 2023年，普兰店区政法机关推动解决海湾新城小区办证难问题，协调相关部门处理抵押解封、综合验收、按揭贷款等事宜。开展清收挽损行动，为2家银行清收174.3万元。开展领导干部进项目进企业活动，区委政法委领导班子包保企业18家、项目1个，累计对接156次，收集并解决生产经营问题4个。

【政法机关维护社会稳定】 2023年，普兰店区政法机关落实重大决策和重要项目社会稳定风险评估机制，指导街道和相关单位对84个建设项目开展评估备案。开展矛盾纠纷大排查、大化解、大整治活动，排查化解矛盾纠纷2324件。分类建册管理全区列管重点人员5785人。推进公安部挂牌督办的"7·11"非法采矿案件侦办工作，查获涉案线索226起，查扣车辆机具85台，罚没砂石4万立方米，封存砂石1.6万立方米。

【基层社会治理体系和治理能力现代化建设】 2023年，普兰店区政法机关深化"街道党工委+社区（村）党总支（支部）+网格党支部+屯组（楼栋）党小组+综治中心户"五级红色网格治理体系。推动全区189个社区（村）党群服务中心与社会治理综合服务中心一体化建设。打造"普法安"基层治理品牌，组建专业化法律服务队伍，解答群众法律咨询70余件，解决矛盾纠纷4件，受益群众500余人次。打造"家和邻里亲"基层治理品牌，发展社会治理中心户8000余户，带动近30万家庭70余万居民参与社会治理。

（马怀兴）

公　　安

【概况】 2023年，普兰店区公安分局接收各类报警99075起，比上年上升9.2%。刑事立案1928起，破案1239起，破案率64.3%，比上年上升80.2%。受理行政案件3426起，结案1877起，结案率54.8%，比上年上升71.7%。

【公安机关维护社会稳定】 2023年，普兰店区公安分局制订《关于构建一体化实战化综合维稳体系的实施意见》和战时维稳工作"十项机制"，实现大型活动期间进京集体访、群体性事件为零。化解全国两会期间省委督导组重点督导的进京访案件4起。化解"双清"专项行动信访案件41起，化解率95.4%。坚持以打促稳，打处信访违法重点人员14人。开展矛盾纠纷排查化解工作，全区25个派出所入户走访10.5万户，入户率43.8%，排查各类矛盾纠纷7385起，化解7189起，化解率97.3%。开展重点人员排查管控工作，列管重点人员5131人，均根据风险等级采取管控措施。

【刑事侦查】 2023年，普兰店区公安分局常态化推进扫黑除恶斗争，打掉以刘某排为首的恶势力组织，抓获犯罪嫌疑人10人。组织侦破尘封16年的命案积案2起，抓获逃犯166人。破获"2·14"病死鸡案、"7·11"非法采矿案、段某冬特大洗钱案，获国家公安部、省公安厅通报表扬。破获朱某昌非法占用农用地案、张某松入室盗窃系列案，获《人民日报》《人民公安报》报道。破获"2·15"非法狩猎案，获评公安部经典案例，该案记录片在央视《一线》《今日说法》栏目播出。在大连市公安机关禁毒类案打击专项行动中，抓获涉毒违法犯罪嫌疑人25人，缴获冰毒10克、曲马多72粒。

【反诈工作持续推进】 2023年，普兰店区公安分局开展涉众案件攻坚行动，办结涉众案件17起，移送起诉37人，为群众挽回经济损失150余万元。抓获电诈嫌疑人232人，拦截金额2.08亿元，冻结金额4652.9万元，追赃挽损144.7万元。推进反诈预警劝阻工作，上门预警9500余次，劝阻900余次，拨打预警电话、发送预警短信17.7万条。

【治安管理】 2023年，普兰店区公安分局破获涉黄刑事案件14起，采取刑事强制措施14人。破获涉黄行政案件138起，行政处罚166人。破获涉赌刑事案件40起，采取刑事强制措施75人，查获赌资20余万元。破获涉毒刑事案件13起，抓获毒品犯罪嫌疑人17人、吸毒人员73人、涉毒逃犯1人。检查"九小"场所（小型学校或幼儿园、小医院、小商店、小餐饮场所、小旅馆、小歌舞娱乐场所、小网吧、小美容洗浴场所、小生产加工企业）2050家次，督促整改各类隐患350余处。检查商贸市场、医院等单位场所890家，发现整改安全隐患314处。收缴非法经营烟花1800余件。破获涉三电设施案件60起。捣毁黑加油站点7处。

【道路交通管理】 2023年，普兰店区公安分局印发《普兰店区道路交通事故预防专项行动方案》及考核细则。与交通、路政、运管等部门建立"路警运"联勤联动机制，提升超载、酒驾、涉牌涉证等严重交通违法行为打击效果。全年查处各类交通违法行为43936件，其中酒驾740件、醉驾255件、涉牌涉证647件、超载2757件。

【公安机关打造法治化营商环境】 2023年，普兰店区公安分局严厉打击侵害企业利益和破坏经济秩序犯罪，全年办结涉企案件11起，为企业挽回经济损失240余万元。当年，成立普兰店区车管所皮口陆港分所，实现车驾管业务全面覆盖，全年办理各类业务5000余件。

（付小岑）

检　察

【概况】 2023年，普兰店区人民检察院受理刑事审查逮捕案件255件327人、审查起诉案件496件632人，不批捕120件154人、不起诉90件104人。落实群众信访"件件有回复"，群众来信7日程序回复率、3个月办理过程或结果答复率均100%。向

23名因案造成生活困难的群众发放救助金17.5万元。办理的赵某贵国家司法救助案获评最高检典型案例。办理涉及弱势群体民事支持起诉案件10件。邀请区人大代表、政协委员、人民监督员等参与视察、调研、监督办案10余次，召开公开听证会31场，定期发布案件程序性信息755条。与区司法局、普兰店经济开发区管委会联合设立检司护企法律服务办公室。在区公安分局、大连海警局普兰店工作站设立侦查监督与协作配合办公室。承办"国优省优访基层"流动业务沙龙。当年获全国模范检察院称号。连续第六年获辽宁省先进基层检察院称号。

检司护航营商环境　助力企业健康发展——企业刑事法律风险与防范讲座
区检察院　供稿

【刑事检察】　2023年，普兰店区人民检察院受理审查逮捕案件255件327人、审查起诉案件496件632人，不批捕120件154人、不起诉90件104人。起诉抢劫、毒品等恶性犯罪和危害公共安全犯罪案件被告人111人，起诉盗窃、诈骗等侵财类犯罪案件被告人84人。立案侦查司法工作人员2人。开展刑事财产刑执行案件专项监督，监督纠正脱漏管及刑罚变更执行案件20件，监督纠正并交付执行罪犯46人。与区司法局、区农业农村局会签《关于涉海涉渔社区矫正对象外出活动监督管理办法》，多部门联动解决涉海涉渔社区矫正对象监管困难问题。

【民事行政检察】　2023年，普兰店区人民检察院树立精准监督理念，办理民事生效裁判监督案件6件。深化审判违法和民事执行监督，发出类案检察建议5件。促成和解民事纠纷、执行监督案件7件。落实"一案三查"，拓宽监督范围，实质性化解行政争议6件。

【公益诉讼检察】　2023年，普兰店区人民检察院办理生态环境和资源保护、国有财产保护、食品安全、文物保护等领域案件69件。办理大连市首例督促保护个人信息安全行政公益诉讼案，向电信主管部门制发检察建议，推动行业规范管理。办理大连市首例追缴海域使用金公益诉讼案，联合相关行政机关解决企业海域使用证延期难题。

【未成年人综合司法保护】　2023年，普兰店区人民检察院办理涉未成年人刑事犯罪案件42件59人，其中侵害未成年人案件31件47人。精准帮扶涉案未成年人55人次。联合区教育局开展"课后四点半　法治来陪伴"课后延时法治教育23场次，受众6000余人。对4506名密切接触未成年人的从业人员开展入职查询，推动有关单位解聘多名有前科劣迹人员。与区妇联联合设立未成年人保护妇联执委工作室，共同推进妇女儿童权益保护社会治理创新。区检察院第三检察部入选2023—2024年度全国维护青少年权益岗创建单位。

【数字检察效能发挥】　2023年，普兰店区人民检察院运用捕后未诉、不捕未诉法律监督模型，开展侦查机关逮捕后未依法处理案件和非羁押犯罪嫌疑人未依法处理案件监督检察。运用大数据比对，筛查发现违规领取补贴资金、欠缴税费线索并立案监督，帮助相关部门获取违规领取残疾人两项补贴人员名单，收回欠缴水资源费160余万元。

（姜晓宇）

审 判

【概况】 2023年，普兰店区人民法院深入学习贯彻党的二十大精神，坚决筑牢政治忠诚，依法服务发展大局，履行审判职能，各项工作稳中有进。全年受理各类案件16666件，办结案件15811件，结案率94.9%，一审服判息诉率89.2%，平均结案时间49.2天。

【刑事审判】 2023年，普兰店区人民法院依法惩治刑事犯罪，审结刑事案件342件，判处罪犯402人。依法严惩利用邪教组织破坏法律实施犯罪案件15件21人。推进扫黑除恶斗争，审结孙某等6人涉恶案件。审结抢劫、放火、故意伤害等8类严重暴力犯罪案件63件74人。审结贪污贿赂、渎职犯罪案件11件13人，判决追缴职务犯罪赃款赃物价值2700余万元，办结洗钱案件涉案金额2465万元。审结非法吸收公众存款、集资诈骗、电信诈骗案件8件，为476名投资人和受害者挽回经济损失65万元。审结举办虚假文艺赛事诱骗参赛者付费刷票、侵犯公民个人信息等网络犯罪案件18件30人。审结危害食品药品安全犯罪案件3件4人。审结交通肇事、危险驾驶案件109件110人。

【民事审判】 2023年，普兰店区人民法院妥善化解涉民生领域矛盾纠纷，审结民事案件5288件。审结侵犯公民肖像、名誉、隐私权和人身损害赔偿等纠纷583件。审结婚姻家庭案件1249件，其中调解、撤诉结案878件，调撤率70.3%。

【商事审判】 2023年，普兰店区人民法院一审审结商事案件2835件，标的额10.4亿元。审结涉买卖合同、股权转让、投资贸易等合同类纠纷608件。审理房地产纠纷案件140件。开通涉金融不良资产案件"绿色通道"，依法快立快审快执，清收处置不良资产320余万元。发挥破产审判拯救出清功能，盘活破产企业厂房、土地7.7万平方米，释放沉淀资产1300余万元。开展"法官进企业"活动，全年走访对接60余次，解决问题11个。

【行政审判】 2023年，普兰店区人民法院监督支持依法行政，审结一审行政案件62件，审查非诉行政执行案件79件。加强府院联动，连续第六年向社会发布行政审判白皮书。与行政机关沟通，解决行政诉讼案件和行政非诉案件中存在的问题，为最大化净地、城中村改造等工作提供法律论证。完善行政争议解决机制，当事人自愿撤回起诉案件20件。

【案件执行】 2023年，普兰店区人民法院上线数字执行系统，提高执行案件办理效率。开展"夏季风暴""冬日融冰"等专项执行行动39次，全年执结案件5336件，执行到位金额2.43亿元。依法打击违法失信行为，公布失信被执行人404人次，纳入限制高消费3352人次，司法拘留64人次，追究拒执刑事责任6人次。完善网络司法评估拍卖，网络拍卖标的物151件，成交额4293万元。建立"执行+法庭"巡回执行机制，在各派出法庭设立巡回执行室定期开展执行业务。

城子坦法庭开展巡回审判　　　　　　　　　　　　　区法院　供稿

【诉源治理】 2023年，普兰店区人民法院践行新时代"枫桥经验"，推动"万人成讼率"纳入地方综治考核，引导当事人选择非诉讼方式解决纠纷。全年诉前调解6637件，诉前调解成功分流率39.5%，一审收案数量比上年下降7.7%。选聘特邀调解员23人，成立以个人命名的调解工作室2个。与区司法局协同推进矛盾化解工作，189个社区（村）调解组织全部纳入人民法院调解平台。建立"四所一庭"衔接联动工作机制，派出法庭联合司法所、街道和村委会排查矛盾纠纷159件，调解成功87件。针对办案中发现的社会治理、行业监管等方面问题，发送司法建议26份。安波法庭诉调对接工作室、初浩海调解室获评大连市中级人民法院十佳金牌调解工作室。

（刘芳姣）

司法行政

【概况】 2023年，普兰店区司法局深入学习贯彻习近平法治思想，践行司法为民根本宗旨，履行法治政府建设、普法依法治理、社区矫正、人民调解、法律援助等工作职责。推进"党建引领·法治为民"品牌创建，全年召开党组会议27次、党组理论学习中心组集体学习12次，举办领导班子读书班3期，召开党风廉政警示教育会议5次，开展政治轮训3批次。当年，全区获评全国模范人民调解员1人，获评辽宁省人民满意政法干警1人，获评辽宁省优秀人民调解员1人，获评辽宁省防止民间纠纷激化有功个人3人，获评辽宁省群众满意"法律明白人"1人，获评辽宁省优秀律师1人，获评大连市"学雷锋标兵"1人，获评辽宁省优秀律师事务所1个。区法律援助中心获评全国先进集体。区司法局普法与依法治理科获评辽宁省指导人民调解工作先进集体。

【法治政府建设】 2023年，普兰店区加强党对法治建设工作的集中统一领导，发挥法治建设牵头抓总作用，印发《普兰店区法治政府建设示范指标体系（2023版）》《普兰店区法治政府建设示范指标体系申报指引》，启动省级法治政府示范创建培育。印发《普兰店区2023年度重大行政决策事项目录》，开展行政规范性文件清理工作3次，保留11件、废止5件。受理行政复议申请14件，驳回3件、维持4件、撤销1件、确认违法3件、终止2件。发挥政府法律顾问作用，出具律师意见56份，参与重大法律服务事项5次、行政诉讼7件。行政机关负责人出庭应诉率100%。印发《2023年普兰店区涉企行政执法检查计划》，涵盖检查内容53项。组织289名执法人员参加年度资格考试，合格率93.4%。印发《2023年普兰店区涉企行政执法检查计划》，评查行政执法案卷91本，其中优秀案卷77本，占比84.6%。

【普法依法治理】 2023年，普兰店区加强法治宣传教育队伍建设，培育区级"八五"普法讲师团86人、街道"八五"普法宣讲团1916人、村（社区）"八五"普法宣传队1920人，区普法志愿者4150人。为全区81所中小学校聘任129名法治副校长和法治辅导员，为189个村（社区）聘任法律顾问，选拔培训第二批乡村"法律明白人"1890人。建立"法治超市"286个，其中村（社区）189个、学校61个、医院24个、企业12个。建设区、街道、村（社区）法治文化公园（广场、一条街、长廊）等宣传阵地102处。举办主题普法宣传和"法律九进"（进机关、进农村、进社区、进学校、进家庭、进企业、进军营、进市场、进景区）活动3000余次、讲座1600余场次，受众60余万人次。发放宣传折页25万份、宣传资料60万张、宣传挂图70余幅、宣传用品8万余份，提供法律咨询服务5000余人次。发挥新媒体普法宣传阵地作用，"普兰店法治"微信公众号发布工作信息100条、转发信息611条。举办"关爱明天　普法先行"青少年法律知识竞赛，38所中小学校代表队114名学生参赛。举办青少年"法在我心中"演讲比赛，28所学校1400余名师生参赛。举办"弘扬法治精神 护航企业发展"企业职工法律知识竞赛，31家企业代表队93名职工参赛。开展"民主法治示范村（社区）"创建，全区达到市级创建标准村（社区）89个。杨树房街道赵家村等14个村（社区）获评省级普法示范点。

建设法治文化公园   区司法局 供稿

【人民参与和促进法治成效明显】 2023年，普兰店区司法局发扬新时代"枫桥经验"，发挥一站式矛盾纠纷解决平台作用，构建人民调解、行政调解、行业性专业性调解与司法调解联调联动大调解格局。创建村（居）民"评理说事点"189个，其中省级达标14个、市级达标37个、区级达标70个。全区286家"法治超市"解答法律咨询3100次，受理矛盾纠纷2300件，调解纠纷2233件，开展法治宣传活动3119次，指引代办法律援助9次、公证7次。依托"评理说事点"收集信息线索306条，解答法律咨询729次，化解矛盾纠纷639件，开展宣传教育433次。推进星级司法所创建，全区18个基层司法所全部达到"三星级司法所"以上创建标准，其中达到"四星级司法所"创建标准司法所5个、"五星级司法所"创建标准司法所4个。大刘家街道大刘家社区人民调解委员会调解员修丽君获全国模范人民调解员称号。

【公共法律服务】 2023年，普兰店区司法局推动法治化营商环境建设，提升公共法律服务中心各窗口业务数量和服务质量，开发公共法律服务应用软件试运行。建成三级公共法律服务体系，包括区公共法律服务中心1个、街道公共法律服务工作站18个、村（社区）公共法律服务室189个。189个村（社区）全部配备由律师担任的法律顾问，与42名执业律师签订合同，实现"一村（社区）一法律顾问"全覆盖的工作目标。建设"互联网+政务服务"平台，全年解答来电来访咨询1800余人次。区法律援助中心全年受理接待咨询700余人次，办理法律援助案件279件，为当事人挽回经济损失300余万元。开展"法治体检进企业""千名律师助千企"等活动，为51家民营企业提供法律建议300余条次，为100余家企业配备法律顾问，对接企业27家，协调相关部门为企业解决困难39件。组建律师法律服务团，进企业开展法治讲座11次，7个律师事务所办案730件，21个基层法律服务所办案860件。加强公证人员执业行为管理，区公证处全年办理各类公证事项1889件。

开展"法治体检进企业"活动   区司法局 供稿

【社区矫正和安置帮教】 2023年，普兰店区司法局开展社区矫正对象规范监管能力再提升专项行动。与有关部门联合签发《普兰店区涉海涉渔社区矫正对象外出活动监管办法》《普兰店区未成年人心理健康教育帮扶工作指引》《普兰店区联手加强社区矫正领域法治化营商环境建设工作实施方案》，印发《普兰店区司法局关于社区矫正突出问题专项整改行动实施方案》《普兰店区司法局社区矫正对象公益活动计划》。对全区社区矫正工作人员开展警示教育集体谈话4次，会同有关部门对社区矫正工作开展联合巡检和座谈调研。建成高标准区级社区矫正中心1个，建筑面积900余平方米，设置3区17室。设立全省首个社区矫正领域检司护企法律服务办公室。依托企业建设社区矫正对象就业基地23个、建立社区矫正教育基地2个，依托敬老院建立社区矫正对象公益活动基地5个。加强198名社区矫正对象和1657名刑满释放人员的管理服务，对6名涉邪教社区矫正重点人员实施动态管理，对42名女性和3名未成年社区矫正对象采取有针对性的矫正措施。对存在违法行为者训诫15人次、警告6人次、收监1人次。

（李　波）

军　　　事

人民武装

【概况】 2023年，普兰店区人民武装部坚持党管武装原则，落实新时代军事战略方针，认真学习军委国防动员部下发的《民兵组织整顿工作实施办法（试行）》，省军区《辽宁省民兵组织整顿工作实施细则》《辽宁省基层武装部建设细则》《辽宁省民兵基层建设细则》，军分区的《民兵调整改革工作指示》，推进国防动员建设。全区兵员征集、民兵整组、教育训练、保密安全等任务高标准完成。

6月30日，区人武部开展主题党日活动　　区人武部　供稿

【编兵整组】 2023年，普兰店区人民武装部把民兵建设工作作为年度重点，督促基层武装干部深入掌握上级指示、理论要点、业务要求，树立标准意识、规范观念，组织基层专武干部培训会4次。坚持依装编兵、人装同编，注重建强专业分队，抓实基干民兵，全区基干民兵分队编建质量大幅提高。在区气象局、区中医院、联通公司、移动公司、各街道组建支援力量民兵分队，有效提高民兵队伍整体素质和人员在位率。在全区范围集中遴选优秀教员补充教练队伍，严密组织民兵常态集训、群众性岗位练兵比武、重点分队实弹射击等活动，民兵应急应战能力得到有效提升。

【军事训练】 2023年，普兰店区人民武装部落实战备训练，提高练兵备战、应急行动能力，提升战斗力标准。冬季适应性训练。2月1日至22日，按照军分区统一部署，制订训练阶段方案计划，完成冬季基本知识、冬季野外生存、冬季行军、冬季卫生防病等7个内容常识技能学习训练，视频观摩军分区应急前指带值班分队扑火救灾演练，参训率达到100%。通过训练进一步打牢冬季遂行任务技能基础，熟悉应急出动和非战争行动指挥流程，提升部首长机关冬季遂行应急应战能力。民兵训练教学骨干集训。3月16日至30日，组织丰荣街道、铁西街道、太平街道等单位现任和预任民兵训练教学骨干7名，分筹划准备、集训实施、强化集训、比武考核四个阶段，以教学理论、教学设计、教案编写、课件制作、现地教学等内容为主，进行为期15天的集中强化训练，有效夯实参训人员组训任教能力。民兵分队成建制任务式实战化比武。依据军分区《关于组织2023年度民兵分队成建制任务式实战化比武暨党政机关军事日活动的通知》，采取"考核选拔、分级集训"的方法，选拔应急连30名民兵及干部，组织不少于16天的分级集训；10月9日和17日，分别参加无人艇操作、手榴弹投掷、单兵战术基础、无人机侦察、网络攻防侦察和信息支援6个课目比武，取得无人艇个人第二名和单兵战术基础团体第一名的成绩。

组织民兵分队训练　　　　　　　　　　　区人武部　供稿

【高中阶段学校学生军训】 2023年，普兰店区人民武装部召开4次军训任务需求对接会、任务分配协调会、任务部署会，协调组织驻军部队13名军官、7名战士承担4所高中军训任务。按照"民兵教官优先、已训民兵骨干优先、事业单位退役军人优先、转业退役军人优先"的原则，面试选拔培训认证12名军训教官，弥补军训教官数量不足。8月15日至9月8日，安全圆满完成区第二中学、第三十八中学、高级中学、海湾高级中学、第一中学、第九中学、皮口卫校、区中等职业教育中心2820名学生的军训任务。

（王子睿）

人民防空

【概况】 2023年，普兰店区人民防空工作以习近平新时代中国特色社会主义思想为指导，学习贯彻党的二十大精神、习近平强军思想和关于人民防空的重要论述，坚持以军事斗争准备为牵引，履行"战时防空、平时服务、应急支援"使命任务，开创人民防空事业发展新局面。提升军事斗争准备能力，完成深化国防体制改革任务，编组消防、治安、医疗救护、防化、通信等专业队伍，推动重要经济目标防护建设，配合

完成大连市人民防空办公室组织的年度人防机动指挥通信系统拉动演练任务。开展人防宣传教育，多种形式推动人防宣传教育"五进"（进学校、进机关、进媒体、进社区、进企业）工作。高标准完成"九一八"防空警报试鸣任务。

【人防专业队伍建设】 2023年，普兰店区人民防空办公室统筹协调各成员单位，推进国防动员专业保障队伍建设。完成人防专业队伍整组工作，整组抢修抢险、医疗救护、防化、防疫、人防平战转换等专业队伍。根据《全省动员行动方案》重点任务，适时开展演练。8月23日，省国防动员办公室对普兰店区人防专业队伍建设情况进行点验，人员出动率达到91%，受到好评。

【防空警报试鸣】 2023年9月18日9时18分至9时33分，普兰店区组织开展"九一八"防空警报鸣响试验。同时，利用本地区电视台和微信公众号在防空警报鸣响试验时进行播报宣传。

【人防宣传教育】 2023年，普兰店区人民防空办公室巩固建设人防宣传教育工作，在区第十一中学、太平中心小学等6所学校开展防空疏散应急逃生演练活动，参与演练人数2400人。

（严党厚）

开展防空疏散应急逃生演练活动　　　　　区人防办　供稿

工　　业

综　述

【概况】 2023年，普兰店区充分激活"老原新"动能，工业经济"三篇大文章"扎实推进。规模以上工业企业151家，实现总产值241.9亿元，比上年增长0.7%。规模以上工业增加值比上年下降2.7%。规模以上工业企业营业收入252.1亿元，比上年增长4.9%；营业成本205.7亿元，比上年增长4.1%；营业利润11.4亿元，比上年增长12.3%；利润总额13.1亿元，比上年增长13.3%。从企业控股类型看，全区规模以上工业外商投资企业产值比上年增长6.3%，内资企业和港澳台商控股企业分别比上年下降1.2%和17.6%。从行业看，在全区24个行业大类中，有8个行业产值实现正增长，其中"农副食品加工业""酒、饮料和精制茶制造业"和

"橡胶和塑料制品业"产值分别比上年增长22.5%、21.3%和7.5%。从产品产量看，在规模以上工业生产的31种主要产品中有15种产品的产量实现正增长，占比48.4%，其中有10种产品实现两位数增长，饲料产品产量比上年增长56.8%。新获辽宁省服装定制名城称号，新增省级科技型中小企业72家、高新技术企业16家、专精特新企业6家。金煜新能源"揭榜挂帅"项目获省评审第一名。地拓电子突破"卡脖子"技术，进入英特尔配套供应链。1个场景入选国家级智能制造试点，2家企业获两化融合管理体系AAA级认证，4家企业获评国家级绿色工厂。经济开发区获评省级绿色园区。互感器产业获评省中小企业特色产业集群。大杨集团入选中国服装企业"百强榜"。

2023年普兰店区规模以上工业主要产品产量

主要工业产品	计量单位	数量	增速%
眼镜成镜	副	1229889	77.6
饲料	吨	19956	56.8
合成洗涤剂	吨	2587	31.7
纸制品	吨	11996	21.3
罐头	吨	6677.89	14.2
铸钢件	吨	27161.98	13.6
乳制品	吨	11180.13	13.6
天然大理石建筑板材	平方米	54491.86	13.4
冻肉	吨	44888.6	11.3
鲜、冷藏肉	吨	132665.88	11.1
饮料	吨	9031.36	8.9
互感器	台	1234613	5.7
塑料制品	吨	7576	5.7
橡胶轮胎外胎	条	11525512	5.1
自来水生产量	万立方米	2844	4.2
速冻食品	吨	254.1	-1.9
液压元件	件	36992	-3.0
电力电缆	千米	20914	-9.4
复合木地板	平方米	801258	-14.3

续表

主要工业产品	计量单位	数 量	增速%
铸铁件	吨	15897.47	−19.5
冷冻水产品	吨	6543.63	−19.7
环境污染防治专用设备	台（套）	69	−19.8
服装	万件	1592.86	−23.9
日用玻璃制品	吨	820	−31.7
预应力混凝土桩	米	292450	−32.4
家具	件	2148746	−36.0
商品混凝土	立方米	88143.1	−53.7
耐火材料制品	吨	2609.93	−59.5
钢结构	吨	1546.35	−62.3
多色印刷品	对开色令	10060	−72.8

【普兰店区获"中国服装智能制造名城"称号】
2023年9月2日，在大连时装周普兰店时尚之夜系列活动上，中国纺织工业联合会授予普兰店区"中国服装智能制造名城"牌匾。这是该区继"两都两城"之后的又一块国字号城市品牌，标志着普兰店区纺织服装产业智能化改造升级取得新突破。普兰店区积极助力纺织服装企业加快转型升级，全方位搭建数字化转型和智能化改造平台，协调建成5G基站227个，满足纺织服装企业5G应用场景需求。全区30%以上的纺织服装企业生产设备、技术达到国内先进水平，纺织服装行业拥有国家级高新技术企业4家、辽宁省瞪羚企业1家、辽宁省雏鹰企业1家。该区还被辽宁省纺织服装协会授予"辽宁省服装定制名城"和"辽宁省纺织服装行业产业集群创新服务平台"称号。

普兰店区获"中国服装智能制造名城"称号　　区科工信局　供稿

【普兰店区获评国家消费品工业"三品"战略示范城市】　2023年，普兰店区依托农副食品加工业和纺织服装服饰业两个特色优势产业，获评工信部消费品工业"三品"战略示范城市。全国消费品工业"三品"战略示范城市自2017年起每年认定一次，以轻工、纺织、食品、医药等消费品工业在县级及以上城市中的发展成效为重点，主要考察在开展增品种、提品质、创品牌"三品"行动中所取得的实际效果，是反映一个城市消费品工业发展水平的重要标志。普兰店区高度重视消费品工业发展，依托丰富的自然资源和良好的产业优势，通过推进产品科技创新、智能制造，大力发展农副食品加工、纺织服装服饰等消费品工业，逐步形成以辽参养殖加工、西装加工为主导的特色产业集群。

【四家企业获评国家级绿色工厂】
2023年，普兰店区在绿色制造方面实现新突破，大连第一互感器有限责任公司、大连北方互感器集团有限公司、大连第二互感器集团有限公司、中粮麦芽（大连）有限公司4家企业获国家级"绿色工厂"称号。普兰店区大力宣传绿色工厂评价国家标准，通过主动走访、街道推荐、企业意愿等方式，建立绿色示范培育

中粮麦芽（大连）有限公司扩建5万吨大麦仓储项目开工仪式　区科工信局　供稿

库，对入库企业及项目重点培育，有针对性地加大指导力度和政策引领；组织召开全区"制造业高端化、智能化、绿色化发展"拉练与座谈会，提升制造业高质量发展"含金量""含智量"和"含绿量"；组织中粮麦芽（大连）有限公司等7家企业参加大连市节能环保技术产品交流对接会，推动节能环保产品、技术、解决方案无缝对接，助力企业节能降碳；加强已建成绿色制造体系单位动态管理，充分发挥企业在绿色制造体系建设中的主体作用，以绿色标杆企业为示范，辐射带动其他企业不断降碳、减污、扩绿、增长，推动工业绿色发展。同时，大连第一互感器有限责任公司、中粮麦芽（大连）有限公司还被评为省级绿色工厂，大连普兰店经济开发区被评为省级绿色工业园区。至年末，全区拥有省级以上绿色工业园区1家、绿色工厂11家。

【大连第一互感器有限责任公司入选国家级智能制造优秀场景】　2023年，大连第一互感器有限责任公司凭借"成品检测场景"入选工信部年度智能制造优秀场景。国家级智能制造优秀场景旨在通过遴选一批各行业、各领域智能化程度高、科技水平领先、发展带动作用强的企业引领产业智能制造先进经验与成功模式的复制推广，推进国家智能制造高质量发展。普兰店区加大产业基础再造，全力推动"智改数转"数字赋能，主动融入"数字辽宁、智造强省"战略背景，支持制造业企业在制造装备、生产线、制造车间等方面的数字化转型，大力推动"智能工厂""智能场景"示范试点建设。大连第一互感器有限责任公司"成品检测场景"的实施，大幅提高质检精度和效率，带动整个生产过程的效率提升，经济效益明显，降低产品不良率、减少人员成本。当年，普兰店区还新增省级智能工厂2家，

大连第一互感器有限责任公司　　　　　区科工信局　供稿

大连贸大时装有限公司、大连格尔特服装有限公司；省级数字化车间2家，大连第一互感器有限责任公司、大连华亿电力电器有限公司。

【大连第一互感器有限责任公司获评2023年度实施卓越绩效先进组织】　2023年12月1日，在北京举行的中国质量协会年会上，大连第一互感器有限责任公司获"2023年度实施卓越绩效先进组织"称号，该称号是授予学习和实践卓越绩效模式，并在质量、经济、社会效益方面取得显著绩效的组织。

【两家企业通过国家级两化融合管理体系最高等级认证】　2023年，大杨集团有限责任公司、大连北方互感器集团有限公司两化融合管理体系分别通过工信部AAA级认证。两化融合管理体系贯标由工业和信息化部直接推动，有效助推企业同步加速技术创新和管理变革，更好推进信息技术和实体经济深度融合，是加速产业转型升级的有力抓手，AAA级认证是该体系可申请的最高认证等级。普兰店区围绕互感器和服装等重点行业总结推广贯标优秀经验和成果，加快技术创新和管理变革，打造以数据为驱动、新型能力建设为主线的产业转型升级新模式。此次两家企业获两化融合管理体系贯标试点企业称号，将发挥企业的示范引领作用，更好地推动全区两化融合深入开展。大连北方互感器集团有限公司还获省级工业互联网平台认定企业。

大连北方互感器集团有限公司通过工信部两化融合管理体系AAA级认证
区科工信局　供稿

【两家企业获评国家级服务型制造示范企业】
2023年，大杨集团有限责任公司、大连达伦特香氛科技有限公司获"国家级服务型制造示范企业"称号。大杨集团有限责任公司围绕全球消费者个性化服装定制需求，打造服装智能化柔性定制工厂、开发"优思达"服装定制工业互联网平台，以个性化订单为主线，将智能制造、工业互联网、个性化定制进行有机结合，实现智能量体、智能下单、智能打板、智能生产等全流程智能化服务，形成具有高技术含量、智能化的现代化服装定制服务的新模式。智能化定制服装生产能力达150万件/套，定制产品全球最快交付周期达到4个工作日。国际定制营销网络遍布美国、加拿大、荷兰、英国、澳大利亚以及日本等20余个国家和地区，开设定制合作店面上千家。大连达伦特香氛科技有限公司秉承创新驱动发展理念，是全国香氛行业唯一一家"国家级重点实验室"的企业，是全球唯一一家在中国、东盟和欧盟都拥有制造基地的香氛头部企业。分别在波兰、泰国、中国建立制造基地，在德国建设欧洲品牌营销中心，在法国建立香氛工作室，在美国休斯敦建立北美品牌营销中心，使产品交付期由过去60～90天，缩短至一周以内，确保订单及时交付，实现产供销一体化，提升产业链供应链的强度和韧性。大连第一互感器有限责任公司入选辽宁省第七批省级服务型制造示范企业。

【互感器产业集群获评辽宁省中小企业特色产业集群】
2023年，普兰店区互感器产业集群获评辽宁省中小企业特色产业集群，是大连市唯一入榜的产业集群。中小企业特色产业集群是指在县级区划范围内，以新发展理念为引领，以中小企业为主体，主导产业聚焦、优势特色突出、资源要素汇聚、协作网络高效、治理服务完善，具有较强核心竞争力的中小企业产业集群。普兰店区互感器产业有近半个世纪的发展历程，获评"互感器之都"和"国家新型工业化产业示范基地（互感器）"，2019年被中国县镇经济交流促进会授予"全国特色产业百佳县（互感器）"称号。普兰店区不断加大特色产业集群培育力度，精准定位集群主导产业，提升主导

省政协调研普兰店区互感器产业集群发展情况　　区科工信局　供稿

产业特色优势，持续推进优质中小企业梯度培育工作，增强中小企业核心竞争力。大连第一互感器有限责任公司、大连北方互感器集团有限公司、大连第二互感器集团有限公司均是全国互感器五强企业，产业内大多数企业专注生产0.22—765KV互感器，在全国市场占有率达到51%以上。

支柱产业

【纺织服装产业】　2023年，普兰店区服装产业完成产值18.9亿元，比上年减少17.5%。自2011年9月被中国纺织工业联合会授予"中国西装名城"后，纺织服装产业稳步发展，形成杨树房、皮口街道为主要依托，辐射铁西、太平、唐家房、大刘

POP设界·普兰店时尚产业创新服务综合体　　区科工信局　供稿

家、城子坦、开发区等街道园区的产业集群。全区有纺织服装企业400余家，成为大连纺织服装产业集群的龙头和全国著名的服装加工基地。建成普兰店时尚产业创新服务综合体项目，重点打造具有较强行业专业属性的公共服务平台，引领普兰店区纺织服装产业链整体发展，达到强链、补链、延链效果；承接"大连服装博览会""大连时装周"等周边系列时尚活动，打响地区品牌。当年，普兰店区被授予"中国服装智能制造名城""辽宁省服装定制名城"称号；大杨集团有限责任公司通过两化融合管理体系ＡＡＡ级认证，被认定为国家级服务型制造示范企业；大连贸大时装有限公司、大连格尔特服装有限公司被评为省级智能工厂。

【电力器材设备产业】　2023年，普兰店区电力器材设备产业完成产值29.5亿元，比上年增长6.5%。互感器产业是普兰店区传统六大支柱产业之一，经过多年的发展成为影响全国、走向世界的本地区支柱产业，是辽宁省中小企业特色产业集群，集群内拥有集团公司4个，互感器及配套企业30余家，近500个系列6000余个规格的互感器产品。当年，大连第一互感器有限责任公司被认定为省级服务型制造示范企业，大连北方互感器集团有限公司被认定为省级制造业单项冠军，大连第一互感器有限责任公司、大连北方互感器集团有限公司、大连第二互感器集团有限公司获"国家级绿色工厂"称号。大连第一互感器有限责任公司成品检测智能场景被评选为2023年度国家级智能制造优秀场

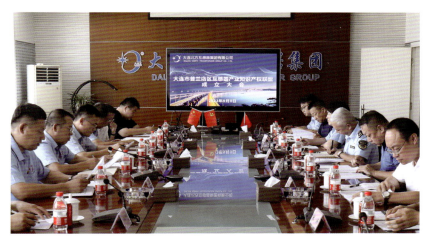

2023年9月8日，普兰店区互感器产业知识产权联盟成立大会举行　区科工信局　供稿

景。大连北方互感器集团有限公司的"基于互感器定制需求的数字化生产运营一体化管控能力"项目

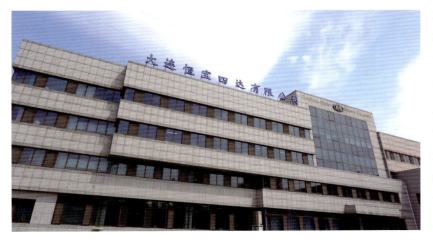

大连恒宝四达科技发展有限公司　区科工信局　供稿

获评2023年新一代信息技术与制造业融合发展示范项目，"大北互"离散制造工业互联网平台获2023年省级工业互联网平台认定企业，公司通过两化融合管理体系AAA级认证、DCMM稳健级认证。大连华亿电力电器有限公司、大连第一互感器有限责任公司获评省级数字化车间。阿塔其大一互电器有限公司、大连丰和日丽电气有限公司首次认定高新技术企业。

【汽车零部件产业】　2023年，普兰店区汽车零部件产业完成产值66.7亿元，比上年增长7.6%。大连恒宝四达科技发展有限公司、大连麦克斯汽车部件制造有限公司被认定为省级"专精特新中小企业"企业，大连恒宝四达科技发展有限公司重新认定高新技术企业。大连恒宝四达科技发展有限公司是集研发、生产、销售为一体的科技企业，主要产品有3大系列，其中压铸产品系列应用于汽车、仪器仪表等行业，如汽车音响用放热板、仪器仪表用流量计等；公司拥有有效知识产权27项，其中发明专利7项、实用新型专利17项、软件著作权3项。

【食品加工产业】　2023年，普兰店区食品加工产业完成产值62.1亿元，比上年增长15.2%。中粮麦芽（大连）有限公司获"国家级绿色工厂"称号。大连鑫玉龙海洋生物种业科技股份有限公司被评为省级专精特新中小企业，该公司的"辽宁鑫玉龙刺参产业创新发展产学研联盟"获得2023

大连九羊乳业股份有限公司　区科工信局　供稿

年辽宁省典型实质性产学研联盟备案。大连鑫玉龙海洋生物种业科技股份有限公司、大连平岛天然产物科技有限公司、大连九羊乳业股份有限公司重新认定高新技术企业。大连九羊乳业股份有限公司地处大连地区奶山羊集中饲养中心，是全国首家应用高新生物脱膻技术和物理真空脱膻技术生产脱膻羊奶系列产品的专业化乳品加工企业，拥有自主知识产权，领先的生产工艺和严格的质量监控管理体系，公司申报发明专利39项，其中获得国家专利授权14项，专利成果"羊奶脱膻技术"被科技部评定为"科技成果转化一等奖"。

【通用设备制造业】　2023年，普兰店区通用设备产业完成产值24.7亿元，比上年减少19.5%。大连世福机械装备制造有限公司、辽宁长荣泰德机械有限公司、大连世凯模具制造有限公司、大连铭誉精密机械有限公司、大连捷承船舶设备制造有限公司、大连银鹤机床刀具有限公司、大连四达铸造有限公司首次认定高新技术企业。大连铸铂机械有限

公司获批省瞪羚企业备案。当年，全区4家企业有拟上市工作计划，其中大连美德乐工业自动化股份有限公司完成股改，年内进行拟上市的前期准备阶段。

【木制品加工产业】　2023年，普兰店区木制品产业完成产值12.4亿元，比上年减少23.5%。大连欧橡木业有限公司、大连龙盛木业有限公司首次认定

大连美森木业有限公司　　　　　　　　区科工信局　供稿

高新技术企业，大连美森木业有限公司重新认定高新技术企业。大连美森木业有限公司成立于2006年，坐落于普兰店区太平工业园区内，占地面积15万平方米，建筑面积20万平方米；注册资本2180万美金，是中美合资企业，企业拥有独家的技术，产品出口总量和销售额全国第一。

（周晓辉）

大连美德乐工业自动化股份有限公司　　普兰店经济开发区管委会　供稿

农　　　业

综　述

【概况】　2023年，普兰店区加快发展现代农业，全面落实农业政策，完善农业基础设施，聚力建设美丽乡村，农业农村经济实现健康平稳发展。全区粮食种植面积7.63万公顷，完成粮食产量35.18万吨；蔬菜产量54.46万吨、水果产量34.2万吨、肉蛋奶产量38.94万吨、水产品产量16.07万吨，实现农业增加值103.47亿元，比上年增长5.8%，实现农村居民人均可支配收入24842元，比上年增长7.3%。完成机械化整地7.33万公顷，机械播种6.87万公顷，机械收获5.13万公顷，全年主要粮食作物综合农机化率达到86.4%。全区完成保护性耕作面积1.06万公顷，完成1个县级示范基地和4个乡级示范基地建设任务。新建、改造设施农业133.3公顷，新发展阳光玫瑰葡萄、大樱桃、食用菌产业26.7公顷。全面开展"大棚房"问题排查工作，对照前期建立的设施农业管理台账，全区18个街道排查设施农业24629栋、面积4000余公顷，未发现回潮反弹问题。中牧畜禽养殖有限公司雪龙和牛养殖

2023年10月21日，中国·大连普兰店（平岛）第十二届辽参文化周活动在皮口街道平岛启幕　　　　　　　　　区农业农村局　供稿

项目投产。同益智慧农业项目加快推进，鑫玉龙海洋生物种业科技股份有限公司获评2023年度省级智慧农业应用基地。在皮口海域增殖放流中国对虾2亿尾，鑫玉龙海洋生物种业科技股份有限公司获批国家级刺参水产种质资源场项目，鲟鱼海水驯化养殖示范园正式投入运营。先后4批次组建产业联盟36个，涵盖辽参、鲟鱼、大樱桃、棚桃、服装等特色产业，初步形成覆盖全区18个街道、145个村（社区）的农业特色产业集群。新上500万元以上农产品加工项目7个，培育市级产业化联合体1个，创建县级示范家庭农场10家，县级合作社示范社3家。"五大果蔬"中的阳光玫瑰葡萄和米屯铁皮柿子通过中国绿色食品发展中心的审核，被认定为绿色食品A级产品。中国·大连普兰店第十二届辽参文化周活动在普兰店区皮口街道平岛正式启幕，普兰店区获"中国辽参鲟鱼产业之乡"称号，成为普兰店区第六张国字号名片。龙德李生态园获得省级生态农场称号。"花脸丑桃"商标在全国设施桃高产高效技术集成模式研究与示范现场会暨第六届"果庄杯"优质设施桃大赛上夺得金奖。特种粮研究所的"旻成牌"大米，获得省知名品牌认证。唐家房兴隆食品有限公司获得大连市四星级绿色食品生产基地认定，杨树房龙德李生态园获得省级生态农场称号。

【普兰店区获"中国辽参鲟鱼产业之乡"称号】　2023年10月21日，中国·大连普兰店第十二届辽参文化周活动在普兰店区皮口街道平岛启幕。中国渔业协会授予

普兰店区"中国辽参鲟鱼产业之乡"称号，助力普兰店区进一步做大做强渔业品牌，促进辽参鲟鱼产业提质增效。作为辽参代表产地，普兰店区拥有354平方千米海域面积和92千米海岸线，渔业生产产业基础良好，经过多年的发展，培育出一批知名企业。在发展壮大海参产业的同时，积极推动鲟鱼产业发展，成功实现鲟鱼海水驯化，建立辽参鲟鱼立体循环生态养殖模式，构建起"龙头引领、骨干支撑"的辽参鲟鱼产业发展格局，着力打造"百亿级国家鲟鱼辽参数字产业园"。当年，全区海参养殖区1.05万公顷，海参产量8360吨。

10月21日，普兰店区获"中国辽参鲟鱼产业之乡"称号

区农业农村局　供稿

【普兰店区获"全国平安渔业示范县"称号】　2023年11月9日，农业农村部渔业渔政管理局公布2022—2023年度全国渔业平安创建示范县名单，普兰店区获"全国平安渔业示范县"称号。全区拥有渔港7座，各类渔业船舶337艘，渔业养殖场160家。普兰店区扎实开展渔业安全隐患排查整治行动，全面提升渔港渔船安全管理水平，助力海洋渔业经济发展。坚持海陆统筹、联动发展，持续开展涉渔"三无"船舶清理整治、渔业重大事故隐患专项排查整治行动、渔业安全抢险救助应急演练活动等

工作，各类渔业安全生产事故得到有效遏制，全区渔业安全生产形势总体稳定。

【"花脸丑桃"摘得全国金奖】　2023年5月6—7日，在全国设施桃高产高效技术集成模式研究与示范现场会暨第六届"果庄杯"优质设施桃大赛上，由普兰店区供销联社选送的"花脸丑桃"，在全国设施桃主产区选送的158个桃样品中脱颖而出夺得金奖。区供销联社根据棚桃外表花花点点、口感脆甜的特点，于2020年注册"花脸丑桃"商标，成为大连供销社系统内农产品第一个自有品牌，并采用线上线下相结合的方式进行销售。"花脸丑桃"的年销量可达5万余公斤，年销售额可达100余万元。

【"富村强街、联产带农"工程】　2023年，普兰店区推进"富村强街、联产带农"工程，组织成立产业联合党委36个，探索建立"富村公司"（村办企业）12家，以"党建链"串连"产业链"共建"致富链"，推动全区村（涉农社区）集体收入全面突破10万元。着力打造品牌，获省知名品牌认证1个，获农业部绿色农产品认定3个，获国家级农产品金奖3个。

2023年3月28日，普兰店区平岛鑫玉龙海洋牧场专业合作社联合社党支部成立揭牌仪式

区农业农村局　供稿

【农村综合改革】 2023年，普兰店区评选县级示范家庭农场10家，县级合作社示范社3家。新发放土地确权证书1451本，颁证率达到96.23%，稳步推进农业社会服务试点，印发《普兰店区2023年农业生产托管服务实施方案》，有4个生产服务组织开展农业托管服务，完成农业生产托管1333.3公顷；7家社会化服务组织配备无人机74架，在12个街道开展"一喷多促"作业，喷施面积3.13万公顷。完成细碎化地块流转0.8万公顷。

"一喷多促"——无人机施肥　　　区农业农村局　供稿

【农业科技创新】 2023年，普兰店区组织50名区、街、村三级三农干部赴南方先进地区考察学习；组织开展各类农业技术培训活动，培训技术骨干195人，培训技术员100人，培训农民2.2万人次。实施基层农技推广项目，建设农业科技示范展

大连市普兰店区国家级刺参种质资源场落成剪彩仪式　区农业农村局　供稿

示基地3个，培育科技示范户500户和科技社会化服务组织1个，主推品种9个，主推技术9项，面积3万公顷。北方种质资源引育中心获得突破性进展。累计引进品种49个，其中粮食作物10个、蔬菜7个、水果12个、花卉5个、畜禽2个、水产品5个、食用菌8个。国家级刺参种质资源场落户鑫玉龙海洋生物种业科技股份有限公司。沈阳农业大学乡村振兴研究院大连分院和陈温福院士专家工作站成功落户。

【农产品质量安全监管】 2023年，普兰店区加大农产品质量安全监管力度。开展农产品检验检测工作。全年完成农产品（种植业）质量安全快速检测共抽检样品2457批次，检测合格率100%；完成畜产品质量安全监测311批次，合格率99%，畜产品快速检测11578批次，合格率100%。开展农资打假专项整治活动，农资市场管理规范，经营秩序良好。全年出动执法人员122人次，车辆30余台次，检查农资生产、经销企业100余家，处理案件5个，罚款4万元。开展"两品一标"认证工作。大连兴隆食品有限公司获得大连市四星级、大连龙德李生态农业有限公司获得两星级绿色食品生产基地认定。区农业农村局联合大连海洋大学、普兰店区海参协会、鑫玉龙公司编制《普兰店海参种苗繁育技术规范》《普兰店海参养殖技术规范》。

【农村生态环境建设】 2023年，普兰店区实施农村环境卫生整治"万千百十"工程。建立农村环境净化整治工作农户"门前三包"责任，明确农户"门前三包"的区域及职责；制定农村净化整治考核办法，对设施建设、日常

丰荣街道杏花村　　　　　　　　　丰荣街道办事处　供稿

管护等8方面41项内容每月考核评分。创建铁西街道快马厂社区等辽宁省美丽宜居村庄30个；创建国家美丽宜居村庄2个，杨树房街道赵家村和丰荣街道杏花村。开展农村环境整治主题活动3次。全区累计清理农村生活垃圾3.53万吨，清理村内水塘4648口，清理村内沟渠1.73万千米，清理畜禽养殖粪污等农业生产废弃物数量2.76万吨，清理"三堆"3.55万个，开展进村入户宣传教育1.98万场次，出动人员19.6万人次，出动车辆7.24万台次。

【海域清理整治】　2023年，普兰店区全面清查海域、使用主体、养殖合同，整治存在的问题。召开整治现场会5次，制定《关于普兰店区清理整顿养殖用海审批及管理的处置意见》。回收海域5133.3公顷，拆除海参圈3处、围网养殖3个，清腾私占码头（桥墩）3处；完成违法违规用海调查取证108宗，立案11宗。

【乡村振兴示范县创建】　2023年，普兰店区编制《大连市普兰店区创建"国家乡村振兴示范县"三年行动方案》，在全市率先出台《普兰店区农村实用人才认定办法（试行）》，组织认定农村实用人

才9000余名。普兰店区获2022—2023年度"全国平安渔业示范县"称号。杨树房街道战家村、赵家村被评为全国民主法治示范村，大谭街道双山社区、铁西街道花儿山社区、丰荣街道杏花村被评为辽宁省民主法治示范村。

【惠农政策落实】　2023年，普兰店区落实种粮农民一次性补贴资金720万元。完成发放耕地地力补贴资金9134万元。落实生产者补贴资金1.4亿元。落实生猪调出大县奖励资金794万元。落实水库移民直补资金1230万元。落实农机购置补贴资金1202万元，补贴农机987台。落实渔业资源养护补贴106万元，补助渔船28艘。

种 植 业

【概况】　2023年，普兰店区粮食作物播种面积7.63万公顷，其中水稻4097公顷、玉米5.66万公顷、薯类1739公顷，粮食总产量35.18万吨。蔬菜播种面积0.98万公顷；蔬菜产量54.46万吨，比上年增长3.1%。果园面积1.25万公顷，其中苹果栽植面积6733.3公顷；水果产量31.8万吨，比上年增长5.4%。全年新建、改造设施农业133.3公顷，

2023年12月3日,安波街道米屯铁皮柿子交易市场开市仪式举行

区农业农村局　供稿

新发展阳光玫瑰葡萄、大樱桃、食用菌产业26.7公顷。农业特色品牌建设效果良好。"五大果蔬"中的阳光玫瑰葡萄和米屯铁皮柿子通过中国绿色食品发展中心的审核，被认定为绿色食品A级产品。龙德李生态园获得省级生态农场称号。

2023年普兰店区农作物播种面积及产量表

项　目	计量单位	数　量
农作物播种面积	公　顷	
一、粮食作物播种面积	公　顷	76265
单　产	吨	4.61
总产量	吨	351763
1. 水稻播种面积	公　顷	4097
单　产	吨	5.37
总产量	吨	22006
2. 玉米播种面积	公　顷	56588
单　产	吨	5.07
总产量	吨	287240
3. 小麦播种面积	公　顷	—
单　产	公　斤	—
总产量	吨	—
其中：冬小麦播种面积	公　顷	—
单　产	公　斤	—
总产量	吨	—
4. 谷子播种面积	公　顷	136
总产量	吨	590
5. 高粱播种面积	公　顷	85
总产量	吨	356
6. 其他谷物播种面积	公　顷	35
总产量	吨	99.5
7. 豆类播种面积	公　顷	13582
单　产	吨	2.54
总产量	吨	34504.5
其中：大豆播种面积	公　顷	13539
单　产	吨	2.54
总产量	吨	34418.84
8. 薯类（折粮）播种面积	公　顷	1739
总产量	吨	34828.95
其中：土豆播种面积	公　顷	788
总产量	吨	13535
二、花生播种面积	公　顷	8033
单　产	吨	5.12
总产量	吨	41148
三、蔬菜播种面积	公　顷	9819
单　产	吨	55.5
总产量	吨	544997
四、瓜类播种面积	公　顷	646
总产量	吨	24062
五、其他作物播种面积	公　顷	—

【农业生产者项目】　2023年，普兰店区玉米生产者补贴5.29万公顷、大豆生产者补贴1.46万公顷、稻谷生产者补贴3053.3公顷。实际种粮农民一次性补贴7.09万公顷。

【农业保险工作】　2023年，普兰店区承保大田作物4.07万公顷，其中玉米3.41万公顷、水稻1796.5公顷，大豆2683.7公顷，花生2109.8公顷。苹果树雹灾保险800公顷。

畜 牧 业

【概况】　2023年，普兰店区加快构建现代畜牧养殖、动物防疫和加工流通体系，促进畜牧兽医工作绿色发展，提高畜牧业质量效益和竞争力，全面提升畜产品供应保障能力。全年生猪饲养量150.4万头，出栏102.83万头；牛饲养量12.9万头，出栏5.28万头；羊饲养量16.66万只，出栏9.39万只；家禽饲养量1.37亿只，出栏1.17亿只。肉蛋奶产量38.94万吨，比上年增长4.76%。

2023年普兰店区畜牧业生产情况表

项　目	计量单位	数　量
一、大牲畜期末存栏数	头	78999
大牲畜当年出栏数	头	54123
1. 牛期末存栏数	头	76025
牛当年出栏数	头	52769
2. 马期末存栏数	头	409
马当年出栏数	头	123
3. 驴期末存栏数	头	2369
驴当年出栏数	头	1161
4. 骡期末存栏数	头	196
骡当年出栏数	头	70
二、猪期末存栏数	头	475636
其中：能繁殖母猪存栏数	头	59951
猪当年出栏数	头	1028285
三、羊期末存栏数	只	72730
其中：能繁殖母羊存栏数	只	26666
羊当年出栏数	只	93871
四、家禽期末存栏数	只	20261709
家禽当年出栏数	只	116700620
禽肉产量	吨	222976.01

续表

项　目	计量单位	数　量
1. 鸡期末存栏数	只	20069752
鸡当年出栏数	只	116455195
鸡肉产量	吨	222298.92
2. 鸭期末存栏数	只	100856
鸭当年出栏数	只	118371
鸭肉产量	吨	295.93
3. 鹅期末存栏数	只	91101
鹅当年出栏数	只	127054
鹅肉产量	吨	381.16
五、肉类总产量	吨	314316.09
其中：牛肉	吨	8436.61
猪肉	吨	81347.76
羊肉	吨	1325.60
禽肉	吨	222976.01
六、奶类产量	吨	4537.43
1. 牛奶产量	吨	4221.33
2. 羊奶产量	吨	316.1

【畜牧生产技术推广】　2023年，普兰店区继续加大畜牧新品种新技术的推广力度，推进畜禽科学生态养殖发展，指导良种畜禽的引进、试验、示范和推广，优化畜禽品种和结构，畜牧业健康有序发展。全年指导引进优良种公猪1233头、母猪7146头，改良二元母猪6.2万头；引进黄牛冻精4.7万支剂，输配黄牛2.1万头；指导引进优良父母代种禽26万套。推广畜禽健康生态养殖技术360户、畜禽53万头（羽）。发展肉鸡笼养230余户，年可出栏1800余万只。继续深入研究适合本地特点的畜禽科学饲

辽宁省生态环境厅领导视察畜禽粪污资源化利用中心　区农业农村局　供稿

养、粪污资源化利用等先进技术，开展以网络与集中相结合的畜禽养殖实用技术、粪污资源化利用等各类培训60余次，受训1500余人次。

【动物疫病防控】　2023年，普兰店区加强疫病防控和检疫监督工作，没有发生区域性重大动物疫情和公共卫生安全事件。按要求对高致病性禽流感、口蹄疫、小反刍兽疫和布鲁氏菌4种动物疫病实行强制免疫，继续对猪瘟、高致病性猪蓝耳病实行全面免疫。动物群体免疫密度常年维持在90%以上，应免动物免疫密度达到100%，免疫抗体合格率全年保持在70%以上。全区下拨牲畜口蹄疫疫苗199万毫升、禽流感灭活苗535万毫升、布鲁氏杆菌病疫苗19.44万头份、小反刍兽疫苗13.6万头份、猪瘟疫苗86.3万头份、炭疽0.44万头份，同时下发防疫、采样、布病防控的个人防护手套、口罩等防护物资。全年免疫1635.83万头（只），其中免疫高致病性禽流感923.48万羽、牲畜口蹄疫87.96万头（只）、高致病性猪蓝耳病0.71万头、羊小反刍兽疫8.44万只、布病7.03万头只、猪瘟66.55万头、炭疽0.41万头、鸡新城疫541.24万羽。保障防疫安全，为295名村级动物防疫员配备防护服、鞋套、口罩等用品。持续做好非洲猪瘟防控工作，每周上报非洲猪瘟排查，不漏一村一户一畜，未发现疑似非洲猪瘟疫情。指导基层疫控站做好非洲猪瘟消毒工作，开展非洲猪瘟知识培训，受众800人次。全年大规模流调6次，通过监测科学分析研判全区动物疫病传播和流行态势，以此采取科学的防控措施。监测3ABC感染抗体540头份、猪O型口蹄疫免疫抗体730份、猪A型口蹄疫免疫抗体710份、牛羊O型口蹄疫免疫抗体570份、牛羊A型口蹄疫免疫抗体600份、口蹄疫病原学90份、禽流感H5N1H5亚型RE-13780份、RE-14780份、禽流感H7N9H7RE-4免疫抗体

840份，禽流感病原学监测1020份、新城疫免疫抗体510份、新城疫病原学510份、蓝耳病抗体监测150份、蓝耳病病原学监测90份、猪瘟抗体监测630份、猪瘟病原学监测90份、猪牛羊布病监测368份、羊小反刍监测270份、牛结核监测325份、马传贫监测120份、非洲猪瘟病原学监测230份、马鼻疽监测100份、鸡白痢监测120份、猪伪狂犬病免疫抗体监测150份、病原学监测90份、猪圆环病原监测90份。

【动物检疫监督执法】　2023年，普兰店区严格按照规范开展产地检疫和屠宰检疫工作。全区检疫出栏生猪79.5万头，牛1.62万头，禽1.125亿只，屠宰检疫猪产品2.08万吨，鸡产品38.2万吨。确保上市肉品的质量安全，严格按照"四不准，一处理"的规定无害化处理检疫不合格的动物产品20吨和不合格家禽17.5万只。落实养殖环节无害化处理监管工作，监督养殖环节无害化处理病死猪79970头、牛19头、羊8只。加大监督执法力度,全年查出违法、违规案件9起，立案9起，结案9起，罚款12.2万元。通过悬挂横幅、播报法律法规知识语音、发放宣传材料等方式，开展普法宣传活动，发放宣传材料900余份，群众签订协议书155份。

渔　业

【概况】　2023年，普兰店区推进渔业产业结构调整，增强渔业服务水平，海洋渔业经济呈现良好的发展态势。全年完成水产品产量16.07万吨，实现渔业产值34亿元，渔业社会总产值78.8亿元，水产品加工量13.2万吨。

2023年普兰店区渔业生产情况表

	计量单位	数　量
一、渔业村	个	6
其中：海洋渔业村	个	6
二、渔业人口	人	12282
其中：海洋渔业人口	人	9618
三、渔业劳动力	人	12354
其中：海洋渔业劳动力	人	11630
专业劳动力	人	6794
四、年末机动渔船数	艘／千瓦	337/26309
其中：海洋捕捞	艘／千瓦	297/22688
五、水产品总产量	吨	160700
海洋捕捞产量	吨	19370
海水养殖产量	吨	138170
其中：海上	吨	121070
滩涂	吨	14709
内陆养殖产量	吨	3160
六、养殖面积	公顷	21531
海水养殖面积	公顷	16378
其中：海上	公顷	4933
滩涂	公顷	2429
内陆养殖面积	公顷	5153
七、渔业经济总产值	万元	788011
其中：渔业	万元	340545
渔业经济增加值	万元	365471
其中：渔业	万元	221722

【水产养殖】　2023年，普兰店区水产养殖业健康发展。全年水产养殖产量16.07万吨，产值34.05亿元。其中，海水养殖产量13.82万吨，产值19.72亿元；淡水养殖产量3160吨，产值3415万元；海参养殖产量8360吨。全区育苗种154亿尾、粒，产值10亿元。

普兰店辽参商会鑫玉龙平岛海洋牧场海参交易中心奠基仪式　区农业农村局　供稿

【水产加工与渔业捕捞】 2023年，普兰店区水产加工企业70家，水产品加工量13.25万吨，加工值18.59亿元，流通服务业增加值8.82亿元。全年海洋捕捞产量1.94万吨，产值3.99亿元。

【渔业资源保护】 2023年，普兰店区在皮口海域开展增殖放流工作，放流入海中国对虾2亿尾，增殖放流是有效补充自然海域渔业资源量、促进渔民增收、渔业增

在大连莲城鑫玉龙鲟鱼驯化养殖示范园举行鲟鱼入海活动　区农业农村局　供稿

效最直接有效的途径之一，有利于维护生物多样性，改善水域生态环境。严格落实渔业伏季休渔政策，保护渔业资源。在皮口港开展"普兰店区2023年伏季休渔、渔业安全生产、渔业互保宣传"活动；渔政执法船24小时值班，加强巡查力度；开展"亮剑"专项执法行动，区海洋与渔业综合执法队出动执法人3396人次，执法车辆1162车次，执法船艇250航次，海上巡查里程3165海里，陆上巡查29079千米，检查渔船3396艘次，立案违规处罚34起，扣押并拆解涉渔"三无"船舶7艘。

【海洋项目建设】 2023年，普兰店区渔业重点项目进展顺利。海洋牧场人工鱼礁项目，总投资5018万元，建设面积2098.1公顷，投放人工鱼礁区31.49公顷，投放人工鱼礁空方量4.3万立方米，底播增殖刺参苗种，多功能信息监测平台设备组装完成。大连鑫玉龙海洋生物种业科技股份有限公司扩建种质资源场项目，总投资1100万元，车间4594平方米，苗种培育池3138立方米，透光试验区1300平方米，购置仪器设备6台（套）。5G物联网超大规模柔性网箱式数字孪生海洋牧场项目，是省级海洋重点项目，总投资2800万元，完成投资1600万元，海上柔性防浪设施完成1200米，柔性塑胶网箱1350口及水质监控设备、海洋牧场平台陆地数据展示大厅改造完成，海洋牧场5G网络已

覆盖。鲟鱼海水驯化养殖示范园项目，规划建设面积66.7公顷，完成彤利鲟鱼海水驯化养殖示范园和泽鲟驯化养殖示范园项目设施农业项目用地备案、养殖池塘的改造工作，鲟鱼进入养殖池塘放养，建成后预计鲟鱼产量150万公斤。

【渔业安全生产】 2023年，普兰店区严格落实安全生产责任主体，重新修订普兰店区《渔业防御台风预案》及《渔业船舶海上安全突发事件应急预案》。加强辖区内涉渔企业监管，印发《关于进一步加强渔业养殖行业安全生产管理的通知》。区海洋与渔业综合行政执法队开展渔业重大事故隐患专项排查整治行动、安全生产月等一系列安全生产工作。全年立案查处各类违法违规行为15起，收缴罚款14.05万元。当年，普兰店区获"全国平安渔业示范县"称号。

农田水利建设

【概况】 2023年，普兰店区全面落实国家黑土地保护性耕作，完成保护性耕作面积1.06万公顷，完成县级示范基地1个和乡级示范基地4个。河长制进一步落实。开展对各街道的督导检查2轮，完成问题整改29个；区河长办组织开展"六进"宣传工作，发放宣传条幅200幅、海报300张、《辽宁省河长

普兰店区红旗水库　　　　　　　　　　　区农业农村局　供稿

湖长制条例》手册1000余份；区级河库长完成巡河24次，街道河库长完成巡河744次，村级河库长完成巡河6176次。落实水库移民直补资金1230万元。开展大中型水库移民后期扶持直补资金发放人口核定工作，惠及移民人口20469人。全年完成水土流失治理面积333.3公顷，完成拦砂堰1座。

【农业基础设施建设】　2023年，普兰店区加快推进农田水利建设。农村安全饮水工程项目。农村饮水安全维修养护工程10项，概算资金95万元，完成招投标工作，项目主要建设内容为维修高位水池外墙保温1处，维修老化破损管路2920米，维修新建闸阀井20座，更换闸阀23个，维修井盖3处，维修山泉井井壁1处，配套外接电1处，更换老化水泵1台，安装水表88块，购置消毒片2吨。水库移民项目。全区2022年水库移民项目工程13项，总投资1192.45万元，项目完工；2023年第一批中央资金水库移民项目工程5项，总投资383.57万元，该项目移交大连莲城国投发展集团有限公司组织实施，年内开工建设。高标准农田建设项目。2022年高标准农田建设项目包括4个项目区，分别位于杨树房街道、墨盘街道、星台街道、大刘家

街道，建设面积733.3公顷，总投资1952.33万元；2023年高标准农田建设项目包括2个项目区，分别位于唐家房街道、城子坦街道、皮口街道，建设面积733.3公顷，总投资1952.33万元。

【防汛抗旱】　2023年，普兰店区严抓安全隐患排查，修订完善9类防汛抗旱预案，备足备实防汛抢险物资，落实抢险队伍1万人。完成红旗水库水毁修复工程，项目资金172万元。完成大连市普兰店区刘大水库下游河道水毁修复工程，项目资金92.96万元。当年，全区出现2次强降雨过程，启动全区防汛Ⅲ级应急响应2次，启动全区防汛Ⅳ级应急响应7次，启动全区防台Ⅳ级应急响应1次。转移人口2174人，确保群众生命安全。

【依法治水】　2023年，普兰店区完成刘大水库大坝安全鉴定工作，完成投资52.36万元；完成鞍子河水库、大盛水库、墨盘水库维修加固工作；完成全区7座小型水库的维修养护工作。发现涉河非法采砂行为42起，立案42起。完成81条河流堤防划界工作任务规划，完成河道堤防维修治理工程审批10项、涉河桥梁审批1项、输变电线路审批5项、燃气

大沙河生态治理项目施工现场　　　　　　区农业农村局　供稿

管道工程审批1项。汛前对水库、河道、塘坝、闸涵等各类水利设施及交叉工程安全隐患排查258次，排查各类度汛安全隐患42处，及时完成碍洪问题排查整治工作。区河库长办印发《普兰店区河库垃圾清理专项行动实施方案》，持续开展河库垃圾整治，全区出动人员46201人次，出动工程机械3420台次，出动运输车辆11830台次，清理河库垃圾8.34万立方米，投入资金1057.96万元。完成城区33个小区污雨水管网改造20余千米。完成养殖场户资源化利用设施建设780户，建成堆粪场6.49万平方米、污水池2.13万立方米；建设完成畜禽粪污资源化利用区域处理中心3个，合计年处理能力35万吨，畜禽粪污综合利用率稳定在90%以上。

【城乡供水】　2023年，普兰店区完成自来水销售量1556.5万吨，销售收入（含税）3610万元。自来水工程技术部门完成各类给水设计215项，其中新建工程194项，改造工程21项，设计管道总长度2万余米；安装管道2988米，改换供水管道9865米；安装居民水表875块，单位上水49户；管道及附件维修825处，其中DN300以上管道维修44次。加快推进农村自来水建设，完成农村饮水工程维修养护工程项目9项，总投资85.32万元，涉及街道6个、社区（村）14个，改善3.08万人饮水条件。保障农业灌溉用水需求，完成水闸维修工程项目3项，总投资247万元，维修加固水闸3座。

农业机械化

【概况】　2023年，普兰店区机械化整地完成8.13万公顷，机械化播种完成7.02万公顷，机械化收获完成6.95万公顷，全区耕、种、收等综合农机化率达86.5%。全年利用国家购机补贴资金1312.44万元，补贴各类机具1064台（套）。

2023年普兰店区农业机械情况表

	计量单位	数　量
一、农业机械总动力	万千瓦	69.9
其中：柴油机	万千瓦	42.66
电动机	万千瓦	17.47
汽油机	万千瓦	9.76
（一）耕作机械		
拖拉机	台/万千瓦	25780/32.77
22.1千瓦以上大中型拖拉机	台/万千瓦	2074/9.80
22.1千瓦及以下拖拉机	台/万千瓦	23665/23.01
（二）农用排灌机械		
1、农用水泵	台	14942
2、节水灌溉机械	套	1880
（三）机动植保机械	台/万千瓦	6692/3.01
（四）收获机械	万千瓦	2.86
（五）收获后处理机械	万千瓦	2.95
其中：机动脱粒机	台	3870
（六）农副产品加工机械	万千瓦	7.64
（七）畜牧机械		
1.饲料（草）加工机械	台/万千瓦	10580/2.91
2.饲养机械	台/万千瓦	3135/0.89
二、机耕地面积	万公顷	8.132
三、机播地面积	万公顷	7.02

（王新宇）

交通·邮电

交　通

【概况】　2023年，普兰店区国道、省道、县乡村农村公路总里程3021.455千米，公路密度5.2千米/平方千米，其中一级公路262.651千米，二级公路277.789千米，三级公路679.711千米，四级公路1801.304千米。普通公路改造工程1项，8.7千米，完成投资1560万元，全区乡村级公路大中修80条线196.9千米，完成投资1.8亿元。全区拥有注册的道路客运企业6家，国家1级汽车客运站1家，班线客运线路89条（其中市际3条、县际7条、县内79条）、客运车辆285台（其中市际4台、县际班车90台、县内班车147台、省际包车客运车辆44台）。全年完成道路客运量210万人次、客运周转量12960万人千米。全区有城市公交企业1家，新能源公交基础设施场站占地3万平方米，拥有公交营运线路15条，大型纯电动新能源公交车辆130台，线路总长度195.2千米，日行里程近2万千米，站点设置总数370个，其中交叉站点125个,线路重复系数2.2,线网密度1.1千米/平方千米，服务区域面积74平方千米；公交机动化出行分担率达35%，万人拥有7.7标台公交车，500米公交站点覆盖率90%，早晚高峰公交运行速度15千米/小时，全区所有公交车实现一台终端刷卡乘车。全区有巡游出租汽车460辆，实现双燃料全覆盖。有货运车辆总数3124台。其中，重型运输车辆2637台、厢式货车429台、小型货运车辆487

台、危险品运输车辆43台，总吨位38377.9吨；普通货物运输企业246户，共有货运车辆1026台；危险品运输企业5户，共有车43台；个体货运业户，共有车辆2098台。车辆类型主要有重型自卸车、大型拦板货车、厢式货车、中小型拦板货车，年完成道路货运量1460万吨、货运周转量131400万吨千米。年完成道路客运量440万人、客运周转量26400万人千米。全区有机动车驾驶员培训机构6所，其中一级驾培机构1所，三级驾培机构5所；备案教练场地24.19万平方米，教练员232名，教练车204辆，年驾驶员培训能力1.47万人，全年招生10551人，通过结业考试9330人。已备案维修企业一类19家、二类20家、三类8家；摩托车修理24家，年均维修能力40万辆次。

【交通基础设施建设】　2023年，普兰店区国省干线改造工程2项，长度8.7千米，概算1657万元，分别为省道S211盖普线路面改造工程、省道S314丹交线张屯后桥改建工程。全区农村公路大中修工程三批，共75条线、196.8千米，投

农村公路施工现场　　　　　　　　　　　区交通局　供稿

资1.82亿元，其中第一批18条线71.1千米、第二批57条线124.44千米、第三批险桥5座。完成县级以上公路X210富唐线杨树沟桥改建工程、皮口进港路工程、海防路工程、平岛滨海路工程、北部街道路面维修工程。

【牛心坨危险货物码头项目】 2023年，普兰店区皮口港区牛心坨危险货物码头项目施工。主要建设内容为新建 1个500吨（载重吨）以下危险货物运输泊位及配套航道，泊位设计通过能力为3.22万吨/年，总投资2480.9万元，年内累计完成投资930万元。

【海皮路绕线工程完成施工】 2023年，普兰店区海皮路绕线工程建设施工完成。该工程2010年开始施工，在K12+280附近南侧存在动迁问题，整个路线在此处形成"卡脖子"路。2023年，区委要求全力打通"断头路"，畅通群众出行最后一公里，海皮路绕线工程进行改线研究，解决动迁阻点。在绕避动迁困难地段，新建道路长度0.6千米，道路等级二级的公路1条，高效完成该路段的建设施工。全区交通运输网络得以优化，综合交通运输服务功能进一步提升。

【农村公路养护】 2023年，普兰店区全面维修乡、村级农村公路的路面病害、路基防护、标志护栏等，农村公路养护质量和技术水平在全省名列前茅，在全省"四好农村路"会议上得到通报表扬。全年累计完成18条县级以上公路493.8千米和1150条乡村级农村公路2530.8千米的路域环境集中整治；在高速公路出入口、城市出入口、旅游景观路等重点路段栽植花卉130千米、面积2.2万平方米，栽植乔木2420株、灌木14.7万株。

全省首条乡村级公路"品质工程"快二线　　　　区交通局　供稿

【非法违规经营码头整顿】 2023年，普兰店区清离和强制取缔非法停靠在皮口港的摩托艇、游艇16艘，停靠浮桥120延长米，设置监控、封控设施。沟通协调鑫玉龙码头违规使用问题。查处非法经营"树林6"船舶，推动普兰店区及长海两地陆岛管理依法行政主动权和行业治理体系联动机制建设。

【运输行业监管】 2023年，普兰店区查处"两客一危一货"企业及汽车站周边秩序、源头治超和驾培维修市场违规案件106起、车辆106台。完成2021年度460台出租车油价补贴166.55万元。农村客运班车经营业户25户155台车燃油补贴171.42万元，

2023年9月25日，普兰店区重点民生工程——海皮路绕线工程全线正式通车
区交通局　供稿

完成2022年度23户147台农村客运班车162万元油补审核发放。牵头货运车辆载运殡葬祭祀用品整治行动，整治人员370人次、车辆126台次，检查车辆2万余台，实施寄存物品1248件，移交车辆2台。

【打击"黑车"非法营运】 2023年，普兰店区打击"黑车"非法营运工作成效明显。全年出动人员2100余人次、执法车辆540台次，累计查处"黑车"240台。完成行政处罚241件，罚没收入175.85万元。由单一处罚驾驶员向加强网约平台监管转变。首次开展对滴滴平台公司的处罚工作，责令平台作出整改。

【交通营商环境】 2023年，普兰店区交通运输管理局全面推行"一窗受理、合并审查、集约审批、一站办结"服务模式，压缩行政审批时间至原有的三分之一，进一步提高行政审批效率。编制《办事不找关系业务指南》，将重点高频业务事项清单、合规办事业务指南、办事不找关系路径、违规禁办事项清单、容缺办理事项清单，形成二维码，群众扫描后，直接获取业务办理详细事宜及网上办理流程说明。当年窗口办理行政许可设立270起，其他服务事项820件，办结率100%，区交通局办事窗口获区"营商环境优秀窗口"和"党员先锋示范窗口"称号。

（吴秋术）

邮 政

【概况】 2023年，中国邮政集团公司辽宁省普兰店区分公司稳步推进金融、寄递、渠道、文传等基础业务持续提质增效，经营发展成效显著。当年业务总收入完成1.31亿元，比上年增长6.7%。

中国邮政集团公司辽宁省普兰店区分公司办公楼　邮政普兰店分公司　供稿

【邮政普兰店分公司金融业务】 2023年，中国邮政集团公司辽宁省普兰店区分公司代理金融收入完成1.09亿元，增收1255万元，同比增幅13%。储蓄收入完成8417万元，增收1089万元，同比增幅14.9%；非储蓄收入1618万元，占比16%。总收入、储蓄收入、非储蓄收入、保险收入同比增幅两位数增长。保险理财新增保费规模6004万元，其中长期期缴4168.1万，同比增幅30.9%；理财保有量8694万元，高效基金销售867万元。电子支付新增6634户，数字钱包本年新增6345户，收单商户新增107户，新增AUM1558万元。直销银行本年新增非0客户318户，其中有效户196户。

【邮政普兰店分公司寄递业务】 2023年，中国邮政集团公司辽宁省普兰店区分公司普兰店寄递事业部完成业务收入1105万元，其中国内标快完成400万元。快递包裹完成700万元，国际业务完成35万元。普兰店寄递事业部拥有客户数量94个，其中有国内标准快递业务往来的79个、有国际业务往来的19个、有快递包裹业务往来的44个。普兰店寄递事业部主要项目为樱桃寄递。樱桃项目累计实现寄递收入54万元，其中大棚樱桃7.07万元、露地樱桃46.93万元。做好农村三级物流体系建设工作。按照省市公司三级物流体系建设要求，建设邮政便民服务站，保证一村一站，村村通邮。及时给农村投递员传达机动车补贴要求，建议更换机动车投递，提升农村机动车占有率，提升装载率，有效做好投递工作。

【邮政普兰店分公司渠道业务】 2023年，中国邮政集团公司辽宁省普兰店区分公司分销业务完成收入622.21万元，其中大肥销售897.75吨，形成收入356.24万元，占收入规模57.23%。增值业务完成收入13.18万元，主要增长点是车主通和普惠保业务。车险业务完成189笔，实现保费38.3万元。批销交易额完成550万元，农产品交易额完成324.43万元。

【邮政普兰店分公司集邮与文化传媒业务】 2023年，中国邮政集团公司辽宁省普兰店区分公司扎实推进集邮与文化传媒业务。函件业务完成收入22.44万元，集邮业务完成154万元，报刊发行业务完成165.83万元流转额指标。

【邮政普兰店分公司市场经营】 2023年，中国邮政集团公司辽宁省普兰店区分公司统筹推进乡村振兴工作。延伸龙头企业上下游产业链合作。打造林家铺子作为集团级示范企业，推动林家铺子入围市分公司分销供应商，拟共建万亩桃园基地。形成农产品寄递收入441.8万元，对公开户月日均余额500万元，涉农贷款授信500万元。打造惠农合作示范社。贵耀合作社实现农产品寄递收入43.4万元，开立对公账户，签订农产品销售协议，成功开发代发业务。推进整村授信整村开发。河沿村入会率和开户率均达到100%，完成"75521"目标。持续提升普遍服务质量。全年举办线下培训4次，重点指导营业网点的规范化管理、普遍服务等业务。全年处理185平台工单61条，办结率100%，无升级和重派工单。

（郭 峰）

电信业

· 中国联合网络通信有限公司
大连市普兰店区分公司 ·

【概况】 2023年，中国联合网络通信有限公司大连市普兰店区分公司不断夯实网络基础，大力推进5G建设和创新产品应用，充分发挥自身技术与资源优势，为普兰店智慧城市建设提供通信服务支撑。公司有企业员工292人，营业收入1.67亿元，拥有宽带用户8.96万户，移动电话用户20.5万户。

【联通普兰店区分公司业务服务】 2023年，中国联合网络通信有限公司大连市普兰店区分公司坚持规范、特色、差异化的客户服务策略，持续优化服务监督管理。在主城区和各乡镇街道均设置自有营业厅，累计开设营业厅27个，方便全区用户办理通信业务。6月16日，位于"公元九里"小区一期南侧的普兰店铁西营业厅开业，进一步提升周边市民通信服务。持续拓展渠道代理、社区服务站，作为通信服务触角的延伸，有效满足区域群众的通信需求。

2023年6月16日，联通普兰店区分公司铁西营业厅开业

联通普兰店区分公司 供稿

【联通普兰店区分公司通信网络建设】 2023年，中国联合网络通信有限公司大连市普兰店区分公

司持续推进网络建设优化，响应市场发展需求，做好业务发展支撑保障。全年整体入网5G基站257个，4G基站版本升级（L900）212个，新建室分16个、地停27个；解决营销单元网络优化需求51个（包括13个驻地网小区），5G精准库测试方案入库43个，网络规模基本涵盖城乡全域。全年安装10GPON-OLT72台，FTTR累计裂变1348端，固网资源覆盖率99%。完成防汛、中高考、吴姑城庙会、时尚之夜服装节晚会等重保工作。

（赵玲慧）

· 中国移动通信集团辽宁有限公司
大连普兰店分公司 ·

【概况】 2023年，中国移动通信集团辽宁有限公司大连普兰店分公司位于普兰店区中心路一段2号，有员工95人，下设运营服务团队、统筹支撑团队、网络保障团队3个支撑型单元；有大普城区铁西、大普城区丰荣、大普皮口、大普莲山、大普杨树房、普兰店政企6个网格及1个旗舰店。当年，公司加速推进数字产业化发展和升级，以客户需求为导向，构建"一体三域"客户运营服务体系，积极探索新发展模式。

【移动普兰店分公司业务发展】 2023年，中国移动通信集团辽宁有限公司大连普兰店分公司面向税务、检察、法院、医疗等行业开展通信保障及入企服务等活动，持续做好客户保有，拓展能人触点，有效拉动政企业务发展。年内落地大连市公安局天网、普兰店国税局互联网覆盖等项目，参与"智慧工厂""智慧海洋"及"高标准农田"等项目的无线工程建设。打造数字乡村标杆乡镇，推荐监控大屏、数据大屏等智能产品应用，解决同益街道常年因雨患导致泥石流等自然灾害的险情监控，以信息化、数字化、智能化促进5G产业发展。

【移动普兰店分公司客户服务】 2023年，中国移动通信集团辽宁有限公司大连普兰店分公司切实提升客户满意度。通过控制投诉不出圈、一站式解决问题、提升营销触点服务能力多举措提升客户满意度，当年营业厅满意度月均得分99分以上。开展"健康中国行，守护千万家"主题营销活动，为广大群众提供宽带义诊、手机贴膜、维修、防电信诈骗知识普及等多项志愿服务项目，结合群众实际需求，提供套餐、流量等惠民政策，推出一对一"量身定制"的优化升级服务。累计开展营销活动80余场，覆盖120余个村屯，服务群众2000余人。年内，移动普兰店分公司被大连市消费者协会授予"消费者满意单位"，被大连市委授予"大连市先进基层党组织"。

（孙怡华）

· 中国电信股份有限公司
普兰店分公司 ·

【概况】 2023年，中国电信股份有限公司普兰店分公司实施云改数转战略，加快云网融合的新型信息基础设施建设，打造服务型、科技型、安全型企业。公司将云计算及算力、新一代信息通信、大数据、人工智能等确立为七大战略新兴业务，加强天翼云、5G定制网、天翼物联网、天翼安全、大数据&AI、天翼视联网、卫星通信、量子安全八大能力底座，推动云计算、大数据、物联网等数字化服务的普及和应用，全力推动文化宣传和乡村振兴建设。

【电信普兰店分公司通信网络建设】 2023年，中国电信股份有限公司普兰店分公司加快网络覆盖建设，投入大量资源实现区域城市小区、乡镇街道、各行政村5G网络覆盖，推动网络覆盖更广、速度更快、质量更高。加强千兆光网建设，小区新增建设网络覆盖住宅9000余户。结合电信的产品服务体系，以全屋光宽带覆盖致力服务千家万户。积极推进移动基站建设，全年新增5G基站

135个，为各行各业通讯业务提供优质的网络服务和安全保障。

（刘姝纯）

· 大连天途有线电视网络股份有限公司普兰店分公司 ·

【概况】 大连天途有线电视网络股份有限公司普兰店分公司成立于2001年04月29日，隶属于中国广电辽宁大连天途公司，是普兰店地区有线电视信号源唯一提供单位。公司位于普兰店区世纪路中段232号，为中型国有企业，下设管理所4个，营业厅2个，有员工58人。至年末，有用户10万余户。

【天途有线普兰店分公司市场经营】 2023年，大连天途有线电视网络股份有限公司普兰店分公司主要从事有线电视网络系统业务服务，有线电视多媒体网络设计、施工、安装、调试、维护，视频点播、会议电视、远程教育，数据业务，手机移动192号段开卡放号等业务。当年，5G业务完成户数2824户，固移融合完成1710户，数字主端在用3.2万户，宽带户数在用7107户，互动用户在用6693户。持续开展盗版卡断网清线治理工作，全年清理小区17个，清线3000余户，回收机顶盒和EOC设备310台。

【天途有线普兰店分公司网络建设】 2023年，大连天途有线电视网络股份有限公司普兰店分公司全年安装有线电视460余户，宽带670余户，抢修光缆故障260次，抢修杆路故障86次，网络维修1.2万次，测试5G业务客户报修工单50余处，上报移动进行信号优化20余处。网络建设方面，完成计划内项目工程立项7个，完成决算9个，医保联网项目完成6个药房联网。

（李春校）

城乡建设与环境保护

住房和城乡建设

【概况】 2023年，普兰店区统筹区域协调发展，城乡功能品质更加宜居。持续疏梗阻、保畅通，修缮主城区道路49条28千米，消除积水路段5处；打通台渤路、轻西路，海皮路绕线工程顺利通车。坚持暖民心、解民忧，投资4.1亿元改造老旧小区420栋210万平方米。提质推进城市更新。拆除违建212处6万平方米，原"新华国际"项目拆旧建新，滨海路拓宽工程通车。建成红橡、银杏、梧桐3条特色大道，新增绿道花街24条、口袋公园10个，绿化55万平方米，九七公园改扩建项目完工。实施生活垃圾分类，扫保质量有新提升。建设雨、污管网43千米。供暖质量全面改善。燃气并网改造有序推进。完成房地产固定资产投资15.2亿元，完成商品房销售面积20.1万平方米，完成建筑业产值56.56亿元。

【城市重点工程建设】 2023年，普兰店区城市重点工程建设全面推进。李店社区区域城镇化建设PPP项目建设。完成投资约9亿元，其中湿地公园项目完成投资4.25亿元，主要建设内容完成，婚

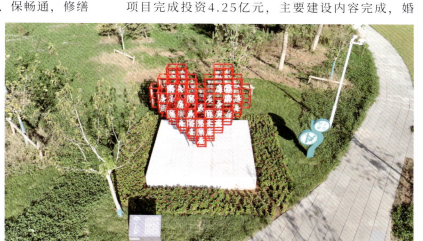

廉洁文化主题湿地公园　　　　　　　　　　　区住建局　供稿

礼酒店、海湾运动馆、阳光牧场投入运营，海航幼儿园完工。普兰店区污水处理厂扩容及管线工程项目建设。新建污水管网6千米，完成投资4000万元，其中中粮麦芽至污水处理厂段管网全部完工，企业排水通畅，该项目进一步解决第三十四中学点位污水溢流、普兰店区污水处理厂一期处理能力不足、太平污水处理厂溢流等环保问题。廉洁文化主题湿地公园建设。该项目建设于湿地公园内，建设人文景观雕塑9座，以主题雕塑形式宣传廉洁文化，项目概算投资75万元，于10月12日正式揭牌，该项目被大连市纪委授予"大连市廉洁文化教

九七公园改扩建项目投入使用　　　　　　　　区住建局　供稿

育基地"称号。经济开发区南部及填海区域基础设施配套工程建设。推进滨海路拓宽改造工程建设，新建道路长度4.44千米，拓宽后红线宽度40米，新建路灯456基，新建雨水管网7.7千米、污水管网6.4千米，为其他专业管线预留过路管540处，保障道路完整性。普兰店区生活垃圾收运及焚烧发电一体化PPP项目按期完工。项目于3月27日开始点火，6月9日发电试运行，8月9日竣工验收。

【城市管理与行政执法】 2023年，普兰店区城区面貌明显改善。升级改造城区道路48条，完成改造道路总长24千米，施工面积29万平方米，配套建设雨水管线长度27千米、污水管线12千米。完成改造金普广场售楼处、福利街等长期困扰群众汛期出行的积水点5处。快速实施滨海路拓宽改造项目，滨海路道路总长4.44千米，项目总投资1.2亿元，6月8日施工，8月25日通车。充分利用"裁执分离""拆违控危治乱"等措施，解决历史遗留的动迁难问题，拆除违建212处6万平方米，按期完成台渤路、轻西路、丰润置业3号路、4号路的施工任务，成功打通卡脖路、断头路4条，提升区域通行条件。完成城区主次干路、街巷路的坑槽修

补2万余平方米，各路段彩砖调整3000余平方米，污雨水井盖更换400余套；投资330余万元，完成高杆灯等亮化景观灯110基；更新更换路灯电缆2万余米。提升城区环卫保洁作业质量，全年收集清运生活垃圾近7万吨。全面开展垃圾分类工作，新建垃圾分类厢房12座。全年出动执法车辆3600余台次，执法人员1.6万人次，清理占道商贩9万余人次，暂扣经营物品600余件；拆除主次干道两侧无手续、陈旧破损、存在安全隐患的广告设施20余处、条幅200余条、落地牌匾300余块，清理野广告3000处。

【老旧小区改造】 2023年，普兰店区高标准实施老旧小区改造，完善城区的基础设施和公共服务设

老旧小区改造　　　　　　　　　　　　　区住建局　供稿

施功能，优化人居环境。总投资4.1亿元，改造工程涉及3个城区街道、33个小区、420栋楼、210万平方米，惠及居民2万户、7万人。

【住建行政审批】 2023年，普兰店区住房和城乡建设局加强行政许可事项清单管理，做到清单之外无许可。落实"一网通办"工作要求，调整平台各项公示内容，全年调整200余次。持续解决办证

滨海路拓宽改造　　　　　　　　　　　　区住建局　供稿

难问题，累计办结14个项目、14个小区，办结总面积64.5万平方米，涉及189栋楼，受益群众1.7万人；为95家企业办理不动产权证书246本，解决70.85万平方米厂房无证问题。通过大连市工程建设项目联合审批平台，协调办理施工许可55项、商品房预售许可28项、消防设计审查13项、消防竣工验收备案37项、竣工验收备案36项、城市道路占用许可140项、城市道路挖掘许可10项、户外门头牌匾设置81项，收缴城市道路占用（挖掘）修复费373.86万元、城市基础设施配套费1659.89万元，公示审批事项119项。

普兰店区解决"办证难"问题，第十五批暨海湾新城三期B（四期）项目集中颁证仪式　　　　　　　　　　区住建局　供稿

【建筑业】 2023年，普兰店区完成房地产固定资产投资15.2亿元，完成商品房销售面积20.1万平方米，完成建筑业产值56.56亿元。全年引进施工企业36家，迁出企业3家，新成立企业33家，企业资质变更99家，其中地址变更30家、法人变更29家、资金变更12家、企业名称变更11家、资质证书遗失4家、经济类型变更6家、资质注销1家。有建筑施工企业370余家，横跨30余个专业。开展资质预审工作，审核事项169件。办理房地产资质初审相关业务6项，其中新设立申请1项、资质换证4项、资质变更1项。开展建筑市场突出问题专项整治，检查项目39个，涉及建设单位21家，施工单位27家，监理单位13家，下达整改通知书35份。完成公开招标项目监管45项（标段），交易

总额约14亿元；完成非国有资金直接发包项目备案19项（标段），合同总额4.6亿元。全年采用绿色建筑建设项目总建筑面积20.3万平方米，完成绿色建筑项目专项验收8个；采用装配式建筑项目7个，采用装配式建筑技术部分按建筑面积占比超过30%。发放竣工档案初验合格证43个项目，接收竣工档案37个项目，227个单体共3100余卷。

【物业管理服务】 2023年，普兰店区住房和城乡建设局收缴维修资金15笔、金额3013万元，完成物业管理区域备案8个。全年房屋维修资金使用支出301万元，涉及全区23个小区，其中有物业小区12个、无物业小区11个，维修楼房156栋，资金主要用于屋面防水、外墙维修、电梯维修、雨水管等公共部位。开展物业小区检查，累计出动人员112人次，检查内容包括信访投诉、上级检查、燃气安全宣传检查和供暖供热宣传等。接待群众上访32起，电话投诉、业务咨询56起，完成12345网络平台投诉件回复120件。

【城市供热】 2023年，普兰店区住房和城乡建设局推动供热企业完成"冬病夏治"及"两检测一保障"工作。10月，各供热企业两检测（管网检测、热源检测）工作全部完成，保障（储煤）工作也按照时间节点完成。加强有人值守的换热站监督检查，发现问题及时反馈至供热企业整改。推进供热企业安装远程测温表，累计安装远传测温表758块。统计城乡困难家庭取暖费救助，审查取暖低保补助1347户，统计金额81.89万元。处理群众供热投诉，累计受理省"12345"投诉件78件，办结78件；受理市"12345"诉求件3133件，撤件851件，办结2203件。

【城市供气】 2023年，普兰店区住房和城乡建设局加大燃气企业日常监督检查力度，开展燃气安全隐

文景清华园小区燃气复供　　　　　　　　区住建局　供稿

患排查整治行动。开展非居民（餐饮）用户安全隐患排查整治行动2次，发现各类隐患问题300余项，全部完成整改；督促燃气企业开展新一轮隐患排查，发现隐患742项，全部完成整改并实行清单式管理；推进瓶装燃气企业开展入户安检，发现的安全隐患书面告知燃气用户整改。积极办理群众诉求，全年受理省、市"12345"燃气方面群众诉求789件，办结771件，满意率96%以上。助力原坤马供气区域复供工作，现场监督施工，累计收集整理复供承诺书7000余份。

（王　艺）

城市供电

【概况】 2023年，国网辽宁省电力有限公司大连市普兰店区供电分公司用电客户38.9万户。有全口径职工587人，其中全民职工282人。全区总装机容量205.09兆瓦。其中，火电厂1座（垃圾焚烧发电），装机容量12兆瓦；水电厂1座，装机容量5.25兆瓦；风电厂1座，装机容量120兆瓦；分布式光伏装机容量67.84兆瓦。清洁能源占比100%。电网

220千伏公用变电站3座，变电容量960兆伏安，220千伏输电线路12条，线路264.657千米；66千伏公用变电站22座，变电容量990.4兆伏安，66千伏输电线路19条，线路554.574千米。10千伏公用配电线路165条，线路3595千米。全年完成全社会用电量20.56亿千瓦时，比上年增长4.86%。售电量19.9亿千瓦时，比上年下降0.3%。全口径售电平均单价634.89元/千千瓦时，比上年增加3.07元/千千瓦时。售电收入12.69亿元，比上年增长0.18%。综合线损率2.29%。产业单位实现收入1.76亿元，比上年增长24.15%。

【供电服务】 2023年，国网辽宁省电力有限公司大连市普兰店区供电分公司全面推广精准化、特色化网格服务，打造卓越供电服务体系，确保"辽亮服务"工程落地见效。推动"水电气暖"一窗受理，率先进驻政务大厅综合窗口，实现"不动产+电力"过户一站联办。主动服务固特异、移动大数据、平岛、华能风电等重点企业项目。开展小微企业用电套餐数据调查，推动北部地区的食用菌、温室樱桃产业电力保供。联合国网大连公司绿电专班深入大连固特异轮胎有限公司、阿塔其大一互电器

走访调研皮口平岛辽参小镇、华能风电II项目部　　　区供电分公司　供稿

有限公司，开展绿电交易指导，助力产业实现减碳目标。推进村网共建，与区农业农村局签订乡村振兴合作协议，同18个街道签订村网共建协议，建立一对一"村企"网格员对接，实现双向互动。

【供电安全】 2023年，国网辽宁省电力有限公司大连市普兰店区供电分公司完成各项电力保供。梳理电网薄弱环节，针对迎峰度夏、度冬等重要时

区供电分公司首次利用5台中压发电车以转带负荷方式进行检修
区供电分公司 供稿

段，加强重要用户及线路设备专项检查，完善相关应急预案。高质量完成春节、全国两会、中高考等13次重大活动保电工作，出动低压发电车协助其他单位保电7次。发挥带电作业优势，开展10千伏配网不停电作业210次，减少停电时户数2.8599万时·户，比上年增加46.1%。省内首次利用5台中压发电车并联转带负荷方式，实现66千伏安波变电站管辖内5000余户居民停电"零感知"，减少停电时户数1768时户。

【电网建设】 2023年，国网辽宁省电力有限公司大连市普兰店区供电分公司持续夯实地区电网架构。枣房220千伏变电站作为普兰店区首座智能变

电站按期顺利投运，与现有220千伏变电站形成双电源供电格局。完成莲山、乐甲66千伏变电站增容扩建以及各类技改大修工程。完成果树房、平安河66千伏输变电工程的收资工作，为项目平稳落地打下坚实基础。协调区发改局完成普一风电、滩涂光伏配套送出项目收资工作。与区政府签订电力建设协议。完成高压配电网规划以及电网发展诊断分析。

（刘泓霄）

环境保护

【概况】 2023年，普兰店区空气优良天数331天，达标天数比例90.7%；PM2.5累计均值26微克/立方米。全区6个国考断面均值、7个县级以上饮用水水源地水质均达到考核目标。近岸海域优良水质比例99.1%，优于考核目标2.2%。污染地块和危险废物安全利

六·五环境日宣传活动现场
生态环境分局 供稿

用、处置率均100%。中央环保督察反馈的15个问题均按序时进度完成整改，省环境督察6项任务销号验收。印发《大连市普兰店区加强入河入海排污口监督管理工作实施方案》，建立科学高效的入河入海排污口监管制度体系。

【水污染防治】 2023年，普兰店生态环境分局加强重点河流断面巡查，发现问题132个，全部完成整改。落实河流断面污染补偿机制，扣缴相关街道补偿金417万元。完成4714家排污许可、登记企业入河排污口关联源排查，完成入河排污口整治26处，新增封堵入海排污口4处。督促指导18个街道建立街道、社区两级黑臭水体常态化排查制度，完成农村黑臭水体整治20处。加快推进生态治理项目建设，大沙河、登沙河生态治理项目主体工程完工。9月12日，在洼子店水库饮用水水源地开展模拟柴油泄漏的应急演练，通过演练提高突发环境事故应急救援指挥能力和处置能力。

水源地突发环境事件应急演练　　　　　生态环境分局　供稿

2022年秋至2023年春，累计接到疑似火点卫星图片102个，查实秸秆焚烧火点16个，疑似火点属实率15.7%，同比下降30.4%；秋季后，属实火点降为0个。新修订的普兰店区秸秆焚烧管理办法实施以来，查实火点31起，扣缴相关街道资金105万元。

【固体废物污染防治】 2023年，普兰店生态环境分局有效实施土壤和固体废物污染防治。督促2家土壤重点监管企业建立安全隐患排查制度，制定监测方案，开展土壤、地下水检测工作。完成663家企业固体废物网上年度申报工作、160家企业危险废物管理计划备案工作；完成25家企业危险废物年度评估工作，评估结果均为达标。开展新化学物质排查申报工作，排查企业565家，指导需要在网站填报的40家企业完成填报工作。

【环保行政审批】 2023年，普兰店生态环境分局简化办事流程，压缩审批时限，推动重大项目落地建设，积极协调解决海水制氢、陆上风电、渔光互补等项目环评审批问题。通过现场办公和多方协调，实现中粮麦芽（大连）有限公司生产废水通过污水专管直排至区光大水务有限公司污水处理厂。全年批复报告书项目2

【大气污染防治】 2023年，普兰店生态环境分局重新修订重污染天气应急预案和284家涉气企业应急减排清单，对3300余家登记备案类企业进行涉气工艺核查，开展"保良减污"专项行动7次、重污染天气应急演练1次，督促整改环境问题6项。加强扬尘精细化管控，开展空气质量特别管控工作和扬尘污染专项整治"清风行动"，巡查全区施工工地、道路工程、裸露地块、工业物料堆场和积尘道路，发现问题42个，全部完成整改。加强秸秆焚烧管控，

帮助企业解决污水处理及环评手续问题　　　　　生态环境分局　供稿

个、报告表项目24个，登记备案项目596个，核发排污许可证80个，指导办理排污许可登记222个，发放辐射许可证4个，发放危险废物经营许可证3个。

【环境执法】 2023年，普兰店生态环境分局严格生态环境监管及执法工作。全年各类环境违法行为立案23个，下达处罚决定19个，处罚金额86.66万元，罚没款入账金额81.64万元；办理涉嫌环境污染犯罪移送案件1件，适用行政拘留移送案件1件。

【环境信访维稳】 2023年，普兰店生态环境分局及时受理、查处、回复群众关心关注的生态环境问题，受理各类环境信访投诉案件1161件，按期办结率100%，签订息访协议2份，解决历史遗留问题2个。常态化开展领导干部下访活动，坚持问题在一线了解、矛盾在基层化解、问题在当地解决，全年接访5件、下访12件、包案办理化解8件。

【环保督察整改工作】 2023年，普兰店区印发实施《普兰店区重点生态环境问题包保责任清单》，建立定期调度定期通报制度，推进督察反馈问题整改。第二轮中央生态环境保护督察反馈问题，涉普兰店区15项，完成整改10项，剩余5项整改任务均达到序时进度。扎实开展省生态环境保护督察整改任务销号工作，6项任务均完成验收销号。

（沙耀方）

商贸·旅游

商　务

【概况】 2023年，普兰店区加大招商宣传力度，释放市场经济活力，提高为民为企服务水平。全年完成引进省外实际到位资金47.31亿元，比上年增长33.5%。社会消费品零售总额55.47亿元，比上年增长10.1%。

【招商引资工作】 2023年，普兰店区开展"走出去"招商活动74次。全年签约项目84个，总投资198亿元，其中亿元以上项目59个，总投资193亿元。落地项目54个，总投资84亿元，其中亿元以上项目29个，总投资83亿元。在谈项目130个，总投资210亿元。赴日本东京、茨城等地开展招商活动，与菅野农机株式会社、丰洲市场等企业及相关协会达成初步合作意向。出台《普兰店区支持企业发展奖励办法》，印发《普兰店投资要素保障白皮书》和新版招商手册，拍摄新版招商宣传片。全区有外商投资企业96家，产业类型以汽车零部件、服装服饰为主。大连固特异轮胎有限公司新增注册资本1000万美元，销售收入比上年增长21%。盘活半岛境界、西装名城博览中心等闲置资产，总面积12.7万平方米。

【商贸业服务水平提升】 2023年，普兰店区印发《普兰店区商贸业招商引资工作方案》，明确商贸业发展思路及具体工作措施。万达广场、锦龙大厦商圈升级改造工作持续进行。开展"夏季啤酒文化节""趣野丰物节"等促消费活动15场次，带动消费8500万元。星巴克、必胜客等近10家连锁企业首次落户该区。商贸领域入库企业14家，其中批发业8家、零售业3家、餐饮业2家、住宿业1家。

【对口帮扶工作】 2023年，普兰店区向西藏自治区那曲市索县捐赠经济发展资金40万元、助学资金5万元。向新疆生产建设兵团第八师一三三团捐赠资金50万元，支援垃圾分类驿站项目建设。向辽宁省朝阳市双塔区捐赠经济发展资金20万元。采购消费协作产品40.6万元。接待新疆生产建设兵团第八师一三三团"三交"（交流交融交往）活动交流团3批次37人，促进民族团结。

【电子商务发展】 2023年，普兰店区商务局联合大连洺创科技有限公司，开办"电商赋能先行助力乡村振兴"电商直播培训班，参训500余人，为当地特色农产品拓展营销新渠道。组织大杨网络直播销售团队、大连衣姐网络直播销售团队在

2023年8月19日，普兰店万达趣野丰物节活动启幕　　　　区商务局　供稿

普兰店时尚产业创新服务综合体平台开展直播带货活动。

【2023大连时装周普兰店时尚之夜系列活动】
2023年9月2日，大连时装周普兰店时尚之夜系列活动启幕。当晚，POP设界·普兰店时尚产业创新服务综合体揭幕。此外还推出普兰店时尚产业推介、普兰店区服装纺织协会成立、普兰店时尚产业供应链协同发展签约、普兰店时尚产业教学实践基地挂牌、普兰店时尚之夜国际时装秀等时尚产业系列活动。POP设界·普兰店时尚产业创新服务综合体项目占地面积7300余平方米，是普兰店区委、区政府与上海设界科技集团联合为当地企业和全国优秀设计师打造的具有较强行业属性的第三方公共服务平台，助力服装纺织业创新产业服务和科技赋能原创设计发展，也是东北三省首个集流行趋势资讯、原创设计、样衣打版、电商跨境、时尚发布、行业交流、面辅料优选为一体的纺织服装产业服务平台。

2023年9月2日，POP设界·普兰店时尚产业创新服务综合体正式启用
区商务局　供稿

2023 年普兰店区商务酒店

（续表）

序号	名称	地址
1	金悦酒店	城子坦街道城中路27号
2	良运传琦酒店	安波街道温泉街66号
3	大连安波鸿缘酒店	安波街道杨屯社区
4	安波云河温泉酒店	安波街道安波社区
5	安波光明温泉酒店	安波街道安波社区
6	美丽时光温泉酒店	安波街道安波社区
7	大连福慧温泉山庄	安波街道温泉街191号
8	七天阳光酒店	皮口街道新海社区
9	玫瑰园酒店	铁西街道西工路北段18号
10	远瞩精品酒店	铁西街道渤海街91号
11	杰普酒店	丰荣街道幸兰路97号
12	云朵智慧酒店	丰荣街道台山路4号
13	大连嵩森商务宾馆	丰荣街道商业大街86号
14	大连乐家宾馆普兰店二部	丰荣街道文化路115号
15	和润东方酒店	丰荣街道同仁街116号
16	和泓酒店	丰荣街道南山路2号
17	发国大酒店	太平街道府前路218号
18	渔港至尊大酒店	太平街道中心路三段172号
19	太平洋渔港酒店	太平街道康复街15号
20	外滩商务宾馆	太平街道世纪路西段28-5
21	松田主题宾馆	太平街道世纪路西段24-11
22	蓝精灵酒店	太平街道振兴街82-14
23	花好月圆酒店	太平街道渤海街83-1号
24	兴辉凯瑞酒店	太平街道琥珀城282-公建

（霍美洁）

对外贸易

【概况】 2023年，普兰店区持续优化外贸营商环境，扎实推进对外贸易工作。当年，外贸进出口总额107.87亿元，比上年下降2.3%。实际利用外资2201万美元。外贸企业261家，其中规模以上企业85家，占全区规模以上企业的56.3%。

【外贸企业服务】 2023年，普兰店区为本地外贸企业推送境内外展会信息30余场次，协助贺奇玻璃制造(大连)有限公司、大连嘉恩美客木业有限公司、大连同源食品有限公司等30余家企业赴日本、沙特等国家参展。在上海2023中国国际服装服饰博览会（春季）、广东第十三届中国加工贸易产品博览会等国家级重点展会上推介该区服装服饰产业。组织交易团参加第六届中国国际进口博览会，大杨集团有限责任公司、大连达伦特香氛科技有限公司等2家企业参展。

2023年11月5日，普兰店区交易团参加第六届中国国际进口博览会
区商务局　供稿

供销联社　（霍美洁）

【概况】　2023年，普兰店区供销联社进一步深化改革，保障农资供应，推进为农服务。全年组织开展大型农技培训6场。与返乡创业大学生合作成立夹河供销社为农服务中心，当年该中心玉米种子销量占全区总销量60%以上。受邀参加上海宝山樱花节文旅推介暨农产品展销会、大连特色农产品展销会(预制菜专场)、辽宁(大连)中国农民丰收节等活动。自有品牌"花脸丑桃"获第六届果庄杯优质设施桃大赛金奖。当年获大连市供销系统综合业绩考核一等奖。

【备耕物资供应】　2023年，普兰店区供销联社成立春耕备耕生产指导工作专班，加强全系统春耕备耕生产工作的统筹协调和总体调度。春耕前充实农资库存，存储化肥1万吨、农药500吨、种子150吨。春耕期间，全系统销售肥料3.3万吨、农药322吨、农膜635吨，保障全区农业生产需要。

【土地托管服务】　2023年，普兰店区供销联社开展土地托管、代耕代种等服务。完成全程土地托管服务1万公顷次，服务农民600余户。大连市普兰店区泡子供销合作社为农服务中心有限公司入选辽宁省2023年度农业生产社会化优秀服务组织，是大连市唯一上榜的农业生产社会化服务组织。

【普兰店区特色农产品展销会】　2023年9月26—27日，由普兰店区人民政府、大连市供销合作社联合社、中国农业银行股份有限公司大连市分行主办的大连市普兰店区特色农产品展销会在人民广场举办。展销会以"莲城庆丰收　供销为三农"为主题，设标准展位50余个，采取"线上+线下"模式，集中展示展销该区瓜果蔬菜、水产品、粮油作物、酒类等具有本地特色的农产品200余种，实现收

2023年普兰店区特色农产品展销会　　　　区供销联社　供稿

益60余万元。

烟草专卖

（张　慧）

【概况】 2023年，普兰店区烟草专卖局（分公司）进一步提升卷烟市场规范管理水平。全年查处案件17起，查获各类非法卷烟157.9万支。受理各类行政许可业务1356件。新建加盟终端12户、现代终端108户。

【烟草专卖管理】 2023年，普兰店区烟草专卖局（分公司）查处案件17起，涉案卷烟总金额153万元。查获各类非法卷烟157.9万支，烟丝3.8吨。办理该区首起非法销售电子烟案件，查办道路运输环节和物流寄递环节典型案件3起，查处无证户向未成年人销售电子烟案件1起，查办非法经营烟丝案件1起。全年受理各类行政许可业务1356件，许可率50%。

【卷烟营销网络建设】 2023年，普兰店区烟草专卖局（分公司）持续健全布局合理、结构牢靠的零售终端体系。全年新建加盟终端12户、现代终端108户，累计建设优质双规范终端1135户。推进文明吸烟环境建设，为辖内机关企事业单位提供室内吸烟区专用净化器4台，建成室内吸烟室1个。

（刘培艺）

旅　游

【概况】 2023年，普兰店区培育旅游新业态，抓实重点文旅项目推进，开创文旅融合发展新局面。全区有重点文旅项目46个，

总投资111.25亿元。宝盈龙酒庄获批国家AAA级景区。大连安波旅游度假区获批辽宁省级滑雪旅游

宝盈龙酒庄　　　　　　　　城子坦街道办事处　供稿

度假地。

【旅游节庆活动】 2023年，普兰店区举办一系列文旅活动，推动文旅深度融合发展。在沙包街道大盛水库举办"回归乡野好时光"冰上露营帐篷嘉年华活动，设置冰车比赛、冰上陀螺大赛、越野、冬捕、冰上露营、露天电影等项目，让游客感受冰上休闲运动的快乐和魅力。举办"不负春光，相约莲城"2023春季消费暨旅游活动，打造"山、水、城、村"旅游消费新趋势。举办吴姑城庙会，增加非遗节目展演、非遗产品展示、庙会开锣仪式等项目，吸引游客1.5万人次。举办中国·大连首届古莲文化节暨普兰店区文旅产业发展大会，树立"古莲

第14届中国·大连（安波）国际温泉滑雪节开幕式　　　区文旅局　供稿

故里——普兰店"品牌形象。依托"中国·大连（安波）国际温泉滑雪节""大连普兰店（平岛）辽参文化周"等活动，带动休闲海钓、渔家乐、度假康养等新业态发展，促进该区文旅产业提质升级。

【旅游线路产品】 2023年，普兰店区在"五一"期间推出三大亲子主题产品和多条亲子

位于铁西街道的"你侬我侬"亲子园　　　　铁西街道办事处　供稿

乡村游线路。在端午节期间发布"归园田居""亲山近水""浴泉祛暑"等近郊出行精品线路3条。组织多家旅游企业参加第三十二届大连赏槐会暨东北亚国际旅游文化周旅游资源产品展，展示具有地方特色的旅游产品和夏季旅游线路。

【旅游项目建设】 2023年，普兰店区发挥海洋、温泉旅游产业优势，推进旅游项目建设。全区有重点文旅项目46个，总投资111.24亿元。其中，年内建成运营项目2个，投资金额0.38亿元；续建项目6个，投资金额4.47亿元；新建项目9个，投资金额11.93亿元；签约落地项目6个，投资金额28.09亿元；招商洽谈项目10个，投资金额2.47亿元；谋划包装项目13个，投资金额63.9亿元。

（袁书音）

财政 · 税务

财　政

【概况】　2023年，普兰店区一般公共预算收入完成31.42亿元，比上年增长11.4%，完成年初预算的101.7%。一般公共预算支出完成48.71亿元，比上年增长4.5%，完成调整预算的106.1%。政府性基金预算收入完成3.19亿元，比上年增长11.5%，完成年初预算的73.7%。全区政府性基金支出完成3.19亿元，比上年下降28%，完成年初预算的67.4%。

【财政收入】　2023年，普兰店区发挥财源建设专班及税收联动工作机制职能，挖掘税费收入潜力，确保重点项目税收及时入库，依法依规清理欠税。加强非税收入管理，盘活优质资源及闲置资产，解决一批重点罚没项目，农村安全饮水项目收入2.33亿元，太平填海罚没收入11.45亿元，闲置国有资产处置收入1.88亿元，双塔二矿矿业权出让收益收入0.16亿元。全年争取到上级转移支付补助27.81亿元，其中一般性转移支付25.2亿元，专项转移支付2.61亿元。累计争取到新增专项债券2.74亿元，比上年增长39.1%。通过省以下财政体制改革，争取到每年增加1亿元的均衡性财力补助额度，增强基层财政保障能力。

【财政支出】　2023年，普兰店区优化支出结构，突出财政资金使用重点，教育、社会保障、卫生

健康、节能环保、农林水等民生领域支出35.57亿元，占一般公共预算支出的73%。全年教育支出8.89亿元，完善城乡义务教育阶段校舍安全保障工作。全年社会保障和就业支出12.64亿元，用于健全社会救助体系、保障困难群众基本生活等。完成城乡低保提标工作，提标整体保障标准上浮比例超过8.9%，其中城市居民最低生活保障标准每人每月由850元提高到925元，农村居民最低生活保障标准每人每月由660元提高到745元，城市集中和分散供养特困人员救助标准每人每月由1700元提高到1850元，农村集中和分散特困人员救助供养标准每人每月由1105元提高到1203元，新标准于7月1日开始执行。全年卫生健康支出2.32亿元，推进全区卫生健康领域各方面改革系统集成，提升医疗服务能力。全年文化体育与传媒支出1902万元，推进公共文化服务体系建设，促进文化事业发展。

【财政监管】　2023年，普兰店区规范财政管理，深化财政预算改革。完成公开预算单位134家，完

2023年7月17日，普兰店区基层财务人员业务素质能力提升培训班举办开班仪式

成率100%。启用新的大连市政府采购监督管理与交易一体化平台，形成政府采购监督管理与交易"一张网"，全年完成政府采购125项，采购总额1.67亿元，节约资金0.06亿元，节约率4%。完成预算控制数审核277项，审定金额12.71亿元，核减1.66亿元，核减比例11.5%。完成工程竣工结算审查项目227项，审核结算工程造价7.36亿元，核减0.24亿元，核减比例3.1%。推动预算绩效管理工作，对区本级安排的330个预算项目设定绩效目标，涉及财政资金10.66亿元。举办基层财务人员业务素质能力提升培训班，参训200余人次。举办新工会会计制度培训班，参训100余人次。

开展"党建联盟、益企助企、益企惠农"活动　　　　区财政局　供稿

【风险防范管理】　2023年，普兰店区优先保障"三保"支出需求，确保预算安排足额编列。多渠道筹措化债资金，全年化解债务10.07亿元。通过与债权人协商展期、置换等方式，拉长债务期限，缓解债务压力。争取上级化解债务政策，全年争取专项资金13.22亿元，申请银行贷款3.2亿元。申报专项债项目，筹集建设资金，本年度通过财政部审核项目9个，其中财政部发改委双通过项目8个，双通过项目专项债额度5.03亿元。全年发行专项债券2.74亿元。

【金融事务管理】　2023年，普兰店区召开银企对接会议，帮助多家企业申请贷款总额3000万元。协助辖内农业银行、大连农商银行、邮储银行开展海参仓单质押贷款业务，提供信贷总额4678万元。完成整村授信全覆盖工作目标，整村授信模式下新发放的农户贷款全部使用支农再贷款报销，降低农户融资成本。大连农商银行在186个行政村（社区）完成授信15万户，授信金额17亿元，放款2137户，用信金额1.7亿元。参加第七届财富管理精英大赛，录制"守住钱袋子　护好幸福家"宣传视频。在人民广场开展"与民同心　为您守护"防范非法集资宣传月集中宣传活动。与区内金融机构加强党建共建，选派干部挂职邮储银行普兰店支行副行长，共同开展"党建联盟、益企助企、益企惠农"等活动。

【国有资产管理】　2023年，普兰店区开展全区行政事业单位资产清查工作，摸清闲置行政事业性资产情况，包括房产216处、土地2处。完成事业单位优化改革资产划转工作，成立联合检查组，对全区调整优化的事业单位开展机构编制监督检查。推进国企改革工作，提升国资监管效能。将大连市普兰店区新华书店划转至大连市新华书店有限公司；将大连普兰店砂石资源有限公司划转至大连莲城国投发展集团有限公司；完成大连市普兰店区森林旅游公司改制工作；完成皮口港公司制改革，并纳入国资统一监管；将大连普兰店矿山资源有限公司、普兰店安波旅游度假发展有限公司、大连市莲隆水源科技有限公司的经营权委托大连莲城国投发展集团有限公司代为管理。完成全区35户国有企业摸底工作。盘活闲置资源资产，形成财政收入1.88亿元。

（孙海燕）

税 务

【概况】 2023年，普兰店区税务局组织各项收入55.51亿元，比上年增长2.9%，其中税收收入24.51亿元，比上年增长15.4%。组织税收和非税收入形成县乡级财力14.15亿元，比上年增长11.1%。

【税收征管】 2023年，普兰店区税务局加强税收监管，提升收入质效。全年清理欠税2.75亿元，将1户涉嫌逃避追缴欠税企业移送公安机关。加强重点建设项目监控，形成监控成效2232万元。加强房土两税税源信息核实，新增房土两税纳税人153户，一般纳税人房土两税有税申报率由20.9%提高到31.1%，补缴税款751万元。加强土地增值税清算工作，挽回税款320万元。开展税种联动，清理少缴增值税及附加209万元、契税461万元。加强政府拨付工程款项跟踪管理，督促企业按时申报并足额缴纳税款7133万元。全年撰写各类分析报告30余篇。

调研企业生产经营情况　　　　　　　　　　　区税务局　供稿

【税收政策落实】 2023年，普兰店区税务局完善纳税人缴费人税务信息标签，定期精准推送税费优惠政策，覆盖纳税人12.7万户次，推送到位率100%。建立风险防控指标库，发现错误享受优惠纳税人77户，更正申报补缴税款27万元。推送疑点数据核实965条，发现问题213户次，涉及税费37万

元，对存在应享未享情况的90户次纳税人退税9万元。围绕查、纠、改3个环节，谈话提醒4人次，追究执法过错责任1人次，责令1户纳税人补缴税款滞纳金18万元。全年新增减税降费及退税缓税缓费3.37亿元，其中新增减税降费2.99亿元，增值税留抵退税0.38亿元。

【税费治理】 2023年，普兰店区税务局开展数电发票上线及推广工作，核定数电发票纳税人1.3万户，纯数电率93.6%。开展金税四期业务系统及优化社保费申报缴费流程系统测试维护工作。推进与区农业农村局、区不动产登记中心、区公安分局、区自然资源分局等部门涉税信息共享，基本建成税收共治新格局。完成森林植被恢复费划转工作。规范开展行政处罚，全年实施行政处罚1692户次，罚款32.9万元，其中首违不罚106户次，占全部处罚的6.3%。加强建筑业风险排查，辅导企业更正申报并补缴企业所得税117万元。加强供热企业清算管理，累计调减留抵119万元。加强营业账簿印花税疑点核实，补缴税款及滞纳金119万元。加强转租转包海域税收管理，调查未缴纳海域使用金及少缴税款等问题，责令企业补缴税款809万元。根据一址多户、有销无进等虚开发票风险特征，降低738户纳税人数电发票授信额度。全年完成风险任务287户，企业补缴税款及滞纳金1627万元。

【办税缴费服务】 2023年，普兰店区税务局打造"莲城智税"纳税服务品牌，实现线上征纳互动、问办一体。开通"小鱼工作室"线上诉求响应平台，依托大数据为纳税人精准推送前置提醒，实现线上服务无死角。开展便民办税春风行动，推行非接触式办税缴费模式，全年非接触式办税率96%以上，推出绿色通道窗口，提供纳税人即来即走无待服务，提升办税缴费

便利度。加快办税进度，出口退税平均办理时限压缩至1.1个工作日。践行新时代"枫桥经验"，设置四级调解机制，全年解决税费争议138项。协助解决"办证难"问题2529户，受益群众5000余人。推进下年度城乡医保集中征缴工作，完成城乡居民医保"应保尽保、应缴尽缴"目标。开展政策宣传活动10余次,在新媒体平台发布政策宣传稿件25篇。制作《2023年延续优化税费优惠政策思维导图》，将本年度出台的72项税费优惠政策"一图尽收"。推出莲税惠企政策课堂，举办纳税人业务培训会6场，参训人员4645人次。

（王爱军）

深入集市开展政策宣传活动　　　　　　　　区税务局　供稿

金 融 业

银 行

· 中国工商银行股份有限公司
大连普兰店支行 ·

【概况】 2023年，中国工商银行股份有限公司大连普兰店支行扎实内控案防基础，推动内控合规各项活动开展，进一步凝聚合规共识、强化风险管控；加强重大事故隐患专项排查，确保消除事故隐患。持续开展反洗钱及涉案账户等管理工作，严防外部风险事件发生，加强内部管理，进一步提升网点运营质量。做好存款、拓户、普惠等重点工作，全年实现拨备前利润1.4亿元。全年本外币各项全部存款日均余额115亿元，同比增幅9.89%；各项贷款时点余额16亿元，实现中间业务收入3245万元。

【工行普兰店支行夯实存款基础】 2023年，中国工商银行股份有限公司大连普兰店支行持续夯实存款基础，保持存款稳定态势。截至年末，人民币对公存款日均余额5.5亿元，人民币储蓄存款日均余额104亿元。人民币储蓄存款时点余额109亿元。

【工行普兰店支行普惠业务】 2023年，中国工商银行股份有限公司大连普兰店支行加大信贷投放力度，做精做细普惠业务。当年推进法贷新项目营销，完成各项新增贷款投放，完成新项目审批。发挥线上票据融资优势办理贴现业务。根据区域小微客户特点，加强全员宣传和网点渠道，完成各项普惠任务。加大信贷客户拓展力度，至年末，客户数和增量均创历史新高。

【工行普兰店支行不良贷款处置】 2023年，中国工商银行大连普兰店支行个贷不良贷款余额完成上级行控制计划。个人不良贷款清收处置额完成上级行清收处置计划。受托处置资产清收完成清收处置计划。个人账销案存清收处置额完成清收处置计划。个人不良贷款诉讼做到应诉尽诉。

（崔 敏）

· 中国建设银行股份有限公司
大连普兰店支行 ·

【概况】 2023年，中国建设银行股份有限公司大连普兰店支行深入推进"五级责任区"建设，紧抓区域内经济发展机遇，推动支行业务高质量发展。至年末，支行本外币一般性存款余额55.07亿元，比年初新增8.65亿元；贷款余额40.3亿元，比年初新增7.83亿元；实现中间业务收入2780万元；不良贷款余额4.36亿元，较年初下降0.12亿元，不良率11.14%，较年初下降3%。

【建行普兰店支行对公业务】 2023年，中国建设银行股份有限公司大连普兰店支行对公日均存款余额5.12亿元，较年初新增237.59万元，增速0.46%；对公贷款余额25.65亿元，较年初新增4.58亿元，增速21.73%；全年本外币非贴非普贷款净新增3.62亿元；中间业务净收入余额2120.76万元；银监口径普惠贷款余额3.23亿元，较年初净新增1.55亿元，计划完成率172.5%，增速92.02%；农户生产经营贷款金额9106万元，较年初净新增5117万元，计划完成率155.05%，增速128.28%；农户生产经营贷款户数299户，较年初净新增

149户，计划完成率135.45%，增速128.28%。

【建行普兰店支行个人业务】 2023年，中国建设银行股份有限公司大连普兰店支行个人存款日均余额45.31亿元，较年初新增7.53亿元，增速为19.93%；个人客户金融资产新增5.5亿元，增速11.11%；个人加权财富管理客户新增5964.4户，计划完成率128.63%；个人养老金客户新增10443户，计划完成率53.1%；社保卡客户新增1676户，计划完成率52.95%；个金部中收376.77万元，计划完成率为77%。支行加权价值商户合计1758.1户，计划完成率172.2%；数币活跃商户合计140户，计划完成率147.4%。

【建行普兰店支行普惠业务】 2023年，中国建设银行股份有限公司大连普兰店支行贯彻分行"百亿活动"精神，普惠业务有序发展。细挖客户资源，将抵押快贷、商户云贷及涉农类浮筏养殖贷作为重点发力产品。利用"普百企惠万业"活动，整理行内所有商户未授信名单逐户授信，主动抢占商户云贷和商业云贷市场；充分利用总行下发的惠眼视图商机，为存量优质客户办理善担贷业务。组织客户经理逐个营销高新技术企业，全力拓展善新贷客群。支行下辖除公积金外所有网点，均能独立办理抵押类业务，网点的竞争能力及创收能力得到较大提升。至年末，"百亿活动"完成金额1.65亿元，活动计划完成率164.98%；普惠客户较年初净新增232户，全年计划完成率223.08%；"百亿活动"客户完成248户，活动计划完成率215.65%。

【建行普兰店支行国际业务】 2023年，中国建设银行股份有限公司大连普兰店支行大力推进对公外汇业务能力建设，不断提升国际金融服务能力，国际业务实现新突破。通过培训提升客户经理队伍经办国际业务能力，推进外汇业务集约化生产模式。当年，为大连海洋岛水产集团股份有限公司办理跨境代付通业务2笔、国际商业转贷款业务1笔，合计投放金额1.45亿元。为大连北方互感器集团有限公司办理国内信用证福费廷自营业务4100余万元；办理福费廷买入业务，金额5268.57万元，国际结算有效客户净新增24户，贸易融资投放量4640万元。

【建行普兰店支行绿色信贷】 2023年，中国建设银行股份有限公司大连普兰店支行加大跟踪推进绿色信贷项目，信贷结构得以调整。持续跟进华能新能源绿色信贷项目发展，在企业取得立项核准后立即启动项目审批，年内完成该客户陆上风电Ⅱ、沿海滩涂渔光一体示范项目授信9.5亿元；完成中电（大连）智慧能源有限公司户用光伏项目授信1.77亿元，投放贷款349万元。实现海洋岛水产集团1.15亿元跨境代付通、国际商业转贷款业务绿色信贷的认定。

【建行普兰店支行助力乡村振兴】 2023年，中国建设银行股份有限公司大连普兰店支行探索新模式，助力乡村振兴。浮筏养殖贷取得新突破。重点围绕长海诸岛浮筏养殖客户开展营销活动。至年末，为88户养殖户发放浮筏养殖贷款，余额2678万元，较年初新增2345万元。助力涉农领域新发展。开展"公司+农户"业务调研工作，成功投放大连市分行首笔200万元的"公司+农户"个人支农贷款业务，为支行农户贷款业务拓展新的思路。深入乡村街道，建档立卡服务农户。多次走访四平街道，了解当地樱桃种植户的经营情况和融资需求，为104户农户解决融资需求，共计投放2901万元。

（林天森）

· 中国银行股份有限公司
大连普兰店支行 ·

【概况】 2023年，中国银行股份有限公司大连普兰店支行助力稳住经济大盘，服务地区实体经济。贯彻政策导向，实现乡村振兴业绩突破。实现拨备前利润5539万元，增幅10.29%；本外币存款合计

57.09亿元，增幅13.18%；本外币贷款合计15.30亿元，增幅8.81%。当年，支行营业部获大连市共青团委2021-2022年"青年文明号"称号。

【中行普兰店支行融入清洁能源项目建设】　2023年，中国银行股份有限公司大连普兰店支行结合普兰店区"6+6"产业体系布局，加大在节能环保、新兴信息产业、生物产业、高端装备制造业、新材料等战略性新兴产业的金融支持力度。深度融入区基础设施、清洁能源项目建设，为区域内某能源电力企业风电项目累计投放信贷支持1.08亿元。

【中行普兰店支行普惠金融】　2023年，中国银行股份有限公司大连普兰店支行累计投放普惠金融贷款5.3亿元，同比增长56%，累计服务普惠小微企业、个体工商客户168户。持续发挥普惠金融特色网点的触手作用，扩大业务辐射范围及服务半径，为小微企业提供一站式综合金融服务，服务实体经济高质量发展。

【中行普兰店支行助力乡村振兴】

2023年，中国银行股份有限公司大连普兰店支行积极推进重点项目落地，加大涉农贷款投放力度，加强对农村基础设施项目建设和农林牧渔业金融支持。结合普兰店区农业产业特点，为区涉农产业注入活水。实现新增投放涉农贷款2380万元，涉农贷款信贷计划完成率529%。

【中行普兰店支行搭建公交出行支付场景】　2023年，中国银行股份有限公司大连普兰店支行联合中国银联为公交公司搭建普兰店区公交出行支付场景。当年，在全区15条公交线路、130辆台公车上投放设备，开展银行卡闪付和手机扫码乘车。

【中行普兰店支行宣传活动】　2023年，中国银行股份有限公司大连普兰店支行走进合作企业，通过现场宣讲互动、发放折页、与企业员工开展有奖知识问答方式，向企业员工宣传存款保险知识。当年累计发放折页215份，受众消费者227人，提升公众对存款保险制度的认识和理解，增强金融安全意识。

（苗　慧）

· 中国农业银行股份有限公司
大连普兰店支行 ·

【概况】　2023年，中国农业银行股份有限公司大连普兰店支行积极助力乡村振兴，服务县域三农，推动区域经济发展。当年，农行普兰店支行投放法人实体贷款10.58亿元，投放普惠贷款4.89亿元，投放农户贷款2.08亿元。

深入田间地头，做好服务"三农"，保障秋收工作　农行普兰店支行　供稿

【农行普兰店支行支持区域内重点产业】　2023年，中国农业银行股份有限公司大连普兰店支行紧跟区政府大抓项目的战略导向，全力支持重大项目建设落地。为区域内华能普兰店陆上风电二期和大连市沿海滩涂源网荷储一体化示范基地2个项目累计授信11.49亿元。全力支持区域内重点产业，为区域内央企、优质外企、重点产行业龙头企业提供融资支持，简化对企业评级、授信流程，累计发放贷款

近7亿元。在传统结算、跨境金融等方面提供一揽子综合金融服务，助推传统产业转型升级。

深入社区开展金融宣传　　　　　　　　　交行普兰店支行　供稿

【农行普兰店支行助力小微企业】
2023年，中国农业银行股份有限公司大连普兰店支行将普惠金融作为服务社会民生重要内容，灵活运用纳税e贷、抵押贷款等线上信贷产品，满足纳税优质客户、轻资产优质企业融资需求，助力小微企业实现设备更新改造、设备购置。当年，累计为172户普惠型小微企业发放贷款2.65亿元。

【农行普兰店支行助力乡村振兴】 2023年，中国农业银行股份有限公司大连普兰店支行首次将"信用社区"纳入"信用乡、信用村、信用户"体系建设，新评定信用村19个，累计评定信用村57个，累计支持信用户733户，贷款金额1.38亿元。落实区委支持海参产业发展工作思路，破解海参养殖户无抵押融资难题，以信用方式新发放海参养殖户贷款6户282万元，累计为20户海参产业客户提供金融支持2081万元。持续推进数字乡村建设，服务农业农村改革，为53个村上线农行数字乡村平台，累计推荐客户1083户，推动数字乡村工程形成更多现实生产力。

（董丽）

· 交通银行股份有限公司
大连普兰店支行 ·

【概况】 交通银行股份有限公司大连普兰店支行于1994年5月18日开业，内设办公室、公司部、个贷部、个金部和营业部，下设新市支行于1995年10月28日正式对外营业。支行全体员工43人。2023年，交通银行股份有限公司大连普兰店支行坚持稳健经营，严格内控案防管理，规范经营行为，防范金融风险，开展金融宣传，支持地方经济发展。至年末，支行各项存款时点余额19.55亿元，比年初增加2.44亿元；各项存款日均余额18.69亿元，比年初增加2.86亿元；各项贷款余额3.61亿元，其中普惠两增贷款余额1.52亿元，比年初增加2614万元；普惠户数162户，比年初增加33户。

【交行普兰店支行开展银医合作】 2023年，交通银行股份有限公司大连普兰店支行积极寻求社区医院合作目标，共同发展银医合作新道路。年内与多家医院达成合作，大力推动"互联网+医疗+金融"服务体系建设，协助搭建智慧医院平台。交行普兰店支行以社区医院为平台，延展金融服务辐射面，加大个人养老金账户、惠民就医、数字人民币、信用卡、三方存管、惠民贷等各项业务有序推进。全年新签约惠民就医客户2558户；个人养老金签约开户1845户，实现缴存客户218户；落地代发工资487户，代发金额1096万元。

【交行普兰店支行普惠金融业务】 2023年，交通银行股份有限公司大连普兰店支行运用"大客户部+经营单位的1+N"产业链拓展模式，依托航信平台，为一家公司成功办理普惠产业链业务。至年末，开立链属企业结算账户22户，开办快易付业务

2户，发放贷款8笔，累计发放快易付543万元，实现支行产业链业务零的突破。

（高 丹）

· 中国邮政储蓄银行
大连普兰店区支行 ·

【概况】 2023年，中国邮政储蓄银行大连普兰店区支行全面落实集团公司、总分行工作要求，转作风、调结构、强管理、促发展，紧抓"两小业务"，推动支行转型发展。至年末，本外币各项存款余额19.8亿元（不含代理网点），比年初下降2377万元。各项贷款余额15.14亿元，比年初增加4636万元。8月18日，邮储普兰店支行完成迁址，新址位于普兰店区渤海街185-2号。

【邮储普兰店支行完成东北首家海参仓单质押贷款业务】 2023年，普兰店区政府成立"海参仓单质押工作"联络小组，由政府相关职能部门牵头，促成邮储银行、保险公司、农业担保公司及仓储冷链等企业合作。在各方的积极配合下，7月31日，中国邮政储蓄银行大连普兰店区支行与大连欧隆鑫里水产有限公司合作完成大连分行首笔小额贷款海参仓单质押贷款业务，放款37.9万元。上游海参养殖户通过产业贷线上模式，由借款人对在仓储方的海参存货仓单进行质押，作为贷款辅助担保措施实现

2023年7月31日，大连地区首笔海参仓单质押贷款业务落地

邮储普兰店支行 供稿

信贷资金的发放。该笔贷款实现海参产业融资的创新突破，对帮助海参养殖户销售、资金周转起到关键作用，得到政府、核心企业、养殖户的好评。

【邮储普兰店支行助力乡村振兴】 2023年，中国邮政储蓄银行大连普兰店区支行扎实推进金融服务乡村振兴战略有效落实，以高质量服务推动乡村振兴。三农普惠贷款年增7100万元，年度内实现小额贷款年增7936万元。建立乡村振兴金融服务点8个，信用村42个，实现村民足不出户获得银行授信，打通最后一公里的便民金融服务。

【邮储普兰店支行金融宣传】 2023年，中国邮政储蓄银行大连普兰店区支行持续推动消费者权益保护工作具体化、规范化和长效化。开展大连市银行业"四深入、送服务"宣传教育活动，普及金融知识，加强金融消费者教育工作等。利用回访客户、走访信用村、深入到企业和乡村地头及通过走网点进商铺等形式向社会公众进行宣传。结合"消费者投诉接待日行长站大堂"，持续倡导"共筑诚信消费环境"理念，提高消费者风险防范意识和群众合法权益。

（刘秀景）

· 中国农业发展银行
大连市普湾支行 ·

【概况】 2023年，中国农业发展银行大连市普湾支行以服务"三农"需求为经营战略，围绕地区发展战略和服务乡村振兴主场主业，积极履行支农职责，不断加大对实体经济支持力度主动服务。当年，各项贷款余额28.58亿元，各项存款余额3.97亿元，实现FTP利润1748.76万元。积极履行政策性银行职责，累计发放项目贷款3.01亿元。

【农发行普湾支行中长期项目贷款】 2023年，中国农业发展银行大连市普湾支行与普兰店区政府积极沟通谋划普兰店区城镇化建设。发放普兰店区农村供水保障特许经营项目18亿元，支持区农村供水保障特许经营项目建设；发放大连科亚绿色建材研

支持李店社区城镇化建设　　　　农发行普湾支行　供稿

发制造项目2030.11万元，支持大连科亚绿色建材研发制造项目建设；发放大连市普兰店区生活垃圾收运及焚烧发电一体化PPP项目3174.61万元，支持生活垃圾收运及焚烧发电一体化PPP项目建设；发放大连普兰店经济开发区李店社区区域城镇化建设PPP项目2700万元，支持李店社区城镇化建设。

（沙学礼）

· 大连农村商业银行股份有限公司
普兰店支行 ·

【概况】 2023年，大连农村商业银行股份有限公司普兰店支行抓牢工作主线，取得较好经营业绩和发展成果。至年末，各项存款余额216.16亿元，其中储蓄存款余额211.52亿元，对公存款余额4.63亿元；各项贷款余额39.71亿元，实际比年初增加4.1亿元；个人消费类贷款余额6.22亿元。

【大连农商行普兰店支行授信与贷款】 2023年，大连农村商业银行股份有限公司普兰店支行做好粮食生产保障、现代农业设施、区域优势特色品种、特色海洋经济等信贷支持工作，为民营企业和个体工商户提供全方位、一站式融资服务，切实提高金融服务水平。全年累计投放普惠涉农贷款1678笔，贷款金额2.8亿元；累计投放小微企业贷款1.9亿元；投放个人消费贷款706笔，贷款金额2.8亿元；"整村授信"完成授信户数1.73万户，办理信用贷款1529户，贷款金额1.1亿元，办理农业融资担保贷款630万元。

【大连农商行普兰店支行金融宣传】 2023年，大连农村商业银行股份有限公司普兰店支行坚持金融为民，积极践行社会责任，有序开展"3·15金融消费者权益日""普及金融知识，守住'钱袋子'""普及金融知识万里行""四深入、送服务"等金融宣教活动，引导消费者依法、理性维护权益，增强金融消费者信心。10月，在大连市银行业协会的指导下，大连农商银行普兰店支行以普兰店区城子坦消费者教育示范基地为依托，联合大连市特种粮研究所共同举办 "汇聚金融力量 共创美好生活"送金融知识进农村主题宣传活动。

（王俊涛 高航）

"汇聚金融力量 共创美好生活"——送金融知识进农村主题宣传活动
农商行普兰店支行　供稿

· 大连银行股份有限公司 普兰店支行 ·

【概况】 2023年，大连银行股份有限公司普兰店支行聚焦经营效益，夯实管理基础，提升服务质效。进一步加强银政合作，派员进驻区市场监督管理局现场办公，提供便民服务，提升客户的服务体验，拓宽客户来源。至年末，该行资产规模57.83亿元，较年初增加8.57亿元。

开展红色主题见学活动　　　　大连银行普兰店支行　供稿

【大连银行普兰店支行资产质量管控】 2023年，大连银行股份有限公司普兰店支行建立有执行、有监督的管理机制。成功处理存量风险客户的预警信号，实现对公业务、个人消费贷款无新增不良。压降对公存量重点关注业务本金1186万元，存量风险资产质量得到有效控制。目标明确、精准发力，清收工作实现突破，表内资产压缩指标完成全年计划的230%；全部资产现金回收指标完成全年计划的240%。

【大连银行普兰店支行夯实客户基础】 2023年，大连银行股份有限公司普兰店支行树立以客户为中心的经营理念，从有贷户、无贷户、核心客户、战略客户四个维度实现存量客户维护工作全覆盖。制订无贷户服务经理方案，组织开展公司无贷户提升

活动、大银掌柜营销活动等，对公客户质量与数量实现双提升。

（史金晖）

保　险

· 中国人民财产保险股份有限公司 普兰店支公司 ·

【概况】 2023年，中国人民财产保险股份有限公司普兰店支公司聚焦农网深耕与新险种开发、商非新险种拓展、渠道拓客等重点工作；以政策性农险为主要框架，搭建政策性养殖险为主、政策性创新业务、政策性种植险为辅的农险发展模式。全年实现总保费收入1.59亿元，其中车辆保险收入5649万元，农业保险收入6990万元。赔款支付1.31亿元，有效实现区域经济发展保险经济减震器和社会稳定器功能。

【人保财险普兰店支公司业务拓展】 2023年，中国人民财产保险股份有限公司普兰店支公司通过创新金融服务模式，服务乡村产业振兴，让保险在助力脱贫攻坚、保障农民增收中更好地发挥作用。以政策性养殖险为基本盘，以保险+期货为创新突破点，护航普兰店区生猪养殖产业发展。开展生猪和饲料两种"保险+期货"项目，在猪价持续下跌，饲料成本逐渐上涨的市场环境中，为农户锁定饲养成本，实现养殖利润最大化，为区域内的农业产业提供重要支持。

【人保财险普兰店支公司服务质量提升】 2023年，中国人民财产保险股份有限公司普兰店支公司为本区域企业量身定制保险产品，通过个性化保险产品服务实体经济发展。以普惠保、补充工伤、小微企

业信用险等政策性险种，配合雇主安心、安责险、产责险、财产险等商业险种，围绕区委区政府"6+6+3+2"产业布局，特别是为本区域专精特新企业设计保险产品、做好服务。

（姜琪）

· 中国平安财产保险股份有限公司 普兰店支公司 ·

【概况】 2023年，中国平安财产保险股份有限公司普兰店支公司贯彻落实国家金融监督管理总局、国家金融监督管理总局大连监管局各项决策部署，加强合规经营意识，提升服务品质，稳中有进开展各项工作。至年末，普兰店支公司实现保费收入9425.63万元，支付各项赔款5456.23万元，上缴各种税金73.45万元。

【平安产险普兰店支公司客户服务】 2023年，中国平安财产保险股份有限公司普兰店支公司坚持以客户为中心，从客户需求出发，借助科技创新成果为客户提供高效的一站式解决方案，不断优化"一个客户、多种产品、一站式服务"经营模式，提升客户体验。全面推行平安好车主APP、平安企业宝、平安好生活等线上服务平台，打造"车生态""健康生态"双生态体系服务。门店增设自助保单一体机、线上门店预约等，实现自助打印、批改与补打保单等服务。打造"科技智能"门店服务体系，大幅度节约客户时间。在理赔服务方面，普兰店支公司坚持"闪赔、预赔、全透明"的高效查勘、急速理赔服务，让客户省时又省心，提升客户满意度。

（邢宸）

· 中国人寿保险股份有限公司 普兰店市支公司 ·

【概况】 2023年，中国人寿保险股份有限公司普兰店市支公司不断拓展主责主业优势，提升保险服务

能力，助力重点领域发展，进一步提升产品服务供给能力，不断满足人民群众保险服务需求，公司各项业务稳步推进。全年实现总保险费收入6166.7万元。

【中国人寿普兰店市支公司个险渠道业务】 2023年，中国人寿保险股份有限公司普兰店市支公司个险渠道首年期交保费3555.68万元，完成年度预算指标的90.29%，同期增长63.3%；十年期及以上期交保费1847.01万元，完成年度预算指标的129.34%，同期增长142.05%；标保完成1013.5万元，完成年度预算指标的92.3%，同期增长87.71%；短期险保费完成698.91万元，完成年度预算指标的86.5%，同期增长13.65%。

【中国人寿普兰店市支公司团险渠道业务】 2023年，中国人寿保险股份有限公司普兰店市支公司大短险业务税后累计完成1261.82万元，完成全年任务指标的69.98%，同比去年减少6.14%。其中团险渠道税后累计完成543.88万元，完成全年任务指标的61.95%，税后同比负增长23.24%；营销渠道税后累计完成320.46万元，完成全年任务指标的83.89%；收展渠道税后累计完成378.45万元，完成全年任务指标的75.24%；银保渠道税后累计完成19.03万元，完成全年任务指标的47.57%。

【中国人寿普兰店市支公司银保渠道业务】 2023年，中国人寿保险股份有限公司普兰店市支公司期缴保费1349.2万元，达成全年期交业务指标的96.37%。其中，三年期保费1001.1万元，五年期保费348.万元，短险保费19.19万元。

【中国人寿普兰店市支公司客户服务】 2023年，中国人寿保险股份有限公司普兰店市支公司临柜处理业务10354笔，接待临柜客户9588人次。为方便异地办理业务，开创空中客服服务，累积在线时长15天13小时48分18秒。以创新服务为动力，提升服务效率，短险赔付案件5425件，赔付金额979.36

万元，同比增长6.7%，其中意外险理赔288件，理赔金额397.94万元，健康险理赔5137件，理赔金额581.42万元，寿险赔付案件561件，赔付金额1477.13万元，同比增长18.95%。

【中国人寿普兰店市支公司风险管控】 2023年，中国人寿保险股份有限公司普兰店市支公司坚持合规经营，守住风险底线。通过晨会合规时间宣传警示教育课片49件，累计宣传146次。借助"3·15消费者权益日""616客户服务节"等活动，开展反洗钱、防范非法集资、扫黑除恶专项斗争、反电信诈骗等宣传6次。开展全体员工保密教育培训，获得证书32人。

（徐庆莉）

接待临柜客户　　　　　　　　　中国人寿普兰店市支公司　供稿

经 济 管 理

发展改革

【概况】 2023年，普兰店区经济运行平稳，地区综合竞争能力进一步提升。全区实现地区生产总值404.3亿元，比上年增长5%；完成固定资产投资50.5亿元，比上年增长22.2%；规模以上工业总产值245亿元，比上年增长3%。

【重点项目建设】 2023年，普兰店区谋划储备亿元以上项目122个，签约亿元以上项目54个，落地亿元以上项目28个，新开工亿元以上项目37个，举办重大项目开工仪式3次，区领导包建匡算总投资5000万元以上重点项目72个。当年争取新增国债、专项债、中央预算内投资等资金约5.4亿元，比上年增长73%，向街道下达"飞地经济"招商引资工作经费310万元。

【"平急两用"公共基础设施建设】 2023年，普兰店区成立"平急两用"公共基础设施建设、城中村改造、规划建设保障性住房指挥部。储备"平急两用"项目30个，其中列入国家正式清单项目11个，计划总投资2.39亿元，完成投资0.57亿元。"平急两用"项目中，旅游居住设施项目3个，医疗应急服务点项目4个，大仓基地项目4个。年内有市政配套设备备选项目2个，计划投资3.68亿元。

【碳达峰碳中和】 2023年，普兰店区持续推进绿色低碳能源转型。大连普兰店陆上风电项目、大连市沿海滩涂源网荷储一体化示范基地项目（渔光互补）一期工程及海水制氢产业一体化示范项目开工建设。大连市普兰店区丰荣新区污水处理工程（一期）争取中央预算内投资2000万元，争取地方政府专项债券2442万元；皮口港区牛心坨危险货物码头项目争取大连市投资1000万元；为5家充电企业争取大连市专项资金补贴252.44万元。推进聚缘福地、龙山新能源、星岛新能源二期、圣耀新能源等8个充电站和1个换电站建设，新增充电终端156个（直流144个，交流12个），满足周边百姓电动汽车快速充电需求。落实《普兰店区"十四五"散煤替代工作方案》，当年，全区散煤消费量8.8万吨，比上年减少1.2万吨，民用散煤替代383户，公共机构替代9户。

【大连市莲城粮食收储有限公司揭牌】 2023年5月11日，大连市莲城粮食收储有限公司揭牌成立，该公司新增具备低温储存能力完好仓容2.5万吨，监控系统接入省智能化系统，实现储备粮货位全覆盖，粮食应急保障能力进一步提升。该公司前身为区粮食收储库，2021年与皮口粮库合并，2023年1月底完成公司制改革。

（王秀媛）

审计监督

【概况】 2023年，普兰店区审计局发挥审计监督职能作用，服务区域经济社会健康有序发展。全年完成审计项目16个，促进国库及国有企业收入增加0.51亿元，规范账务处理0.51亿元，加快资金分配及拨付0.71亿元；被审计单位采纳审计建议，制定（修订）内控制度、工作部署方案16项，盘活存量资产3处。全年下达被审计单位审计整改督办单11份，完善2018年至今审计发现问题整改台账，审计整改率96.3%。

召开审计发现问题整改会议　　　　　　　　　　　区审计局　供稿

【财政预算执行审计】 2023年，普兰店区审计局开展国有企业经营状况、债务状况等延伸审计。审计党群机关财政预算执行情况，保证财政预算执行审计质量和审计覆盖面，持续维护财经秩序。

【领导干部经济责任审计】 2023年，普兰店区审计局加大经济责任审计力度，加强权力监督。持续推进领导干部年度经济责任履职报告制度，全年审核61个单位78名领导干部履行经济责任情况报告，完成领导干部离任审计33名。实施涉及12名领导干部审计项目8个，推进经济责任常态化监督。

【自然资源资产审计】 2023年，普兰店区审计局加强自然资源资产审计，依据被审计对象自然资源资产保有量不同，侧重审计滩涂、矿产、环保等方面内容。全年开展领导干部自然资源资产审计2项。

（马翔宇）

统计管理

【概况】 2023年，普兰店区统计局持续推进依法统计，提升统计数据质量，服务区域经济社会发展。当年，区统计局统计调查、统计数据上报、统计业务培训等工作圆满完成。

【统计调查审核】 2023年，普兰店区统计局持续规范统计数据全过程生产，按时、准确完成国家、省、市统计系统各专业统计报表工作。当年，开展一套表调查单位申报审核工作，完成一套表调查单位申报审核105家。加强统计分析，撰写统计分析报告30篇。

【统计法治】 2023年，普兰店区统计局开展统计业务和法律法规培训22次，参训730人次。开展全区统计系统统计违纪违法警示教育3次，参加人员150人次。规范开展"双随机一公开"统计执法，检查单位12家。利用统计开放日等开展统计法治宣传教育活动。

【第五次全国经济普查】 2023年6月，普兰店区统计局开展第五次全国经济普查工作，完成组建机构、普查区划分及绘图、普查指导员和普查员选聘及培训、编制清查底册、单位清查等工作。全区划分普查区189个，普查小区301个，标绘建筑物10951

全区第五次全国经济普查单位清查业务和数据处理培训会　　区统计局　供稿

个。聘用"两员"517人，开展大型培训2次，其中单位清查阶段1次，普查登记阶段1次；开展小型培训7次，参加培训1000人次。迎接市级检查7次，开展区级督导检查30余次。清查法人单位12875个，与第四次全国经济普查比较，法人单位数量增长77.8%；清查个体户47334个，与第四次全国经济普查比较，个体户数量增长39.9%。

（李海燕）

价格管理

【概况】 2023年，普兰店区发展和改革局按照国家、辽宁省、大连市及区政府价格工作安排和要求，结合全区实际，深化价格管理和改革，高质高效做好价格调控和监管工作。当年，区发改局完成12345平台分转诉求15件，反馈率、办结率、满意率均100%；完成12345平台发改局知识库更新工作，更新各类政策法规、热点问答信息361条。及时答复办理涉及价格管理方面的人大代表建议、政府信息公开申请、市民来信来人咨询、投诉等事宜，积极解决水、电、气、暖、物业等收费热点问题，做到答复办理结果诉求人满意。

【价费管理】 2023年，普兰店区发展和改革局贯彻落实价费政策，加强价费管理。贯彻落实国家、省、市各项价费政策措施，确保政策执行落到实处，做好政策的宣传、解读。牵头推进区农业水价综合改革工作，全力推进区农业水价综合改革工作，健全农业水价形成机制，按期完成年度改革任务。开展区上年度行政事业性收费情况报送工作，对照收费目录清单确认的收费项目、标准，落实收费政策，全区涉及有行政事业性收费的单位均能依法依规执收，无因乱收费、超标准收费产生的投诉或举报，均审验合格。

【价格监管】 2023年，普兰店区发展和改革局加强价格监管，营造良好营商环境。开展教育收费检查和涉企收费检查。同市场监管局、教育局，检查幼儿园收费情况，确保收费标准符合政策规定，严查超范围、超标准收费行为。同区市场监管局开展涉企收费检查，加强涉企收费政策宣传，减轻企业负担，规范涉企收费行为，维护企业合法权益。规范经营性停车场收费行为。联合执法部门对主城区内车流量大的经营性停车场进行价格巡查，巡视经营性停车场所收费标准、价格公示等价格制度执行情况，维护消费者合法权益。开展经营性停车场收费信息报送工作，规范经营者收费行为。全面落实公平竞争审查制度。健全公平竞争审查机制，规范有效开展审查工作，重新修订并印发《普兰店区发展和改革局公平竞争审查实施办法》，建立"起草机构初审+特定机构复审"的"双审查"机制，推动区发改局公平竞争审查制度有效实施，为市场主体创造公平竞争的制度环境和法治化、便利化的营商环境。

联合市场监管部门对主城区内车流量大的经营性停车场进行价格巡查
区发改局 供稿

【价格监测和成本调查】 2023年，普兰店区发展和改革局精准监测重要商品价格，有序推进农产品成本调查。按照周监测、旬监测时间节点，及时、准确对全区主要农副产品零售价格、农副产品生产环节价格、生产资料价格、畜禽和饲料价格、农村服务价格等五大类80种商品价格信息进行采集、汇总、上报，上报监测

对蔬菜等重要商品价格监测常态化　　　　　　　　　　　　区发改局　供稿

数据3000余条。跟踪分析重要商品和服务市场价格变化，密切关注"菜篮子"、生产资料等重要商品价格情况，及时发现苗头性、倾向性、潜在性价格问题。与24户农产品调查户签署农产品调查协议，明确农产品成本调查的任务和权责，为农调户提供农调工作指导培训，解读各成本收益指标数据，确保采集的农产品成本调查数据准确、详实。完成本地区生猪应急月报调查、大豆直报及苹果、生猪、大豆三个农产品常规成本调查。

2023 年普兰店地区主要农副产品市场价格（一）

单位：元 / 千克

月份	韭菜	芹菜	芸豆	蒜薹	青椒	番茄	黄瓜	甘蓝	马铃薯	大白菜
1	13.4	4.6	21.0	18.0	11.8	7.0	13.2	3.6	3.4	2.8
2	9.0	5.5	18.0	18.0	10.5	7.0	11.0	3.8	3.5	2.5
3	6.3	4.8	18.5	18.5	8.8	9.8	7.5	3.3	3.9	2.1
4	5.0	4.0	12.5	18.5	6.5	9.3	4.8	3.0	3.9	2.0
5	4.2	5.2	8.6	15.6	5.6	6.4	4.4	3.0	4.4	2.8
6	4.3	6.0	7.3	16.0	4.8	5.5	3.0	3.0	3.2	2.9
7	5.2	6.4	6.8	16.6	4.2	4.6	3.4	3.0	2.4	2.9
8	5.8	5.0	8.3	16.0	5.3	5.8	5.5	3.0	3.2	3.0
9	5.3	4.3	8.8	16.0	6.0	5.8	5.0	3.0	3.0	3.0
10	6.4	4.4	6.4	16.0	5.8	5.2	5.6	3.0	3.0	2.4
11	6.3	4.3	8.5	17.0	4.5	6.0	7.8	3.0	3.0	1.7
12	8.8	5.5	15.3	18.0	6.8	7.5	8.0	3.5	3.0	2.5
平均价	6.7	5.0	11.7	17.0	6.7	6.7	6.6	3.2	3.3	2.6
同期价比	−9.9%	−13.8%	7.0%	11.2%	−16.0%	−16.0%	−7.0%	−22.4%	14.7%	−20.3%

说明：表中 1—12 月份所列价格为月平均价

2023 年普兰店地区主要农副产品市场价格（二）

单位：元/千克

月份	大米（标一）	面粉（特一）	豆油（一级）	猪肉（后肘）	牛肉	羊肉	鲜鸡蛋
1	5.2	5.4	12.0	27.6	84.0	92.0	10.3
2	5.2	5.4	12.0	24.5	84.0	90.5	9.6
3	5.2	5.4	12.0	25.0	84.0	90.0	10.3
4	5.2	5.4	12.0	22.5	84.0	90.0	10.4
5	5.0	5.1	12.0	24.0	84.0	90.0	9.8
6	5.0	4.8	12.0	24.0	84.0	90.0	9.8
7	5.0	4.8	11.0	22.8	76.0	86.0	9.3
8	5.0	4.8	11.0	28.0	76.0	86.0	11.0
9	5.0	4.8	12.0	26.0	76.0	86.0	11.8
10	5.0	4.8	11.4	24.8	73.6	82.4	10.0
11	5.0	4.8	11.0	24.0	72.0	80.0	9.7
12	5.0	4.8	11.0	23.0	72.0	80.0	9.4
平均价	5.1	5.0	11.6	24.7	79.1	86.9	10.1
同期价比	−1.9%	−5.7%	−6.5%	−14.8%	−5.8%	−6.3%	−4.7%

说明：表中 1—12 月份所列价格为月平均价

2023 年普兰店地区主要农业生产资料价格（三）

单位：元/千克

月份	尿素（含氮46%）	磷酸二铵	三元复合肥	高压聚乙烯棚膜	高压聚乙烯地膜	氧化乐果	豆粕	麦麸	仔猪（集市10公斤左右）
1	3.2	4.2	3.8	13.3	13.3	43.0	5.5	3.0	29.4
2	3.1	4.3	3.7	13.0	13.0	42.0	5.4	3	40.6
3	3.0	4.4	3.5	13.0	13.0	42.0	4.9	2.9	46.0
4	2.9	4.4	3.5	13.0	13.0	42.0	4.8	2.7	38.0
5	2.7	4.3	3.4	13.0	13.0	42.0	5.1	2.8	36.7
6	2.6	4.1	3.2	13.0	13.0	42.0	4.9	2.8	35.4
7	2.7	4.2	3.2	13.0	13.0	42.0	4.9	2.8	33.4
8	2.8	4.2	3.2	13.0	13.0	42.0	5.2	2.8	37.0
9	2.9	4.4	3.5	15.0	15.0	42.0	5.6	2.8	29.4
10	2.8	4.4	3.5	15.0	15.0	42.0	5.2	2.7	22.0
11	2.9	4.4	3.5	15.0	15.0	42.0	5.0	2.6	18.0
12	2.9	4.4	3.5	15.0	15.0	42.0	4.8	2.4	18.0
平均价	2.9	4.3	3.5	13.7	13.7	42.1	5.1	2.7	32.0
同期价比	−6.5%	4.9%	−7.9%	−2.1%	−1.4%	−0.1	−7.3%	−6.9%	−25.4%

说明：表中 1—12 月份所列价格为月平均价

（孙吉辉 杜维贞）

市场监督管理

【概况】 2023年，普兰店区有各类市场主体64954户，比上年增加8.5%。当年新登记各类市场主体9028户，比上年增加41.9%。实有企业累计16276户，比上年增加7.2%。当年新登记企业2029户，比上年增加20.6%。内资企业16125户，比上年增加7.3%，内资企业注册资本（金）总额1280.35亿元，比上年增加512.2%；私营企业14602户，比上年增加7.5%，私营企业注册资本（金）934.19亿元，比上年增加8.1%。新设立内资企业2029户，比上年增加0.4%；私营企业1881户，比上年增加19.4%。全年新登记第一产业2399户，比上年增加264.6%；第二产业1071户，比上年增加36.6%；第三产业5558户，比上年增加12.9%。

检查特种设备使用单位　　　　　　　　区市场监督管理局　供稿

控监管，开展"美瞳"、化妆品等专项治理行动。检查叉车、车用气瓶充装单位、商贸市场和公共场所的特种设备、旅游市场特种设备，开展传菜梯等杂物电梯专项执法检查。全覆盖检查充装企业，抽查餐饮单位使用气瓶情况，发现一般隐患50余处、重大安全隐患2处，下达安全监察指令书72份。全年无食品、药品、特种设备安全事故发生。

区市场监督管理局举行行政执法制式服装换装仪式　区市场监督管理局　供稿

【"三品一特"安全监管】 2023年，普兰店区市场监督管理局落实食品、药品、特种设备、产品质量安全监管责任。全年检查各类经营主体2800余家次，整改问题300余个，立案查处案件148件。全区1272名党政干部包保食品企业6479户，食品安全包保督导率、问题认领率、督导整改率100%。开展特殊药品、药品经营使用环节等专项整治。加强疫苗运输、储存等环节冷链温

【标准计量监管】 2023年，普兰店区市场监督管理局加强计量、认证、检验检测等工作。双随机抽查加油（气）站、眼镜店，全覆盖监督检查各类检验检测机构，监督检查销售企业流通领域CCC认证产品。开展小微企业质量管理体系认证提升帮扶行动，组织小微企业参加省、市小微企业质量管理体系认证培训。围绕世界计量日中国主题"计量助力中国式现代化"，重点宣传"计量与市场监管""计量与民生""计量与消费者权益""计量与质量""计量知识科普系列"等内容，深入社区、餐饮、加油站、商场、超市以及徒步大会现场等场所发放宣传单500余份。开展"质量认证系列宣传周"宣传活动，激活认证市场内生动力。

【信用监管】 2023年，普兰店区市场监督管理局持续开展"双随机、一公开"抽查检查工作。开展信用修复工作，移出经营异常名录库企业141户、个体取消标记261户，移出严重违法失信企业5户。开展"空壳"企业清理专项行动。按照"引导规范一批、动员注销一批、依法吊销一批"的原则，清理吊销长期停业未经营企业128家。10个市场监管所挂牌成立"小个专党建工作指导站"和"个体工商户服务站"。

【质量提升工作】 2023年，普兰店区市场监督管理局开展质量服务进万企活动，设置"一站式服务站"，帮扶企业顺利完成换证工作6家，完成首席质量官备案企业45家。组织2家企业参加辽宁省省长质量奖申报工作，参与省品牌评价工作企业4家。开展儿童和学生用品、非医用口罩、成品油相关产品、电动自行车、境外卫星接收设施、燃气用具、消防用品、烟花爆竹、食品相关、保温材料、固态硬盘、车用柴油、车用汽油、聚氯乙烯（PVC）、轴承等重点产品专项整治，出动执法人员110人次，检查生产企业7家，检查销售商户24家。组织20家企业参与质量大讲堂培训，参与品牌价值培训企业8家。开展"质量月"宣传活动，发送宣传材料2000余份。

执法人员检查燃气灶具　　　　　　区市场监督管理局　供稿

【监管执法】 2023年，普兰店区市场监督管理局全年审核案件154件，提出审核意见200余条。下达行政处罚决定书案件94件，罚没款67.5万元。下达不予行政处罚决定书60件。答复检察院检察建议书11件、法院司法建议书2件，向其他市场监管局和行政部门移送案件线索37件。解答各类政策法规咨询980余条，完成消费者投诉答复审核580余件，提出修改意见50余条。

【广告监管】 2023年，普兰店区市场监督管理局加大广告监管力度。加强电视、报纸、期刊、广播、互联网等广告发布媒体广告监测，督促传统媒体及互联网平台履行法定广告审查义务。开展校外培训机构违法广告、广播电视违法违规广播、医疗美容、药品、保健食品、旅游市场、房地产广告、LED电子显示屏广告、网络市场监测主体数据核查判定、农贸市场水产品欺诈宰客等侵害消费者合法权益行为、长江流域非法捕捞渔获物、"2023清风行动"、水产品市场、重点领域合同格式条款、拍卖活动、文物经营活动、互联网销售危险化学品等专项治理工作。

【知识产权及价格监管】 2023年，普兰店区市场监督管理局实现知识产权质押融资1.1亿元，指导成立辽宁省第一家"互感器产业知识产权保护联盟"。北互集团、麦克斯有限公司分别获得国家知识产权示范企业和优势企业称号，区市场监督管理局获评省知识产权保护工作成绩突出集体。举办"莲城烟火·东街大集"活动，注册农产品普通商标169件，"墨盘花生"地理标志证明商标上报国家知识产权局，达伦特、大杨集团申报商标品牌建设优秀案例通过大连市评审并公示。开展"两节""两会"价格、农资市场价格、停车收费行为、教育收费、涉企违规收费、医疗机构收费、旅游市场、驾校科目三考场收费等专项检查整治行动和阳光医务、稳价保质、扫黄打非专项行动。打击传销活动和公平竞争审查工作持续开展。

【消费者权益保护】 2023年，普兰店区市场监督管理局持续加大消费者权益保护力度。开展"激发消费活力"为主题"3·15"消费宣传活动。全年依法处理并办结消费者投诉举报2007件。

（宋 奇）

应急管理

【概况】 2023年，普兰店区应急管理局牢固树立安全发展理念，加强安全生产风险防范，推进重大事故隐患排查整治行动，全区安全生产形势总体稳定。当年，全区工矿商贸领域无生产安全事故；发生生产经营性道路交通亡人事故12起，死亡13人，事故起数和死亡人数实现"双下降"；渔业船舶发生火灾事故1起，死亡2人。

【安全生产综合监管】 2023年，普兰店区印发《区委、区政府领导班子成员安全生产责任清单》等制度性文件20余份，创新制定并组织实施《领导干部常态化带队检查安全生产工作制度》。区安全生产委员会办公室每日对安全生产工作进行调度，每月下发重点工作提示单，督促各相关单位抓好落实。全年印发工作通报4次，组织联合督导检查8次，约谈2个部门和3家企业，针对道路交通、建筑施工、城镇燃气、高层建筑、电动自行车、醇基燃料等重点工作下发交办单10余份。在铸造、危险化学品、木制品等有代表性的重点企业组织召开"四项机制"现场观摩会，以点带面推动安全生产管理水平整体提升。督促、指导危险因素较多的105家重点企业每天在大连市应急局网站进行安全承诺公告。

【安全生产监管执法】 2023年，普兰店区应急管理局落实年初执法检查计划，执法检查211家，排查整

改问题隐患450项，立案9起，行政处罚9.5万元，上报应急部执法典型案例7个。安全生产专项整治。组织开展危险化学品、醇基燃料、城镇燃气、防火防爆、易燃易爆、防坍塌等专项整治和安全检查30余次，检查单位（场所）2131家次，排查整改问题隐患1165项。"打非治违"工作。组织全区各街道（园区）、各部门检查企业950家次，出动执法人员3900余人次，聘请专家83人次，联合检查101次，对非法、违法行为立案409起，行政处罚68.65万元，没收成品油3800升、拘留2人。重大事故隐患专项排查整治2023行动。组织检查各类生产经营单位4094家次，排查一般问题隐患4773项、排查并通过系统上报重大事故隐患62项，全部完成整改，行政处罚61次，罚款79万元，约谈企业11家，责令停产整顿3家，停止设备使用7项，扣押渔船3艘，公布典型执法案例2次。

【安全生产宣传教育】 2023年，普兰店区应急管理局拓宽宣传渠道，在区人民广播电台开通"普兰店小安提醒"栏目、在综合广播（FM90.8）启动"走进小安直播间"直播节目。创新宣传方式，开展"移动小安进企业"活动，制作安全警示教育短视频，利用便携式投影仪，进企业下车间现场播放警示教育片。提升宣传质效，通过"普兰店小安"栏目及中省直等媒体发布安全警示信息和宣传报道100余次，在媒体上发稿量位居县区应急部门首位。持续广泛宣传，组织开展安全生产月、安全宣传"五进"、全员安全大培训、"安全警示日"等活动，全民安全意识进一步提升。

【森林防灭火工作】 2023年，普兰店区应急管理局筑牢森林"防火墙"，累计出动人员3万余人次，坚守卡口、山头1400余处。全年发布森林防火预警160期，开展森林防火督导检查10余次。

【应急管理工作】 2023年，普兰店区应急管理局健全完善应急预案，组织修订《普兰店区生产安全事故应急预案》等区级专项应急预案16部、实用性预案6部。

应急演练提质增效，组织开展区级大型商业综合体火灾逃生、突发地质灾害、防震逃生等专项应急演练活动14次，组织各街道开展防汛应急抢险演练12次。

【防灾减灾救灾工作】 2023年，普兰店区应急管理局争取中央财政自然灾害资金118万元；争取上级救灾物资5.4万件（套、顶、台），价值837万元，用于受灾群众生活救助和增加防汛物资储备。组织做好"8·23"地震后的安全风险隐患排查，完成6户损坏房屋的修缮工作。

【地震灾害】 8月23日18时19分，普兰店区(北纬39.42度，东经122.20度)发生4.6级地震，震源深度8千米。18时40分，该区(北纬39.42度，东经122.18度)又发生2.8级地震，震源深度10千米。地震震中位于该区唐家房街道李沟村附近，震中距该区主城区23千米、距大连市主城区76千米。无因灾死亡失踪人口和紧急转移安置人口。财产损失12.9万元。

（吴安国）

自然资源管理

· 土地资源管理 ·

【概况】 2023年，普兰店区土地资源管理水平不断提升，在耕地资源保护、土地要素保障、盘活存量土地资源、推行工业"标准地"、构建高质量发展国土空间格局、持续升级优化营商环境等方面都取得成效，为全区高质量发展提供有力支撑。全年受理征地项目29个，完成国有建设用地使用权供应43宗，完成设施农业备案项目18个；处置批而未供土地27.35公顷，处置闲置土地19.29公顷。

【耕地资源保护】 2023年，普兰店区完成耕地和永久基本农田处置工作。高质量完成区耕地保护工作，当年日常变更调查耕地流出面积56.08公顷，耕地流入面积860.08公顷，耕地面积净增加804公顷。

【土地利用管理】 2023年，普兰店区全力保障重大项目有地可供、有地可落。全年受理征地项目29个，总面积85.77公顷；完成国有建设用地使用权供应43宗，总面积102.3公顷，收取土地出让价款共2.58亿元。完成设施农业备案项目18个，占地面积127.76公顷，占用耕地56.88公顷。推行"标准地"。按照辽宁省自然资源厅等15部门《关于印发〈关于推行工业用地"标准地"出让的实施意见〉的通知》要求，完成《关于在大连普兰店经济开发区推行工业用地"标准地"出让实施方案》制定。

【盘活存量土地】 2023年，普兰店区大力推进"两块地"盘活处置，通过供地方式处置批而未供土地27.35公顷，处置率30.7%。处置闲置土地19.29公顷，处置率39.5%。积极开展第二批"最大化净地"工作，涉及8家用地企业10宗国有建设用地，总面积107.07公顷，全部完成闲置认定程序。

【国土空间规划】 2023年，普兰店区级国土空间规划《普兰店区国土空间规划（2021—2035年）》和15个街道国土空间规划通过区人大常委会审议，完成43个村庄规划初步成果和普兰店区平岛控制单元、双塔石材产业园控制性详细规划编制工作。

【土地行政审批】 2023年，普兰店区自然资源分局下达规划条件11项、核发建设项目用地预审与选址意见书9项、发放建设用地规划许可证14项、办理乡村建设规划许可证2项、核发建设工程规划许可证49项、办理规划核实与用地验收意见书34项，办理规划放、验线手续33项、审查建筑设计方案49套、出具规划意见40项。

· 地质矿产管理 ·

【概况】 2023年，普兰店区加强矿产资源管理、矿山地质环境治理和地质灾害防治，践行绿色发展理念，筑牢行业发展安全底线，以矿产资源推进全区经济高质量发展,保障人民生命财产安全。

【矿产资源管理】 2023年,普兰店区自然资源分局挂牌出让大连市普兰店区双塔二矿,矿区面积0.5639平方千米,开采矿种为建筑用花岗岩,开采规模246万立方米/年,开采标高156米至40米,出让年限10年,出让金额4000万元。

【矿山地质环境治理】 2023年,普兰店区成立废弃矿山复绿新突破三年行动工作专班,制定《普兰店区废弃矿山复绿新突破三年行动计划》和《普兰店区2023年度废弃矿山复绿工作实施方案》。当年完成废弃矿山恢复治理面积234.2公顷,完成大连市下达的治理任务,占废弃矿山复绿三年行动总任务的94.3%。

【地质灾害防治】 2023年,普兰店区完善群测群防三级网络体系,成立地质灾害防治领导小组,推进地质灾害防治属地化。科学编制普兰店区年度地质灾害防治方案,加强地质灾害隐患点排查。加强区级地质灾害气象预警预报,与气象部门签订气象预报预警工作备忘录,及时共享气象信息。全区实现汛期地质灾害易发区连续六年"零伤亡"。

· 林业资源管理 ·

【概况】 2023年,普兰店区全面开展美丽乡村建设,组织开展"植树有我,绿满莲城"义务植树活动,完成荒山造林面积33.3公顷。森林防火持续保持高压态势,连续四年森林防火工作实现"零火情"。

【植树造林】 2023年,普兰店区完成荒山造林面积33.3公顷,退化林分修复面积300公顷,森林抚育面积200公顷,年度主要造林树种良种使用率100%。开展"植树有我,绿满莲城"普兰店区义务植树活动,全区机关、事业单位1000余人参与植树,栽植绿化苗木4万余株,主要为法桐、云杉、五角枫等树种,绿化面积46.7公顷。

【乡村绿化】 2023年,普兰店区开展乡村绿化美化工作,农村"四旁"植树量55.5万株。在铁西、丰荣、星台等13个街道建设绿化项目32个,打造森林乡村7个,建设绿道花街25条,完成长度90.8千米。

【森林防火】 2023年,普兰店区压实森林防火责任,下发普兰区《"扫雷2023"暨全区森林火灾隐患排查整治常态化行动实施方案》。在春节等重要时期进行卡点蹲守和动态巡查,出动巡护人员4400余人次,设立防火检查站225处,出动车辆1200余台次,实现全区连续四年森林防火工作"零火情"。区森林防火队伍代表大连地区参加全省第二届林草系统森林草原消防队伍专业技能大比武和综合演练,获风力灭火协作战术单项第一名、携装负重越野单项第三名、综合团体第二名。

· 自然资源执法 ·

【概况】 2023年,普兰店区严守耕地保护红线,加强自然资源执法力度,坚持"零容忍"遏制新增违法行为,努力建设复合型自然资源执法队伍,加大力度保护全区自然资源。

【违法用地案件查处】 2023年,普兰店区自然资源执法部门加强违法用地行为打击力度。全年下达行政处罚案件84宗,其中土地违法案件43宗、林业违法案件41宗,收缴罚款948万元,申请法院强制执行案件34宗。

【自然资源执法专项工作】 2023年,普兰店区整改土地执法卫片耕地"非农化"违法图斑26个,消除违法耕地面积2.75公顷。2013—2021年森林督查1457个图斑全部完成查处整改;2023年森林督查整改到位11个,整改率91.67%。农村乱占耕地建房专项整治,需响应存量问题图斑16598,全部响应。

(赵 鑫)

人力资源和社会保障

劳动就业

【概况】 2023年，普兰店区人力资源和社会保障局突出稳就业保就业工作主线，优化社会保障服务，加强人才人事管理、构建和谐劳动关系。全年城镇新增就业人数6938人，就业困难人员就业人数906人，失业人员实现再就业6794人，扶持创业带头人69人；全年组织公开招聘事业单位工作人员115人,指导开展2023年教育系统招聘全日制优秀毕业生76人。

【就业服务】 2023年，普兰店区人力资源和社会保障局搭建线上线下相结合的就业服务平台，提高招聘信息投放频次，做到"周周有招聘、时时有服务"。依托"普兰店人社""大连普兰店区就业和人才市场"微信公众号、快手"普兰店人力资源市场"直播号为1909家企业发布用工岗位信息1.4万个；全年举办专场主题招聘会26场，参与招聘活动企业697家，提供招聘岗位17580个，吸引求职者1万余人；组织大连海洋大学和大连工

业大学"百企千岗进校园，青春英才聚莲城"专场招聘会，11家辖区企业参加，提供岗位288个，接收毕业生简历345份，达成用工意向257人。当年全区城镇新增就业人数6938人，就业困难人员就业人数906人，失业人员实现再就业6794人，创业带头人完成69人，创业带头人带动就业人数363人,青年就业见习岗位募集数量145个。

【援企稳岗政策落地见效】 2023年，普兰店区人力资源和社会保障局开展"走企业、送政策、解难题"服务行动，深入辖区企业20余家，"面对面""一对一"精准服务企业，扎实推动各项政策有效落实。采取向企业邮寄一封信的形式，将就业人才政策宣传手册邮寄到全区380户企业。累计为全区1198家企业完成2022年度失业保险稳岗返还补贴资金审核，涉及资金82.93万元；为5家企业发放一次性吸纳高校毕业生就业补贴4.2万元，为3家企业发放创业场地租金补贴0.9万元。

【重点群体就业兜底保障】 2023年，普兰店区人力资源和社会保障局审核通过失业保险金720人；审核通过2023年1—3季度享受就业困难人员灵活就业社保补贴1585人，涉及补贴金额313万元。加大高校毕业生就业帮扶，拓展高校毕业生就业渠道，促进市场化、社会化就业，增强毕业生就业稳定性，全区高校毕业生"三支一扶"和基层服务岗位计划人员在岗74人，累计发放补贴待遇及保险183.04万元。

2023年普兰店区"春风送真情 援助暖民心"新春专场招聘会 区人社局 供稿

【职业技能提升推进】 2023年，普兰店区人力资源和社会保障局积极推进职业技能提升和青年就业见习。开展各类职业技能培训，审核通过政府补贴直补机构248人，审核通过补贴资金51.52万元；企业职工岗位技能提升补贴审核517人次，审核通过补贴资金90.5万元。开展青年就业见习补贴项目工作，面向社会公开征集、新增开发青年就业见习基地5家，为51人提供岗位见习。

社会保障

【概况】 2023年，普兰店区人力资源和社会保障局加大社保政策宣传力度，落实各项社保惠民政策。积极开展"社保服务进万家——全民参保共享美

开展"社保服务进万家——全民参保共享美好"活动　　区人社局　供稿

好"活动，全区养老保险在职参保总人数达到27.6万人，工伤、失业保险参保人数达6.04万人。全年审批机关事业单位和职工退休5096人，为23.61万名享受待遇人员发放养老保险待遇42.98亿元。

【社会保障政策落实】 2023年，普兰店区养老保险在职参保总人数27.6万人，征缴基本养老保险费14.59亿元。其中，企业职

工基本养老保险在职参保49541人，征缴保费5.3亿元；灵活就业人员参保73029人，征缴保费6.45亿元；机关事业单位养老保险在职参保10890人，征缴保费2.25亿元；城乡居民基本养老保险在职参保14.2万人，征缴保费5886万元，征缴机关事业单位职业年金6383万元。

【社会保障待遇按时发放】 2023年，普兰店区人力资源和社会保障局审批机关事业单位和职工退休5096人，为23.61万名享受待遇人员发放养老保险待遇42.98亿元。其中，为9.59万名企业离退休人员发放养老金约30.91亿元；为1.1万名机关事业单位退休人员发放养老金7.83亿元；为12.64万名城乡居民享受待遇人员发放养老金3.92亿元，为0.28万名失地居民，发放被征地农民养老金0.32亿元。企业和城乡居民养老金按时足额发放和社会化发放继续保持两个100%。"中人"改办业务累计完成2795人。

人事管理

【概况】 2023年，普兰店区人力资源和社会保障局不断加强人事管理，积极助力人才储备。落实表彰奖励、事业单位人事管理等政策，

调研大连北方互感器集团人才需求　　区人社局　供稿

完成工资年报、人事年报、事业单位公开招聘人员计划编制申报。全年开展技能培训活动8场，全区专业技术人才职称申报285人。

【人事管理稳步推进】 2023年，普兰店区人力资源和社会保障局完成事业单位公开招聘人员计划编制申报、资格审查、体检考察工作并完成115人录用工作；完成2022年度全区174家事业单位工作人员年度考核和奖励备案等工作，指导开展2023年教育系统招聘全日制优秀毕业生工作并完成76人录用工作；完成2023年度教育系统教龄津贴审批工资459人；完成全区2022年度及2023年度转业士官的备案及工资审批工作；完成事业单位岗位聘用及科级领导干部选拔任用及工资调整审批等相关工作。

【事业单位改革】 2023年，普兰店区人力资源和社会保障局根据区委区政府相关工作安排，会同区委编办推进事业单位优化调整。按照区委编办对相关事业单位的职责、管理体制、内设（分支）机构、人员编制等事项要求，开展岗位设置、岗位聘用等工作；组织实施教育系统和交流轮岗人员231人及转隶教师97人的人事关系理顺和工资审批工作等。组织区档案馆及区委党研室事业单位工作人员14人转隶及聘用工作。

【人才储备工作】 2023年，普兰店区人力资源和社会保障局积极助力人才储备工作。5月，联合区应急管理局开展安全生产大排查工作。选树名科职业培训学校为典型，组织召开现场观摩会，现场进行消防应急演练。8月，开展民办职业培训机构督导评估工作，全面督导检查区内民办职业培训机构4家，规范机构管理工作。制定《普兰店区职业技能培训和评价专项整治工作实施方案》。开展高层次人才认定受理工作。发放2022年企业骨干技术技

能人才薪酬补贴7万元、2021年本地高层次人才津贴9.46万元、2022年本地高层次人才津贴5.5万元、省级一类竞赛奖励1.4万元、专家服务基层项目资金10万元。推荐享受政府特殊津贴人员2人、"大连工匠"1人、区级劳务品牌1家。联合区总工会举办"工匠杯"职业技能竞赛暨全区电商直播大赛、全区厨艺技能大赛和全区服装技能大赛。为区引进实用人才提供人才公寓租住，新增审核通过人才公寓33人，新增入住25人。

赴大连职业技术学院开展"青年学子留连来连高校行"人才政策宣讲
区人社局　供稿

劳动管理

【概况】 2023年，普兰店区人力资源和社会保障局全力保障劳动者合法权益。规范审批审核事项，保障企业发展。加强日常监管执法，保障农民工工资支付。提高劳动人事争议处理效能，抓实纠纷化解工作。全年办理劳务派遣行政许可事项21件，为487名劳动者追发工资673.49万元，接到投诉劳动人事争议案件607件，受理率100%。

【农民工工资支付保障】 2023年，普兰店区人力资源和社会保障局加强日常监管执法，保障农民工工资支付。组织开展根治欠薪春季、夏季、秋季、冬季行动、社会公共服务等领域欠薪隐患排查、工程项目落实保障农民工工资支付制度情况专项检查、建筑市场突出问题专项整治行动等多项检查，

发放农民工工资　　　　　　　　　　　区人社局　供稿

检查工程项目100余次，纠正违法问题50余个，向工地农民工发放《辽宁省保障农民工工资支付调查问卷》150余份。61个工程项目实现"一金三制"全覆盖，存储保证金2388.92万元，保证金余量5994.94万元。深入推进根治欠薪信息化建设，加强对工程项目实名考勤、人工费用拨付、工资保证金存储等环节及预警处置信息化管理。进一步畅通欠薪维权渠道，落实首问负责制，提升欠薪案件线索受理和转办效率。加强全国根治欠薪线索反映平台欠薪线索核处工作，提升办理质效。当年受理投诉举报案件1309件，其中处置欠薪案件1017件，做出行政处罚26件，行政处理49件，申请法院强制执行33件，为487名劳动者追发工资673.49万元。依法依规开展失信联合惩戒，将23户用人单位违法信息录入"信用大连"平台予以曝光，将4户用人单位申报列入守法诚信C级单位，将2家欠薪单位列入拖欠农民工工资"黑名单"。

【劳动人事争议处理】 2023年，普兰店区人力资源和社会保障局接到投诉劳动人事争议案件607件，立案受理607件，受理率100%。其中，仲裁裁决269件，裁决率44.32%；经过调解及双方协商一致后撤诉案件338件，调解率55.68%；涉案人数607人，涉案金额2102.4万元。与法院联合成立诉前调解机制，成立诉前调解领导小组并配备专人负责诉前调解对接工作的协调、管理与考核，不断加强对诉前调解工作的领导。全年妥善化解诉前调解案件2件。开展"仲裁公开月"活动，选取具有代表性的劳动关系案件面向社会开展公开庭审活动。开庭审理裁决中缆集团拖欠工资的劳动纠纷，涉案人数61人。开庭审理裁决普兰店区好菜到家食材供应链管理中心拖欠工资的劳动纠纷，涉案人数11人。按照大连仲裁处要求，9月，普兰店仲裁院成立大连市普兰店区农民工工资争议速裁庭，由专人组成速裁团队，做好农民工工资争议纠纷工作。

【企业用工管理】 2023年，普兰店区人力资源和社会保障局为35家企业审批特殊工时，办理劳务派遣行政许可事项21件，审核民办职业培训学校延续和变更许可各1家；受理工伤案件548件，作出工伤认定535件；审核集体合同87件，其中审核区域性行业性集体合同25件，涵盖138家用人单位，涉及职工1690人；审核单个企业集体合同62件，涵盖43家用人单位，涉及职工1522人。完成国家及辽宁省236户样本企业薪酬调查工作。

（裴士玲）

教　　　育

综　述

【概况】　2023年，普兰店区聚焦建设教育强区，推进教育高质量发展，加快建设教育现代化。学前教育。加强师资队伍建设，进一步推进学前教育普及普惠发展，全区普惠率89%以上，公办幼儿园在园幼儿占比44%。普通教育。持续扩增公办义务教育资源，建成中小学2所，增加学位3420个。严格规范教育教学行为和招生秩序，严格学籍管理。落实随迁子女入学政策，保障人才子女、军人子女等教育优待政策，控辍保学率100%。特色优质高中3所，持续推进高中多样化特色发展。职业教育。普兰店区职业教育中心与大连职业技术学院对接《数控技术应用》专业"3+2"合作办学；与辽宁轻工职业技术学院对接机电、服装设计、数控、旅游四个专业的"3+3"合作办学，被授予"优质生源基地"。区职教中心学生可通过"3+2""3+3"单招等途径升入高职院校学习，有88名学生被各高职院校录取。特殊教育。巩固特殊教育普及程度，全区适龄残疾儿童入学率100%。至年末，普兰店区有幼儿园95所，公办幼儿园34所，民办幼儿园61所；中小学74所，其中高中6所，初中27所，九年一贯制学校1所，小学39所；特殊教育学校1所；公办中等职业学校1所；社区学院1所；农村成人文化技术学校5所；教育局审批校外培训机构125所。

【教育资金投入】　2023年，普兰店区教育经费收入9.98亿元，其中公共财政预算教育经费8.89亿元。教育经费支出10.06亿元，其中预算内教育事业费拨款8.14亿元，占地方财政支出总数的20.01%。事业性经费支出中，用于工资福利的支出及对个人、家庭的补助支出7.43亿元，占91.29%，用于商品与服务支出和其他资本性支出7089万元，占8.71%。年生均公共财政预算教育事业费，小学为12508元，初中为25587元，普通高中为19608元，职业高中为19690元。

【"阳光教育"稳步推进】　2023年，普兰店区教育局制定《普兰店区开展"阳光教育"行动实施方案》，立足于打造"阳光教育"的理念、制度、模式、团队、文化，坚持线上与线下相结合、减负与"降费"相结合、整改与整治相结合，从阳光从教、阳光招聘、阳光遴选等21项工作任务入手实践探索，涵盖教育管理人、财、物全过程全环节。"阳光教育"小程序全面使用。全区22.5万名家长和教师注册关注，64所试点学校导入教职工信息5.4万条，文章发布量1.7万篇，各类信息浏览次数13.1万次，留言451条，收到校长信箱和意见建议

2023年4月19日，普兰店区"阳光教育"动员部署大会召开　区教育局　供稿

451条，全部解决。区教育局提出的"阳光督查""阳光监管"和"阳光执法"工作理念在教育部《"双减"改革每日快报》上刊登。"阳光双减"工作、"阳光教育"行动分别被教育部《"双减"改革每日快报》和《中国教师报》刊发。长海县纪委、瓦房店市纪委、西岗区纪委、大连市纪委先后到普兰店区调研"阳光教育"工作成果；在省纪委主题调研中，汇报普兰店区"阳光教育"行动开展情况。

【教育党建品牌创建】　2023年，普兰店区教育局把政治建设放在首位，党建工作焕发新活力。推广"党建+红色基因进校园"党建品牌，深化"一校一品"党建文化特色内涵，开展"红心向党五个一"活动和"书记好党课、党建好案例、党员好故事"活动。2所学校获评辽宁省教育系统青少年党史学习教育特色案例。7个中小学党建品牌被大连市教育工委确定为优秀党建品牌，其中3个党建品牌被辽宁省教育工委确定为优秀党建品牌。5个基层党组织课题获评大连市级中小学校党建专项课题。5个党员好故事，6个书记好党课，7个党建好案例被评为大连市教育系统学习宣传党的二十大"三个好"优秀作品。7个"书记项目"获评党建引领教育工作实践活动第二批市级重点培育"书记项目"。

【校长教师队伍建设】　2023年，普兰店区教育局落实大连市中小学党组织领导的校长负责制工作，建立和规范学校议事决策制度，构建普兰店区教育系统党组织统一领导、党政分工合作、协调运行的工作机制，全年调整校级干部职务103人次。校长队伍建设工作成果显著。3名校长获大连市"十四五"基础教育领军人才称号，6名校级干部获评大连市优秀教育工作者。加强"三名"工程建设，评选名校5所、名师20名、名

校长5名。科学有序推进教师交流工作，通过轮岗、遴选、支教、进城培养、跨校教学等方式，义务教育学校共交流教师425名。完成当年教师公开招聘工作，自主招聘应届毕业生76人，其中研究生以上学历20人，部属重点师范院校1人，安置免费师范生1人。开展选树典型工作，评选出省特级教师1人，省优秀教师4人，大连最美职工称号1人，大连市优秀教师26人，大连市优秀青年教师7人，区优秀教师129人，区优秀青年教师101人，区名师20人。开展职称评聘工作，正高级职称3人，副高级职称56人，一级职称89人，二级职称68人。

【教育系统安全维稳工作】　2023年，普兰店区教育局积极维护普兰店区教育系统安全稳定。建立重点人员台账24本，印发《普兰店区教育局信访接待办法》。收到网上投诉件331人次，来电、来访73次，办结率100%，坚决把问题化解在属地。收到23次网络舆情任务，及时调查核实，撰写答复报告，真正做到查实清楚、处理得当、整改到位、消除舆情。构建平安校园，以良好的安全环境保障教育教学工作有序、平稳开展。4月26日，区教育局印发《大连市普兰店区中小学校（幼儿园）安全风险防控及考核清单（试行）》，对全区中小学进行为期两个月的校园安全大检查。10月13日，召开安全隐患大排查和安全拉练检查工作现场会，把"三管三必须"工作要求落到实处。

2023年10月13日，安全拉练检查工作现场　　　　　区教育局　供稿

【校园安全教育短视频创作】 2023年，普兰店区教育局创新载体，推出"校园安全365，1530碎碎念"校园安全教育系列短视频，进一步加强校园安全工作。该系列短视频创作被大连市作为创新安全教育载体纳入全市督导报告。区教育局以防溺水教育、交通安全教育、食品安全教育、用火用电安全教育、防欺凌教育等校园安全教育为主题，向全区中小学校征集安全教育系列短视频，做实做细"1530"安全教育工作，向学生、家长及社会开展宣传。全年通过微信公众号"普兰店教育"发布校园安全教育系列短视频9期。

【普兰店区海湾中小学建成并投入使用】 2023年8月31日，普兰店区海湾中小学正式落成并投入使用。区海湾中小学坐落于千年古莲园西侧、湾南路南侧，总用地面积6.2万平方米，总建筑面积3.4万平方米，项目总投资2.2亿元。小学设36个班型，1620个学位；中学设36个班型，1800个学位，设有风雨操场、食堂、报告厅和塑胶运动场等。作为当年区重点民生工程，区海湾中小学顺利落成，有效保障新城区多个新建小区住户子女入学需求，对全面提升该区义务教育城乡一体化发展水平，促进教育高质量发展具有重要意义。

2023年8月31日，区海湾中小学落成　　　　　　　　区教育局　供稿

【综合下校督导】 2023年3月，普兰店区教育局组织开展综合实地督导，全面制定综合实地督导工作计划，组织责任督学、专家团队、教研员和业务科室联合下校，实地督导。责任督学针对挂牌的学校重点检查"双减"工作；专家团队主要负责上一年度督导问题清单整改情况、党的教育方针、教材排查等综合督导项目；教研员主要负责教育教学督导，推门听课评课。督导组成员严格按照《中小学、幼儿园督导细则》《教育教学考核细则》展开听评课和督导工作，为每所学校撰写督导报告，确定问题清单，密切跟踪指导问题整改，将督导的专业性和效能性实现最大化。全年深入初中17所、小学19所，提前一年完成三年内全区所有学校实现一轮综合督导的工作任务。《谋青年教师专业发展，为"双减"赋能续源》被评为辽宁省"双减"督导优秀工作案例。

【教育民生工程】 2023年，普兰店区教育局助力推进"清风辽宁政务窗口"建设，编制完成区级权力事项的《办事不找关系指南》，高效推进学校"指南"的编制使用工作。年内，全区141所中小学、幼儿园的"指南"电子版全部完成并公示。有效纾解"办事难"，加强社会监督，践行"阳光教育"。推进中小学教师资格认定工作。冬季首次采用全程网办的方式，无需线下跑动，节省时间和人力成本。年内通过新教师资格认定审核432人。完善非公办教师养老补助工作。区教育局建立农村非公办教师生存认证机制，年内发放农村非公办教师养老补助406.38万元。举办区家庭教育公益大讲堂、莲城家教驿站、家风家教家长课堂乡村公益行等活动，课程内容有幸福家教法、优秀传统文化、考前心态调节、学生习惯养成、时间管理等，每学期安排家长课堂22节，受益家长2万余人。1所小学被列入第二届大连市中小学家庭教育名师工作室重点指导名单。1所小学被评为2023年大连市中小学学校家庭社会协同育人典型案例。

学前教育

【概况】 2023年，普兰店区有幼儿园95所，其中公办幼儿园34所（教育部门办园5所，公办普惠园29所），民办幼儿园61所。有教职员工1642人，其中幼儿专任教师798人。教师学历达标率91.6%，具有大专以上学历教师731人。全区在园幼儿7667人，其中公办园在园幼儿3376人，在园幼儿占比44%，普惠性民办园在园幼儿数为3474人，区普惠性幼儿园覆盖率89.3%。全区有辽宁省五星级幼儿园3所，大连市四星级幼儿园2所。有省、市、区级骨干教师及名师24人，省、市级城市骨干园长3人，农村骨干园长5人，省领航园长1人。

【普兰店区海湾幼儿园被授予"教育部幼儿园园长培训中心学员实践教学基地"】 2023年6月20日，教育部幼儿园园长培训中心第九期全国幼儿园优秀园长高级研究班在普兰店区举办，普兰店区海湾幼儿园被授予"教育部幼儿园园长培训中心学员实践教学基地"牌匾，这标志着学前教育"国字号"培训基地正式落户普兰店。教育部幼儿园园长培训中心"学员实践教学基地"主要承担园长培训中心课程方案中涉及异地研修的课程内容，并承接观摩、学习需求等活动。该教学基地落户普兰店区，对大连乃至全省学前教育发展都有重要的示范引领作用。

2023年6月20日，教育部幼儿园园长培训中心第九期全国幼儿园优秀园长高级研究班在普兰店区举办　　　　　区教育局　供稿

普通教育

【概况】 2023年，普兰店区有小学39所（中心小学27所，村小12所），在校生24584人，在职教师1771人；初中27所，在校生11207人，在职教师1731人；高中6所，在校生6950人，在职教师918人；九年一贯制学校1所，在校生2273人，在职教师122人。全区参加中考考生4107人，其中升入高中2357人；公办普通高中参加高考考生2488人，其中文化类考生2253人，艺术体育类考生225人。

【义务教育"双减"工作落实】 2023年，普兰店区教育局印发《普兰店区义务教育学校作业管理办法》，落实作业管理"十要求"。制定《普兰店区中小学校课后服务管理规定（试行）》，确定"作业辅导答疑+兴趣特长培养"课后服务基本模式，"5+2"做到全覆盖。明确界定课后服务费的收支标准，加大教育扶贫力度，为家庭经济困难学生开展免费课后服务，每年为普通教育阶段困难家庭减少支出3386.72万元。全区义务教育阶段学校课后服务实现全覆盖，教师参与率97.46%，学生参与率94.97%。组建义务教育集团13个，覆盖率100%。全区三个学段开展研训活动337场，参训教师2万人次；评定基础教育精品课85节，其中被评为辽宁省基础教育精品课24节。创新"26+3"网格化管理体系和动态化管理体系建设，推进联合执法管理体系建设，压减学科类培训机构。在"普兰店教育"微信公众号动态公布校外培训机构"白名单"和"黑名单"，实现校外培训机构优胜劣汰。

【"五育融合"工作】 2023年，普兰店区教育局做好德育、智育、体育、美育和劳动教育五个方面教育相互融合，扎实推进体育、艺术、科技等工作。年内举办中小学生"区长杯"足球赛、中小学生篮球赛、小学"8字穿梭"长绳比赛、中小学大课间评比、中小学生排球比赛等各项赛事。组织师生参加省市各类比赛，取得较好成绩。区教师获辽宁省第九届中小学体育教师教学技能大赛初中组个人综合第一名；区小学、初中代表队在大连市第二届中小学校园足球教师技能暨体育教师综合素质大赛中获团体一等奖、特色项目一等奖和优秀组织奖等。在辽宁省首届书法大赛中，获得个人省级一等奖1人，获市级一等奖59人。1所学校获省级文艺展演中三等奖。参加第八届中小学生合唱、舞蹈比赛，区中小学有6所学校和8件作品获奖。在全国青少年航天创新大赛获国家级二等奖1人，三等奖1人，获国省级一等奖2人，二等奖1人，三等奖3人；在省第二十三届中小学生信息素养提升实践活动获B类超级轨迹赛、虚拟机器人赛二等奖3人，三等奖5人。在第 37 届大连市青少年科技创新大赛获二等奖6人。1名老师获大连市十佳优秀科技辅导员称号。

【"科学教育加法"工作】 2023年，普兰店区在教育"双减"中做好"科学教育加法"工作。区科技教育中心作为培养学生综合素质、提升实践能力的综合实践教育基地，取得显著工作成果。组织教师参加市、区教研学习活动，增强教师教科研意识，提升教科研水平。组织教师登录中小学智慧平台，完成通识培训。构建系统、科学且极具特色的课程体系，满足中小学生对综合实践活动的需要。开展实践活动，活动主题科目25项，上课教师31人，涉及城区20所中小学，近3万名学生参与。开展两期共18天的暑期托管服务，120名学生参加。开展艺体教育，面向全区中小学生开放专用教室及场馆，开设国画、儿童画、素描、钢琴、声乐、萨克斯和羽毛球等艺体培训课程，参与学生98人。承办大连市青少年科技运动会，参与学生300人。

【"千名教师访万家"家校共育活动】 2023年，普兰店区教育局印发《普兰店区"千名教师访万家"活动实施方案》，促进家校教育有效衔接。全区各校多途径、多形式开展"全员参与、全面覆盖、全程跟踪"的大家访活动，因生施访，因材施教，凝聚家校育人合力。暑假期间，区教育系统开展"千名教师访万家"活动，搭建家校携手共育平台，实现"人人家访，家访人人"局面。全区中小学3585名教职工参与家访活动，入户访学生家庭2.1万户，有效解决特殊学生群体的困难1754件，学校采纳家长合理化建议和意见396条。

【"平安两考"工作】 2023年，普兰店区教育局印发《2023年普兰店区中等学校招生考试考务工作实施细则》《关于调整大连市普兰店区招生考试委员会成员的通知》《关于调整大连市普兰店区招生考试委员会成员单位职责分工的通知》，明确招考委成员单位责任分工，形成联防联控、齐抓共管工作机制，为中高考工作提供有力组织保障。高标准选聘涉考工作人员，严格执行回避制度，加强涉考工作人员业务培训，深入开展法纪培训和警示教育。会同区融媒体中心、高中校长代表、外语教师代表、高考听力设备施工方，检测调试全区高考考点（含备用）外语听力播放设备。加强宣传诚信考试教育，营造公平公正考试环境，组织全体考生签订不携带手机、智能手表等通讯工具进入考场承诺书，确保考试零违规。在每个考点设置多个帐篷，为考生提供避雨遮阳场所。为有伤病、残疾等特殊考生提供便利服务。通过公众号、咨询电话全面宣传中高考考试、志愿填报等方面政策，解答热点问题，营造平稳、安全、和谐的考试氛围，实现两考工作"零差错""零失误""零事故"。

职业教育

【概况】 2023年，普兰店区有教育部门办职业教育中心1所，即普兰店区职业教育中心。该中心位于太平街道唐房社区，为国家级重点职业学校。校舍建筑面积3万平方米，占地面积13.3万平方米，有实习车间3个，有微机室、多媒体远程教室、电子、电工、钳工、焊工、机械等实验室和实训室13个。有教职工172人，其中专任教师146人。中职在籍学生656人，教学班28个。有社区学院1所，教师5人，年培训1.5万人。有农村成人文化技术学校5所。校外培训机构125所，有从业人员420人，其中高中学科类培训机构5所，非学科类培训机构120所。

【大连职业技术学院普兰店区乡村振兴学院获批成立】
2023年，辽宁省教育厅遴选出乡村振兴产业学院15所，大连职业技术学院普兰店区乡村振兴学院位列其中。该学院由大连职业技术学院、大连市普兰店区职业教育中心与大连第一互感器有限责任公司共建，探索服务于互感器行业的中高职贯通培养新模式，共同构建对接互感器行业发展需求的教育体系。学院注重产教深度融合，彰显产业特色，中高职协同育人，成为培养"下得去、留得住、用得上"人才的摇篮。学院招生工作由辽宁省招生办统一负责，采用初中起点五年制贯通培养模式。

特殊教育

【概况】 2023年，普兰店区有特殊教育学校1所，教职工43人，其中专任教师38人，在校生87人，毕业生7人，残疾儿童入学率100%。

【特殊教育生活化课程】 2023年，普兰店区特殊教育中心注重加强内涵发展，助力残障儿童成长。立足残障学生的生活需要，加强生涯规划，为学生提供生活化的教育课程和生态化的实践课程。夯实基础课程，满足学生基本生活需求。设置串珠、衍纸、蛋壳贴画、折纸、手工、羽毛球等丰富的校本课，促进多元教育，满足学生个性差异。加强烹饪、面点等生活职业课，培养学生的生存技能和职业技能；开辟希望田园，学习耕种、浇水、松土、施肥等，培养学生生活技能。扎实推进拓展实践活动课，创设实践与研学机会，丰富学生活动体验。带学生走出校园，到市场、超市、医院、银行等公共场所开展实践研学，培养学生解决问题和人际沟通能力。9名学生赴杭州参加亚洲残疾人运动会开幕式。

【特殊教育教学成果】 2023年6月，普兰店区推进特殊教育优质融合发展，教育教学成果显著。区特殊教育学校选派3名学生代表大连市参加辽宁省第十届残疾人运动会暨第二届特殊奥林匹克运动会。在特奥滚球项目比赛中获男子个人赛12—15岁、男子双人赛12—15岁、男子双人赛16—22岁以上金牌。教师吕艳获大连五一劳动奖章；孙晓娇获辽宁省特级教师教学展示活动三等奖、大连市优秀青年教师。

（于晓娜）

文化 · 体育

综　述

【文化事业概况】　2023年，普兰店区全力提升公共文化服务效能，做好文物保护利用和文化遗产保护传承工作，文化各项工作再上新台阶。全区有公共图书馆1个，藏书量38.4万册；有公共博物馆1个，文物藏品3286件；组织文艺活动224次；文物保护区55个。

【文化惠民活动】　2023年，普兰店区文化惠民工程稳步推进。图书馆、文化馆、博物馆持续免费开放，实现区域内文化资源共建共享。完成区图书馆国家一级馆验收工作。以党建+文化惠民为引领，全年举行文化大院展演32场，完成"颂祖国　庆丰收"文化大院优秀节目展演晚会。建设"莫亚小镇文化驿站"，打造区新型文化空间。完成城市书房建设目标1处，将大杨集团"杨书坊"建设成为区城市书房。

【文艺创作】　2023年，普兰店区文艺创作精品迭出，集中创作一批体现本土特色、富有时代特征的文学、歌曲、舞蹈等作品。区选送的"广场舞代表队"荣获全国和美乡村广场舞大赛总决赛第一名。以优美辞赋歌咏家乡，文辞渊雅朴实、情挚深厚，精准地反映区历史现状、成就经验和远景目标的《普兰店赋》创作活动完成。玻璃画传承人张树根在2023年全民终身学习活动中，获得"全国新时代百姓学习之星"荣誉称号。

【非物质文化遗产保护】　2023年，普兰店区非物质文化遗产引领活力不断激发，以非遗助力乡村振兴。6月，举办全区非遗剪纸展，征集非遗作品200余幅。打造新金大鼓基地，培育新人，在大刘家中心幼儿园组织教师开始第一阶段的培训。深挖本土优秀传统文化项目，邀请本地词曲作者创作新金民歌作品，通过新金民歌传承人传唱，唱出社会发展新风貌、民族文化新传承、美好生活新向往。

【文物古迹保护】　2023年，普兰店区文物保护工作加快推进。全区文物藏品3286件，文物保护区55个。唐房革命烈士陵园被省文物局列入辽宁省第二批不可移动革命文物，普兰店区被列入辽宁省不可移动革命文物增至3处。配合辽宁省文物考古研究院，对"引洋入连"工程涉及普兰店区南山头遗址和东沟南山遗址开展考古勘探。完成国保单位巍霸山城城墙遗迹加固工程的终验工作。推进省级文保单位望海寺摩崖造像设计方案审批立项，完成设计方案。

【文化市场监管服务】　2023年，普兰店区加强市场监督管理。坚持日常监管和专项整治相结合，加强出版物市场管理。开展"扫黄打非"、校园周边环境净化及文旅市场领域专项整治行动，打击整治文化旅游领域养老诈骗工作。落实"双随机一公开"工作制度，公示全年行政执法检查计划，做到行政执法程序化、规范化。优化行政审批程序。全年办理各类审批事项90余件，接待来访咨询200余次，12345办理投诉件360件，8890投诉平台投诉件7件。结合权责清单动态管理，重新梳理审批事项52项审批流程，承诺时限压缩到法定时限的40%。完成编制办事不找关系指南，实行"线上+线下"并行服务，坚持"一站式审批""最多跑一次"原则。

（袁书音）

广播电视

【概况】 2023年，普兰店区融媒体中心拥有调频广播和电视发射（转播）台2座。拥有电视频道1个，即新闻综合频道。拥有广播频率1个，即FM90.8新闻综合频率。代宣传部维持运行新媒体平台2个，即《普兰店发布》微信公众号、视频号。另有新媒体平台《普兰店广播电视台》微信公众号、视频号。直播平台1个，普兰店广电融媒体直播平台。中心全年推出电视、新媒体专栏20余个，发布图文消息775期，2100余条，阅读量535万。策划制作短视频200余条，累计阅读70余万次。开通党建直播间，开展《健康大家谈》《乡村振兴》等直播活动20余场。参与北斗融媒策划的《多彩辽宁》全省大型直播活动；组织近10个线上平台参与普兰店时尚之夜线上直播，累计观看量60余万人次。承办"让党旗在新征程上高高飘扬"广场文艺晚会，增强干部职工凝聚力。

区融媒体中心记者采访农户　　　　　区融媒体中心　供稿

广场文艺晚会节目《说说咱们广电人》　　　　区融媒体中心　供稿

【全媒体融合发展】 2023年，普兰店区融媒体中心建立科学有效的媒体管理体制，不断构建舆论传播新格局。在《普兰店新闻》中开设《深入学习宣传贯彻党的二十大精神》《乡村振兴第一线》《优化营商环境　推动振兴发展》等专栏，精心策划，深入报道全区改革发展的新目标、新举措、新成效。全年制作《普兰店新闻》290余期，播发稿件1800余条；采编制作专题节目《走进乡村》24期、《党旗飘飘》24期；为区委、区政府及各委办局、街道拍摄制作专题片、宣传片、影像资料10余条。开展《安全生产三管三必须》《春耕生产进行时》《创建全国文明城市》《全民读书节》《我的读书故事》《拆违控危治乱》《勇立潮头当先锋　一把手系列访谈》等专栏20余个。依托《普兰店发布》《普兰店广播电视台》微信公众号、视频号，策划推出众多内容丰富、形式多样的融媒体视听产品。制作推送公益海报100余组、400余张。广播直播节目中推出"普兰店小安提醒"板块，播出企业安全生产相关知识200余条；《生活在线》直播节目推出"午间诵读"板块，策划"春声万悟""人间四月天""最是书香能致远"等主题诗会20余期，播发配乐朗诵作品80余篇；制作"心理课堂"专题节目70期。

【融媒体中心节目创作】 2023年，普兰店区融媒体中心高标准创作文艺节目，4篇融媒体作品获省级奖项。《"股改第一村"的幸福日子》在辽宁省广播电视大奖评选中获二等奖。短视频《有一种情怀叫"赶大集"》获第五届辽宁省"冰天雪地也是金山银山"短视频大赛二等奖，为大连区市县唯一获奖媒体单位。小品《一米带不走》获辽宁省第二届"推进移风易俗弘扬时代新风"小戏小品大赛三等奖。《小浆果谱写五彩人生》获评2023年第三季度全省优秀广播电视新闻作品。以408篇发稿量位居北斗融媒全省县区融媒体发稿量第一名，被评为辽宁省县级融媒体中心省平台协作一体化年度杰出贡献团队。

【对外宣传工作】 2023年，普兰店区融媒体中心积极拓展中央、省级、市级媒体发布渠道，多条稿件被中省直媒体直接采用。协助央视发稿8条；协助《辽宁新闻》发稿16条；在学习强国平台刊发稿件850余条。参与湖南广电5G智慧电台联合全国百家融媒体打造的广播节目《账单里的中国》。原创辽南影调《老姐妹儿有了微信群》获中央文明办等单位高度评价。创新宣传手段，直播实现常态化。积极适应媒体融合发展需要，全年累计开展直播活动20场。首次参与北斗融媒《多彩辽宁》直播活动，受到上级媒体好评。

【短视频策划制作力度加大】 2023年，普兰店区融媒体中心加大短视频策划制作力度，丰富传播手段，提升传播效率和效果。重点做响做强"普兰店发布"微信公众号、视频号。围绕区委、区政府中心工作和重要时间节点，年内策划拍摄制作《美丽普兰店》《主播说》《党旗飘飘》《世界读书日》《我的读书故事》《小小主播说》《乡村振兴第一线》《主播游》《我的读书故事》等系列短视频200余条，累计阅读70余万次，点赞5万余次。《海皮路绕线工程太平街道庙山段通车》《普兰店海湾中小学落成投入使用》《快开学了，如何收心》《有一种情怀叫"赶大集"》《璀璨花灯迎新

春》《热播剧取景地让老街火了》等短视频阅读量均在2万次以上。

【安全播出管理】 2023年，普兰店区融媒体中心严格执行三审、重播重审制度，压实监管责任，推进广播电视和网络视听领域一个标准、一体管理，把关口，保安全。全年完成例行检修120余次，处理台内采、编、播及办公设备故障100余次，在重保期之前，全面梳理排查设备，发现问题及时处理。完成元旦、春节、"十一"、亚运会开闭幕式、亚残运会开闭幕式、"一带一路"国际高峰论坛等重保期的值班值守任务8次；迎接上级有关安全播出检查2次。对大连微波天线进行1次除锈防腐处理；完成老白山发射台和南山发射台的防雷检测和铁塔检修工作。将山顶机房调频发射机迁移至山下，便于及时发现问题，缩短应急处置时间，提高安全播出保障。更新音频处理器和音频分配器，提升广播信号的播出质量。全年安全播出零事故。加强应急管理，健全应急管理各项工作制度，提升安全播出应急处置能力。全年开展消防安全检查26次、培训6次，安全播出设备检查维护70余次，开展各类应急演练9次。

（代美子）

体　育

【概况】 2023年，普兰店区把发展体育事业作为一项重要的民心工程。坚持打造"健康莲城、活力莲城"体育品牌，举办全民健身日系列活动及各类特色体育比赛。全民健身与竞技体育互促并进、相得益彰，体育事业与体育产业蓬勃发展，各项体育工作取得长足进步。当年开展各类系列活动和比赛20余场次。

【体育民生工程建设】 2023年，普兰店区持续推进健身场地和设施建设。加强城乡体育基础设施建设，争取上级体彩基金支持286万元，全年更新修复室外健身器材432件。

【体育赛事】 2023年，普兰店区承办举办辽宁沿海经济带滨海运动休闲区启动仪式暨首届辽宁沿海经济带六城市体育产业巡礼等体育活动；举办中国足协女足青训中心"希望杯"足球赛U10组第二阶段比赛、举办"奔跑吧·少年"2023年大连市青少年女足精英赛。5月，区文旅局选送的广场舞协会代表队参加辽宁省第十四届运动会群众赛事广场舞比赛，获得自选套路金牌、规定套路银牌、总分第一名；6月，代表辽宁省参加全国和美乡村广场舞大赛获得冠军。

大连徒步大会普兰店分会场　　　　　　　区文旅局　供稿

大连市业余排球赛　　　　　　　区文旅局　供稿

【群众体育活动】 2023年，普兰店区全民健身活动持续开展。组织举办了千人广场舞展演、大连徒步大会普兰店分会场活动、健身气功交流展示大赛和社会体育指导员交流展示大赛等群众体育活动。

【运动员选育】 2023年，普兰店区体育人才培养输送力度不断加大。普兰店区业余体校自成立以来，为国家、省、市输送优秀运动员660余名。当年，在中国足协全国重点城市比赛总决赛取得第四名和第五名的优异成绩。加速推进体教融合，形成从小学到中学再到高中的人才梯队建设模式，做到教学和训练两手抓，两不误，进一步拓宽体校学生的发展路径。

（袁书音）

科 学 技 术

综 述

【概况】 2023年，普兰店区规模以上企业研发经费支出4.93亿元，技术合同成交额3.92亿元。全区有国家级专精特新小巨人企业4家、省级专精特新中小企业11家、省级创新型中小企业23家、高新技术企业82家、规模以上工业企业151家。当年新增省级科技型中小企业72家、高新技术企业16家、专精特新企业6家。成功申报辽宁省"揭榜挂帅"科技项目，实现全区众创空间零突破。

【普兰店区实现众创空间零突破】 2023年，普兰店区重视工业经济发展，引导企业提升科技和智能化水平、加大优质中小企业梯度培育力度、优化服务效能助力企业发展。辽宁擅能孵化器产业园有限公司成功申报市级众创空间，实现该区众创空间零的突破。擅能众创空间通过创新与创业相结合、线上与线下相结合、孵化与投资相结合的方式，开展大众创业、万众创新。当年，擅能众创空间注册企业55家，创业团队20个，申报科技型中小企业15家。

众创空间配备会议室、读书区、培训室等共享空间和共享设施
区科工信局 供稿

众创空间配备会议室、读书区、培训室等共享空间和共享设施，以供入驻企业创新创业。普兰店区顺应大众创业、万众创新的新趋势，加快发展众创空间等新型创业服务平台，营造良好的创新创业生态环境，满足创业者对办公场地、商务交流、发展融资、技术开发、成果转化、科技资源对接、企业发展咨询、政策扶持咨询、新产品设计与试制、产业链上下游资源沟通等需求，为创业企业的快速成长保驾护航。

【优质企业培育】 2023年，普兰店区实施培育企业"一企一员""一企一策"战略，把培育企业作为该区产业发展的"生命线工程"。建立培育企业服务员制度，加强精准指导服务及工作推进机制，构建"小升规""专精特新"、高新技术企业等优质企业的梯度培育体系，筛选有竞争优势、成长性好、具有关键核心技术的优质企业纳入培育库，建立培育企业动态库，开展专题培训，提供融资专项服务，加大政策支持力度。进一步促进企业"微成长、小升规、高壮大"，提升企业细分领域全球市场地位，发展壮大成为单项冠军企业，高新技术企业等优质企业更快发展。全区有国家级专精特新小巨人企业4家，省级专精特新中小企业11家，省级创新型中小企业23家，高新技术企业82家，规模以上工业企业151家，全区企业体量科技含量进一步提升。

（周晓辉）

气　象

【概况】 2023年，普兰店区气象局完成重大灾害性天气和各类重大活动气象服务保障任务。易燃易爆场所防雷检测覆盖率和执法监督到位率100%。全区186部预警显示屏、186部农村应急广播系统在线率98%以上。普兰店国家气象站迁建项目开工建设。普兰店站及皮口站由一般站升级为基本站，完成国家基本气象站探测环境保护专项规划修编和备案工作。申报大连市气象局自立科研项目1项，申报辽宁省气象局自筹课题1项，发表科技论文2篇。

积极开展地震气象保障服务　　　　　　区气象局　供稿

【气候特点】 2023年，普兰店区年平均气温11.2℃，比常年（10.2℃）偏高1.0℃。年极端最高气温33.7℃，出现在7月1日；年极端最低气温-20.4℃，出现在12月22日。年降水量623.5毫米，与常年（624.9毫米）持平；冬季、春季降水分别偏多6.3毫米、10.3毫米，夏季、秋季降水分别偏少9.6毫米、8.4毫米。各街道4—10月降雨量在518.8—795.2毫米之间，平均降水量为653.2毫米，其中最多为同益街道和平村795.2毫米，最少为四平街道518.8毫米。年日照时数2500.8小时，比常年偏少38.9小时，与上年持平。年大风日数5天，与常年持平，大风主要出现在春季和冬季。年大雾日数41天，比常年多5天，大雾主要出现在秋季和冬季。

冬季各月平均气温

单位：℃

	上年12月	1月	2月	冬季平均
2023年	-6.3	-5.6	-1.8	-4.6
2022年	-2.1	-6.2	-5.0	-4.4
常年	-3.8	-6.4	-3.1	-4.4

春季各月平均气温

单位：℃

	3月	4月	5月	春季平均
2023年	5.1	11.9	17.9	11.6
2022年	3.9	13.5	16.9	11.4
常年	3.1	10.5	16.8	10.1

夏季各月平均气温

单位：℃

	6月	7月	8月	夏季平均
2023年	22.3	25.8	25.2	24.4
2022年	20.9	25.3	23.9	23.3
常年	21.2	24.3	24.5	23.3

秋季各月平均气温

单位：℃

	9月	10月	11月	秋季平均
2023年	21.8	14.3	3.6	13.2
2022年	19.5	11.1	5.8	11.0
常年	19.7	12.1	3.6	11.8

【防灾减灾气象服务】 2023年，普兰店区气象台发布决策气象信息190期，发布气象灾害预警信号432期。为重要节日和重大活动制作气象服务材料15期。启动应急响应17次，完成气象服务保障工作任务。4月，核对各街道主要领导、防汛责任人、信息员等人员名单，纳入大连市突发预警信息平台。7月，召开气象助理员专题会议1次，部署主汛期抗旱防汛和年终工作总结等工作，提升气象灾害防御部门应急联动能力。

【乡村振兴气象服务】 2023年，普兰店区气象局开展气象为农服务工作，年初制定为农服务周年方案，重点开展春耕春播、夏管、秋收等关键农时气象服务，制作并发布各类气象服务专报。向区委、区政府及相关部门提供春播春耕气象服务专报9期、土壤墒情监测信息12期、秋收气象服务专报5期、油桃气象服务专报9期。联合农业部门发布农业气象信息2期、海洋牧场及农作物播种期预报6期，开展农情调查10次。

【生态气象服务】 2023年，普兰店区气象局联合自然资源部门发布地质灾害预警3次。通过各类自媒体发布防火、交通安全提示。制定人工影响天气工作计划。组织全区人影作业人员参加省、市局举办的线上培训，参训人员全部通过考核。完成全区作业点弹药配送工作。完成新增作业人员公安备案工作。完成全区13门防雹高炮及增雨火箭发射系统年检工作，并取得年检证书。全年开展增雨作业13门次，发射火箭弹52枚，增雨弹库存38枚。开展防雹作业44门次，发射防雹弹806枚，防雹弹库存657枚。开展安全检查36次，无安全责任性事故发生。

【气象灾害】 2023年，普兰店区年平均气温11.2℃，较常年同期偏高1.0℃，为1961年建站以来历史最暖年，是2019年以来连续第五个气温偏高年。1—10月平均气温均偏高，偏高幅度在0.8—2.2℃之间，其中3月、9月和10月偏高2.0—2.2℃。春季市区降水量116.2毫米，比常年多10.3毫米，各月降水量差别明显，其中3月几乎无降水，降水量仅有0.0毫米，为2017年以来最少。4月4日中午至5日中午，全区普降大雨，南部地区和北部地区的部分站点出现暴雨，为普兰店地区出现的第一场透雨，较常年偏早14天，全区平均降雨量42.2毫米，最大降雨量60.2毫米，出现在太平街道。受台风"杜苏芮"外围水汽影响，7月29日早晨至30日早晨，全区普降中雨，个别街道出现大到暴雨，过程最大降雨量和一小时最大降雨量分别为77.3毫米和54.5毫米，均出现在城子坦街道金厂村。受台风"卡努"外围水汽影响，8月12—13日，该区出现暴雨到大暴雨，平均降雨量91.3毫米，最大降雨量144.6毫米，出现在唐家房街道。当年汛期，全区出现暴雨天气7次。其中7月出现4次，分别为7月4—5日、22日、25—26日早晨和29日早晨—30日；8月出现3次，分别为8月5日、12—13日、21日。降雨期主要集中在7月和8月，降雨过程大多局地性强。当年日最高气温超过30℃（≥30℃）的日数44天，其中6月4天、7月16天、8月16天、9月8天，均为2001年以来最多。当年该区多次出现寒潮过程，其中1月23—24日出现大风和大幅降温天气，降温幅度12—14℃，各地最低气温降至-18.8—-13.7℃。12月再次出现寒潮过程，全区气温下降8—14℃。16日和17日早晨，南部最低气温为-21—-19℃，北部地区为-28—-26℃，最低气温突破近30年历史同期极值。

【防雷安全监管】 2023年，普兰店区气象局开展重大隐患排查清零行动，及时消除事故隐患。对全区67家爆炸和火灾危险场所企业开展全覆盖式防雷安全执法检查，出动执法43次。

【气象宣传】 2023年，普兰店区气象局多种方式宣传安全生产及气象科普知识。在区铁西小学开展气象科普进校园活动。联合区应急管理局、区农业农村局等部门在人民广场开展防灾减灾日宣传活动。在铁西街道开展"助力防灾惠农心　千乡万村兴连行"千乡万村气象科普行活动。联合区科协、区农业发展服务中心、沙包街道农科站，开展气象灾害防御、苹果病虫害防治、苹果田间管理科普大讲堂培训活动。联合区发改局、区应急管理局、区交通运输局等部门开展"人人讲安全　个个会应急"安全宣传咨询日活动。联合区科协、区农业农村局、区卫健局、区教育局等部门，在唐家房街道夹河大集开展全国科普日气象防灾减灾科普宣传活动。

（杜小双）

在区第三十九中学开展应急疏散演练　　　　区应急局　供稿

世界气象日到铁西小学开展气象科普大讲堂　　　　区气象局　供稿

防震减灾

【概况】　2023年，普兰店区推进地震监测预报、地震灾害预防、地震紧急救援三大工作体系建设，保护人民群众财产安全。组织各街道防震减灾助理员参加大连市"三网一员"体系建设培训班。开展"防范灾害风险，护航高质量发展"主题宣传活动。在区第十七中学、第三十九中学开展应急疏散演练，发放防灾减灾书籍刊物2000余份。完善地震预警配套设施，安装地震预警信息发布终端15处。完成27项建设工程抗震设防竣工验收。8月23日18时19分左右，普兰店区发生4.6级地震，震源深度8千米，震中位于唐家房街道李沟村附近。此次地震震区内通讯、供电、交通状况正常，没有发现人员伤亡，个别农房有轻微受损。

（吴安国）

地质勘查

【概况】　辽宁省第六地质大队有限责任公司是东北地区唯一一支以金刚石勘查为主导的地质勘查找矿队伍。公司勘查技术先进、选矿设备齐全，在瓦房店地区探明金刚石储量占全国已探明储量的54%。公司下辖辽宁地质海上工程勘察院有限责任公司和辽宁陆海基础工程有限公司2个独立法人单位。2023年，辽宁省第六地质大队有限责任公司签订合同319份，合同总额8145.36万元。其中，地勘业签订合同85份，合同额2954.62万元；工勘业签订合同234份，合同额5190.74万元。全年安全生产实现零死亡、零重伤，无重大交通事故，无新增职业病和职业中毒事件。未发生火灾事故和治安刑事案件。

【地质勘查资质建设】 2023年，辽宁省第六地质大队有限责任公司有甲级和一级资质8个，乙级资质6个，三级资质1个，检验检测资质1个。辽宁地质海上工程勘察院有限责任公司名下甲级资质4个：工程勘察专业类（岩土工程勘察、水文地质勘察）、测绘（工程测量；不动产测绘：地籍测绘；海洋测绘：海域权属测绘、水深测量、水文观测、海洋工程测量、扫海测量、深度基准测量）、地质灾害评估和治理工程勘查设计、地质灾害施工。乙级资质6个：工程测量、劳务类（工程钻探、凿井）、土地整理复垦开发规划设计、土地复垦方案编制、土地规划业务、土地登记代理。辽宁陆海基础工程有限公司名下一级资质1个：地基基础工程。三级资质1个：港口与口岸工程。辽宁省第六地质大队有限责任公司大连实验中心名下环保检测资质1个。此项资质可检测包括土壤、水、噪声、空气、固体废弃物等项目247个。

（常英力）

卫　　　　生

综　述

【概况】　2023年，普兰店区有区级公立医院5所，分别是区中心医院、中医医院、二院、三院、六院；区级卫生事业单位3所，分别是疾病预防控制中心（卫生监督所）、妇幼保健院、大连市皮口卫生学校；街道卫生院（社区卫生服务中心）19所、村卫生室（社区卫生服务站）176个和民营医院25所。基本形成以区级医疗卫生机构为龙头、街道卫生院（社区卫生服务中心）为枢纽、村卫生室（社区卫生服务站）为网底的三级医疗卫生服务体系。全系统有职工4783人，其中医生1569人、护士1828人，设有编制床位4933张，其中大连医科大学附属二院普湾院区1000张、大连市结核病医院200张；实际开放床位4633张，千人口床位数7.36张。千人口卫生技术人员、执业（助理）医师以及注册护士分别为6.16人、2.49人、2.90人。

【重症救治能力和医疗服务质量提升】　2023年，普兰店区开展县域重症救治能力提升项目，争取市级资金650余万元，加快推进区中心医院综合ICU监护单元建设和升级改造，综合ICU床位由8张扩建至25张，其他ICU床位扩建至22张，最大限度扩容重症救治床位130张；重症救治相关病房科室占地面积由580余平方米扩增至1000余平方米；购置监护仪、呼吸机、血氧仪、除颤仪等设备233台件；区中心医院在现有139名重症医护基础上，培训挖掘51名重症救治梯队力量，组织各二级以上综合医院组建重症救治预备队9支，全区重症救治能力快速提升。

【公立医院学科建设】　2023年，普兰店区稳步推进公立医院学科建设，区中心医院骨外科、普外科通过省重点专科复审，肾内科、普外科被评选为大连市二级重点学科，完成首例"微创玻璃体切割手术"，举办乳腺癌多学科诊疗学术研讨会。区中医院与大连市友谊医院、大连市骨科医院、医大二院等三甲医院签约医联体。区二院加强医学影像科建设，积极发展普外科微创技术。区三院组建疼痛科收效明显，探索开展家庭护理服务。区六院建成东北地区首个成规模的专业睡眠诊疗门诊和精神心理干预中心。区中心医院、杨树房医院申报疼痛综合管理试点医院，打造医院特色品牌。

【"阳光医务"全面落实】　2023年，普兰店区作为全省"阳光医院"试点，在全系统深入开展"阳光医务"行动。在全区二级以上公立医疗机构全面落实"阳光诊疗""阳光采购""阳光工程""阳

区二级以上公立医疗机构全面落实"阳光医务"　　　　区卫健局　供稿

光人事"，公开公示医疗机构基本信息、医疗服务收费标准等10个方面358项卫生政策信息，公开干部选拔、财务运行等重大重点敏感信息1458条，推动医院各类决策事项在阳光下实施。

疾病预防控制与卫生应急

【概况】 2023年，普兰店区推进疾控机构改革，在区卫健局加挂疾病预防控制局牌子。开展卫生应急专项培训，模拟发现猴痘疑似病例等应急演练，加强重大传染病疫情防控救治体系和快速反应能力。报告法定传染病13种4723例，报告发病率为757.49/10万，无甲类传染病发生。乙类传染病发病前三位的是新型冠状病毒感染、肺结核、梅毒。全面贯彻新冠感染"乙类乙管"工作实施方案，全年累计报告区居民新冠感染阳性病例3771例，重症危重症及死亡例数71例，新冠重症死亡病例的流调与系统录入率100%。

【计划免疫接种】 2023年，普兰店区全年国家免疫规划疫苗累计应种59240剂次，实种57597剂次，接种率97.23%；其中乙肝疫苗接种应种6237人次，实种6121人次，接种率98.14%，及时率98.70%；卡介苗接种1924人次，接种率99.28%；脊灰疫苗基础应接种6648人次，实接种6472人次，接种率97.35%，加强应种4720次，实种4559人次，接种率96.59%；百白破基础应接种6779次，实接种6585人次，接种率97.14%；加强应种2579人次，实种2503人次，接种率97.05%；白破应接种5024人次，实接4871人次，接种率96.95%；麻腮风疫苗基础应接种2276人次，实接种2230人次，接种率97.98%；加强应接种2526人次，实接种2480人次，接种率98.18%；A群流脑疫苗应接种4578人次，实接种4446人次，种率97.12%；A+C疫苗应接种8351人次，实接种8047人次，接种率96.36%；乙脑疫苗基础应接种2333人次，实接2264人次，接种率

97.04%；加强应2694人次，实接种2613人次，接种率96.99%；甲肝疫苗应种2557人次，实接种2482人次，接种率97.07%。

【新冠乙类乙管措施落实】 2023年，普兰店区全面贯彻新冠感染"乙类乙管"工作实施方案。积极应对防控策略调整后可能出现的风险隐患，准确把握全区疫情防控形势，开展新冠病毒感染监测及信息报告工作，组织区疾控中心、相关医疗机构按时完成新冠重症和死亡病例流调与信息上报。全年累计报告区居民新冠感染阳性病例3771例，重症危重症及死亡例数71例，新冠重症死亡病例的流调与系统录入率100%。全年累计报告新冠感染阳性病例3769例，低于全市平均水平。全区累计接种新冠疫苗545169人，全人口接种率86.58%，60岁以上人群接种178731人，接种率90.37%，筑牢人群免疫屏障。

【结核病防治】 2023年，普兰店区发现、登记、治疗活动性肺结核病人278例，病人系统管理率100%。按照要求规则服药的肺结核患者240人，肺结核患者规则服药率95.24%。3月24日，组织各医疗卫生单位开展第28个"世界防治结核病日"宣传活动，通过悬挂条幅、摆放宣传板、发放宣传单设立咨询台等方式介绍结核病防治政策、宣传结核病防治知识。

【传染病防控培训】 2023年，普兰店区组织开展新冠病毒感染乙类乙管防控措施、重症和死亡病历流行病学调查、春季重点传染病疫情形势分析等工作培训。针对夏秋季节影响百姓健康的多发疾病，组织区疾控中心专业人员分别就食源性疾病防控、医疗机构食堂安全、高温中暑、发热伴血小板减少综合征防治、猴痘防控、突发公共卫生事件应急处置及传染病疫情监测、报告等工作开展培训，进一步提高工作人员防控专业知识及传染病处置工作能力。

【学校传染病防控督导】 2023年，普兰店区加强学校传染病防控督导及宣传工作。针对秋冬季学生手足口病、流感样病例和支原体肺炎感染较多的情况，组织疾控中心专业人员对4所幼儿园、6所小学进行传染病督导检查，各学校加强教室的通风和学校环境消毒，加强晨午检及随访缺勤学生，培养学生养成良好的卫生习惯。开展学校校医秋冬季呼吸道传染病知识培训，对各类可能发生的传染病提出防控措施及建议。

【卫生应急】 2023年，普兰店区完善突发公共卫生事件预警机制。每月开展1次传染病疫情分析、突发公共卫生事件分析及风险评估，向社会发布预警。综合运用病例报告监测、社区监测、哨点医院监测等，准确把握全区疫情防控形势，根据调查数据及情况分析撰写新冠病毒风险评估简报5期。关注辖区内季节性甲流流行情况，开展学校、企事业单位流行病学调查，撰写流感样病例预防控制风险评估简报。开展卫生应急处置演练。组织各医疗单位开展猴痘疫情处置桌面推演，设置三个场景，模拟发现猴痘疑似病例，推演病例诊断、疫情报告、院感防控、消毒消杀、医疗救治、隔离管控等应急处置流程，各单位掌握猴痘疫情处置工作要点。结合健康教育进学校、进社区组织各医疗卫生单位开展现场心肺复苏演练、基本急救操作等卫生应急救援实践操作。印发各类卫生应急预案。修订《普兰店区突发事件医疗卫生救援应急预案》《普兰店区卫健系统突发辐射事故卫生应急预案》《普兰店区卫健系统危险化学品事故医疗卫生救援应急预案》；制定《大连市普兰店区地震灾害医疗卫生救援应急处置机制（2023版）》《大连市普兰店区猴痘疫情控制应急预案》。

【居民健康档案】 2023年，普兰店区建立规范开展预防接种、老年人体检、慢性病随访、中医药服务等工作，建立居民健康档案59.63万份，电子档案建立58.76万份。

【基本公共卫生】 2023年，普兰店区加强基层医疗机构常见病多发病诊治、公共卫生和中医药服务能力，建立健全国家基本公共卫生服务项目管理体制机制。完成农村妇女免费"两癌"筛查6000余人，开展集居儿童免费体检1万余人；大力开展肿瘤宣传、结核病防治、全民营养周、健康生活方式等健康宣传活动，倡导全民关注、共享健康的社会氛围。

【家庭医生签约服务】 2023年，普兰店区组建家庭医生团队209个，签约家庭医生升级服务包服务3万余人。18家社区卫生服务站落实门诊延时服务1—3小时、周六周日增加门诊服务时间，方便群众就医购药。

卫生健康

【概况】 2023年，普兰店区加大卫生健康宣传力度，"健康普兰店"微信公众号推送141期，发布信息324篇，浏览量7万余次；在国家级媒体刊稿1篇，省级媒体15篇，市区级媒体44篇。加强行政审批管理，打造"阳光审批"窗口，把服务群众从"一公里"缩短到"零距离"；落实诊所备案制，让市场主体感受到更加便捷高效的服务体验；全年受理办结行政许可事项1279件，均在承诺时限内办结。全面加强医疗卫生从业人员、服务行为、医疗费用、行业秩序监管，开展"蓝盾"系列、口腔专项、放射专项等医疗整治工作，出动车辆420余台次，监督员1250余人次，监督检查各类单位1842户次，查处医疗机构违法违规行为、非法行医场所34处，立案处罚20起，罚没款64.82万元，有效保障群众健康和公共卫生安全。

【城乡环境卫生综合整治】 2023年，普兰店区深入开展第35个爱国卫生月等系列活动，全区出动人员2.4万人次，出动各类机械车辆8321台次，清理城乡生活垃圾4383吨，城乡卫生环境明显改善。开展进村入户宣传教育3000场次，组织健康科普讲座83次，累计参加3133人次，发放市民健康生活包3200个，市民健康手册6500本。

【病媒生物防制】 2023年，普兰店区开展以灭鼠为重点的病媒生物防治活动，清除垃圾，清理鼠迹，铲除鼠类隐蔽和栖息的场所。全区投放鼠药65.6吨，设置粘鼠板595块，布放毒鼠站821个，公共区域灭蚊蝇消杀面积14658平方米，排查滋生地641处，全面落实病媒生物防制工作。

【控烟履约工作】 2023年，普兰店区围绕"无烟为成长护航"活动主题，在公众号发布倡议书，提高全社会烟草危害认知，全面营造无烟环境氛围。以"绘少年力量，画无烟未来"为主题，会同区教育局组织全区中小学校参加全国青少年控烟绘画征集活动，征集小学组、中学组绘画作品73幅，推荐参加市级评选作品10幅。按照无烟党政机关建设要求，各成员单位利用微信工作群、LED电子屏等形式开展控烟宣传活动，倡导文明健康、绿色环保的生活方式。制定控烟考评奖惩标准，加大办公区域禁烟检查力度，将控烟工作纳入机关平时及年度考核范畴，进一步巩固党政机关无烟环境建设成果。

【健康科普宣传】 2023年，普兰店区利用微信公众号、培训、电子屏等形式开展健康教育和健康知识科普宣传。当年，有58个单位开展健康促进活动，组织健康科普讲座83次，累计参加人数3133人次，发放市民健康生活包3200个、市民健康手册6500本。

【东北首家"行走的医院"项目落户普兰店区】 2023年，东北首家"行走的医院"项目落户普兰店区，有效推动优质医疗资源向基层延伸。通过建设区中心医院"远程诊疗中心""健康180"指挥中心，配备100套全科医生助诊包，构建"互联网+远程医疗"新型诊疗服务模式，为乡村医生科技赋能，把优质医疗资源送到群众身边，不断补齐基层医疗服务能力短板，让群众足不出户便可享受三甲医院专家的诊疗服务。"行走的医院"项目试运行以来，乡医接诊425人次，测量心电324次，血压359次，血糖83次，远程诊疗中心开展专家会诊17次。

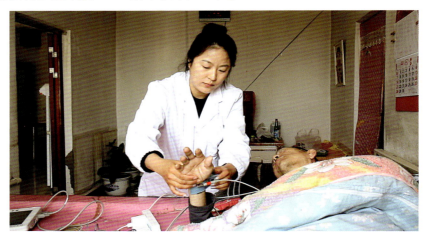

"行走的医院"乡医诊疗　　　　　　　　　区卫健局　供稿

（隋欣宇）

社 会 生 活

民 政

【概况】 2023年，普兰店区民政局有效提高和改善基本民生保障水平、基层社会治理能力、基本社会服务质量，较好完成全年目标任务。全年累计发放低保保障金5910万元，发放特困保障金5453万元。婚姻登记规范有序，全年办理婚姻登记4597件，其中跨区域254对；办理离婚申请1516对。成立全国首批、大连首家区级未成年人保护中心，普兰店区获评大连市唯一未成年人保护示范区。

【城乡最低生活保障】 2023年7月，普兰店区城乡居民最低生活保障和城乡特困人员供养标准再次提高，城市居民最低生活保障标准每人每月由850元提高到925元；农村居民最低生活保障标准每人每月由660元提高到745元；城市集中和分散供养特困人员救助标准每人每月由1700元提高到1850元；农村集中和分散特困人员救助供养标准每人每月由1105元提高到1203元。至年末，全区有低保户5972户、7850人，其中城市低保1071户、1387人，农村低保4901户、6463人。特困人员3760户、3942人，其中城市特困245户、247人，农村特困2515户、3695人。

【社会救助】 2023年，普兰店区向159位20世纪60年代精简退职职工发放救济补助95.5万元。元旦、春节期间为1149户城保、4988户农保、52户城乡低收入家庭、3509名农村特困人员、235名城市特困人员发放临时救助款793.4万元。组建流浪乞讨人员街头劝导小组，救助90人次、护送返乡25人次、医疗救助7人次，救助率100%。

【老年福利资金保障】 2023年，普兰店区完成高龄津贴提标扩面工作，新增85—89周岁高龄老人5665人。及时发放各类社会福利补贴资金，向6157位85—89周岁高龄老人发放补贴59万元，3028位90周岁以上高龄老人发放补贴742万元；向271位85—89周岁农村高龄失能老人发放补贴15.7万元；向386位享受居家养老服务的城市困难老人发放补贴174万元；向4158名困难残疾人和6756名重度残疾人发放两项补贴1173.4万元；向2934位城乡分散特困老年人投保意外伤害险5.9万元；唐家房中心敬老院消防设施改造补助资金105万元；元旦春节期间发放百岁老人慰问金4.48万元，孤儿一次性生活补助金6万元。

【居家和社区基本养老服务】 2023年，普兰店区围绕"夯实养老服务发展基础 提升养老机构服务动能"调研课题，撰写《关于全区养老服务基础发展情况的报告》。加强规范管理，全区17家公办和36家社会养老机构，有12家通过养老机构等级评定。支持社会力量兴办养老服务机构，推进城企联动金杨养老服务中心项目，建成养老床位95张。做好失能、半失能特困人员照护性机能建设，投资311.8万元，改造升级区内社会福利院养老护理设施和消防安全设施。在17所公办和部分民办养老机构展开拉网式安全大检查，发现养老机构安全生产隐患问题16项，全部整改到位。定期组织开展应急逃生演练，增强人员密集场所安全风险防范能力，提升应急处置水平。印发《关于明确住宅小区配建居家和社区养老服务设施的通知》，规范开发建设住宅小区配建居家和社区养老服务设施。落实家庭养老床位建设和

"1+N"居家养老服务设施改造工作，完成2022年建成的1个区级居家养老服务中心、3个街道居家养老服务中心和300张居家养老床位验收工作，为365名城市特困老人提供居家养老服务，确定当年50张家庭养老床位建设的承接单位。

【困境留守儿童照护】 2023年，普兰店区民政局履行牵头部门职能，完善孤儿、事实无人抚养儿童、困难家庭儿童分类保障制度，建立健全农村留守儿童关爱保护体系，搭建"六位一体"保护平台，多层联动助力未成年人健康成长。全年救助未成年人6人次，留守困境儿童55人；发放"福彩圆梦·孤儿助学工程"孤儿助学金3.6万元；向92位孤儿和事实无人抚养儿童发放基本生活费及临时价格补贴159万元；走访困境留守儿童77人，每人发放慰问金500元；端午节前夕走访慰问545名困境、留守儿童，发放慰问品折合人民币22.8万元；对家庭突发重大变故，生活困难的4名困境儿童发放临时救助金1.25万元。发布"关爱困境儿童倡议书"，与慈善总会筹划组织"关爱困境儿童"活动，设立"关爱困境儿童"项目基金，募集8.2万元善款、24.9万元物资，累计帮扶儿童594人次。

【民政行政审批事项受理】 2023年，普兰店区深入推进民政服务标准化、规范化、便利化建设，印发《办事不找关系指南》。规范审批流程，加强系统维护，全年办理行政许可80件，接待来电来访275件，按时办结率和群众满意度均达到100%，收到12345平台表扬件17件、锦旗1面。

【基层政权建设】 2023年，普兰店依法依规补选9个街道18个村（居）委会的22位缺职委员和新成立3个社区的"两委"成员，实现 "零上访、零投诉、零舆情"，基层党组织结构持续优化。扎实推进"阳光三务"工作，实行"线上+线下"双线公开模式，制定下发村（居）务公开目录，修订完善全区189个村规民约和居民公约，制定公开事项模

板14项，线上公开事项8.8万条，村（居）民知情权和监督权进一步扩宽。规范村级组织事务、机制牌子和证明工作事项，推进村级减负。

【区划地名工作】 2023年，普兰店区及时办理标准地名命名工作，压缩办理时间，助力企业落地，全年受理命名申请15件。常态化开展老旧城区路街楼门牌清理维护，制作主城区3个街道老旧小区缺失楼门牌476块，提升楼门牌编制、管理工作的科学化、规范化、标准化水平。

【社区建设】 2023年，普兰店区完善"五社联动"工作机制，联合社会各界资源，以关爱"一老一小"和困难群体为主线，组织开展困难群体志愿服务、养老机构义诊和文艺汇演、传承家风宣讲、情暖金婚等系列志愿服务活动20余场次。落实区委、区政府关于公益性资产"办证难"问题的工作部署，为20个已获土地证的农村社区服务中心办理房屋不动产产权证。依法收回民政商场，解决历史遗留问题。调整社区工作者薪酬体系和发放方式，稳定社区人才队伍，保障社区工作者合法权益。在全区44个城市社区中全面推行"全岗通"服务，加速提升社区工作者能力素质和城市社区服务质量。

【社会组织管理长效机制】 2023年，普兰店区健全社会组织登记管理制度，优化社会组织发展环境，围绕乡村振兴示范区发展，成立海参协会、樱桃协会等社会组织9个。完成1442个社区社会组织备案工作，加强监督管理，开展社会组织梳理和风险隐患排查，形成工作长效机制。

【殡葬改革项目建设】 2023年，普兰店区印发《大连市普兰店区殡葬改革2023－2025三年行动实施方案》，全力推进村级公益性公墓建设。巩固"墓地整治"成果，规范殡仪祭祀行为、殡葬行业价格及经营秩序，开展常态化殡葬管理宣

传，解决公墓领域存在的突出问题。推进"一馆一墓"社会化运营，稳步推进区殡仪馆排污设备改造和馆容馆貌提升设施改造项目，投资300万元购置遗体接运车13辆、冷藏设备50台，自筹资金实施馆容馆貌提升工程。

【"医路同行"慈善救助活动】 2023年10月20日，"医路同行"慈善救助活动在普兰店区试行启动，全区65周岁及以上的低保、低收入或特困老年群体可根据在定点医院因病支出的自费金额不等，相应获得全额、定额或2100元的限额救助。"医路同行"慈善救助活动是由普兰店区民政局联合普兰店区慈善总会等相关单位及各定点医院共同发起实施的恤病济困类慈善救助项目。该项目通过区民政局设立的"社会救助专项基金"吸纳社会慈善资源，广募善款定向为目标老年群体提供医疗费用救助，助力缓解医疗负担过重的问题。

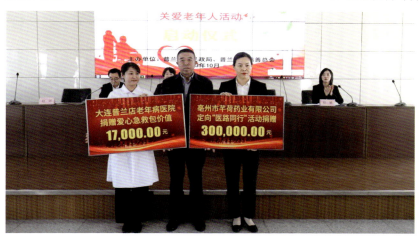

10月20日，"医路同行"慈善救助活动在普兰店区试行启动　区民政局　供稿

（李玉庆）

计划生育

【概况】 2023年，普兰店区积极落实生育政策，大力推动三孩生育政策及其配套政策落实落地，加强人口数据的分析研究，做好人口监测预报。全区年度在普兰店区医疗机构出生人口数为1583人。

全区出生男孩821人，女孩762人，人口出生率2.49‰。当年，全区审核确认新增奖扶对象9006人，新增特扶对象247人，符合农村奖扶条件对象6.7万人，符合计划生育特扶扶助条件对象2895人；确认0—18周岁独生子女父母奖励人数2.7万人，符合独生子女退休补助费领取条件1702人。

【妇幼健康】 2023年，普兰店区加强孕产期保健及儿童健康管理，省内户籍孕妇早期检测2727人；省内户籍人口住院分娩活产2939人，剖宫产率为45.54%，无孕产妇死亡。艾滋病、梅毒、乙肝检测，孕期检测率100%。7岁以下儿童系统管理率95.67%。积极开展新生儿疾病筛查工作，全区各助产机构分娩活产1414人，新生儿三病筛查1410人，筛查率99.72%；听筛1409人，筛查率99.65%。持续推进农村妇女"两癌"免费筛查项目，为12008名农村妇女实施宫颈癌和乳腺癌免费筛查。推进医疗卫生机构与养老机构协议合作，全区53家养老服务机构与医疗卫生机构协议合作签约率100%。

（隋欣宇）

慈善事业

【概况】 2023年，普兰店区慈善事业蓬勃发展，社会慈善氛围日渐浓厚，全社会爱心善意更加汇聚。区慈善总会开展多种形式的慈善募捐和慈善救助工作，全区募集慈善款物1061.7万元，发放救助款物1271.36万元，受益困难群众1.1万人次以上。

【慈善募捐】 2023年，普兰店区慈善总会接收各企业定向捐赠400余万元，助力乡村振兴。全年新增基金规模114万元，其中续建街道基金2支，新建万元个人基金5支。扎实开展"普兰店慈爱月"活动，接收捐赠款物270.62万元。

【慈善义工】 2023年，普兰店区新发展义工338人，新建义工队伍4支。全年开展活动近1000次，奉献时间9.14万小时，0.76万人次受助。

【慈善宣传】 2023年，普兰店区慈善总会通过官网、微信公众号、《普兰店慈善》定期公示慈善工作信息，畅通对外宣传渠道，全年在《慈善公益报》、搜狐新闻、网易新闻、今日头条、大连发布等各级媒体发表新闻报道100余篇（次）。

【慈善救助】 2023年，普兰店区慈善总会开展助学助教、助医助残、慈孝敬老、紧急救助、扶贫

2023年6月1日，"助力乡村振兴 关爱特殊困难群体"志愿服务活动暨"关爱困境儿童"项目启动仪式
区慈善总会 供稿

济困、幸福家园慈善工程，实施救助项目16个，发放救助款1083.11万元，发放救助物资价值188.25万元。争取市慈善救助款物99.23万元。

(范丽莎)

街道·园区

大连普兰店经济开发区

【概况】 普兰店经济开发区于1992年6月成立，2002年10月晋升为省级经济开发区。2004年被大连市政府确立为重点开发建设的"一岛十区"之一，2008年被辽宁省政府确立为"五点一线"重点支持发展区域。2014年6月，第十个国家级新区金普新区成立，普兰店经济开发区纳入国家级新区发展战略。2016年，经市委批准变更普兰店经济开发区为海湾工业区。2019年，大连市园区改革将海湾工业区更名为普兰店经济开发区。2020年，园区规划面积从原来的53平方千米调整为36.4平方千米，实际管辖面积23.9平方千米。2022年12月大连市政府将开发区园区管辖面积调整为37.17平方千米；含经济开发区中心区组团面积25.38平方千米，皮杨组团面积6.95平方千米，太平组团面积4.84平方千米。普兰店经济开发区在2022年度省级经济开发区综合发展水平考核排名中，从2021年的第15名提升至第10名；被辽宁省商务厅评定为"2022年示范省级经济开发区"；开发区在市园区考核中被评为最高等次。2023年，大连普兰店经济开发区被评为省级绿色工业园。当年，普兰店经济开发区实现一般预算收入3.1亿元（全口径），比上年增长16%。

2023年大连普兰店经济开发区主要经济指标

项目	计量单位	数量
规模工业总产值	亿元	107.42
固定资产投资	亿元	23.69
引进省外内资	亿元	24
实际利用外资	亿元	2084
规模工业总产值	万美元	107.42

【项目建设】 2023年，大连普兰店经济开发区在建项目38个，总投资237.93亿元。其中，产业项目22个，总投资66.78亿元；房地产项目12个，总投资143.55亿元；基础设施项目4个，总投资27.6亿元。新签约项目13个，总投资56.26亿元，其中产业项目10个，总投资52.66亿元。新开工项目8个，总投资9.55亿元，其中产业项目6个，总投资 5.95亿元；房地产项目2个，总投资3.6亿元。海湾中小学竣工投入使用。天陆湾小镇、南山书苑、公元九里、紫麟苑、丰润凯旋城、御合苑、中央悦府等房地产项目按时推进。美德乐四期建设、智德生命科学项目、鸿嘉科技项目、翔鹤科技项目主体基本完工，进入投产

3月17日，普兰店区第二批重大项目暨大连智德生命科学项目开工仪式
大连普兰店经济开发区管委会　供稿

阶段。10月20日，在普兰店区会议中心举行固态大容量锂离子电池+储能装置+海洋动力装备项目项目签约仪式，项目总投资44.9亿元。

与区融媒体中心共同筹划制作《直播送岗》栏目

大连普兰店经济开发区管委会　供稿

【基础设施建设】 2023年，大连普兰店经济开发区进一步完善基础设施建设，提升园区软实力。投资3000余万元，完成滨海路北段、兴普街和兴开街3条道路工程；投资2000万元，完成海嘉路、海韵路和兴广街3条道路工程。完成园区4路10千伏电缆敷设及环网箱建设和移动数据中心电力第二回路建设，完成春节亮化工程。投资1000余万元，完成园区内海口路、普湾路、海湾路、纳水南路全面翻修。投资638万元，完成园区绿化、路灯、停车场等设施设和维修。

批全流程服务。全年走访联系项目30余个，收集问题、意见建议70余条。协调解决鸿嘉科技（辽宁）有限公司施工图审批、丰泽制造(大连)有限公司和大连嘉运电子科技有限公司用地规划许可证以及不动产证办理，美德乐基础机械组件（大连）有限公司项目搬迁等问题40余个。搭建校企合作对接平台，组建政府、企业、高校、科研机构等多方参与的产教研联合体，建立联席会议制度，聚力向主导产业关键核心技术"卡脖子"难题攻关，促进企业技术创新、产品升级。持续开展"我为群众办实事"活动，协调帮助大连章谷科技成型公司解决燃气价格等问题。与区融媒体中心共同筹划制作《直播送岗》栏目，对接周边相关职业院校，帮助企业解决用工400余人。

园区普湾路进行全面翻修　　　大连普兰店经济开发区管委会　供稿

【营商环境建设】 2023年，大连普兰店经济开发区坚持"一企一策"，持续建设一流营商环境。分批次选派优秀干部职工下沉一线，为每个项目配备专职服务秘书，详细介绍项目审批手续办理流程，辅导企业准备相关申报材料，时时跟进项目进程情况并建立台账，为企业提供建设审

【绿色园区】 2023年，大连普兰店经济开发区被评为省级绿色工业园区，大连第一互感器有限责任公司、中粮麦芽（大连）有限公司被评为国家级绿色工厂，不断推动普兰店区制造业智能化发展向"绿"前行。开发区不断加大数字化、绿色化协同转型发展解决方案供给力度，拓展数字技

术赋能工业节能提效和绿色发展的典型应用场景并加以推广，不断充实绿色制造体系建设。组织企业开展绿色制造动态管理，邀请专家团队指导园区建设，组织企业参加绿色工厂管理培训。与区科工信局共同召开"推动高质量发展暨营商环境企业家交流会"，搭建政企互动平台，推动辖区制造业向高端化、智能化、绿色化发展。

【安全生产】 2023年，大连普兰店经济开发区为园区内工业企业做好安全生产服务，加强安全生产宣传力度。聘请第三方安全专业机构在园区企业开展安全生产检查指导，提前发现和帮助5家企业整改重大安全隐患。全年查处安全隐患92处，全部得到整改。加强消防建设，年内召开安全消防联席会议4次。开展园区应急演练工作，确保园区企业生产安全"零事故"。

【基层党建】 2023年，大连普兰店经济开发区突出政治能力建设，加强组织引领作用。全年发展预备党员8名，确定入党积极分子2名。完成大一互党支部改选为党总支，完成19个基层党组织换届选举工作。开展主题党日、专题党课等形式教育活动10余场，530人次参与。举办庆"七一"党建知识竞赛和"壮美三十载，奋进新时代"夏季广场晚会等活动。

（韩宸琛）

举办庆"七一"党建知识竞赛　　　大连普兰店经济开发区管委会　供稿

丰荣街道

【概况】 丰荣街道东与大谭街道和唐家房街道毗邻，南与大刘家街道和太平街道为邻，西北与铁西街道接壤。街道下辖12个社区、8个行政村，区域总面积146平方千米，其中农村面积110平方千米。总人口13.8万人，其中常住人口10.1万人。2023年，丰荣街道便民服务中心社会事务综合民政窗口和社保窗口、古城社区和孛兰社区便民服务站劳动保障窗口4个窗口获评大连市纪委、大连市营商局评选的"清风辽宁政务窗口"。街道获评全国无偿献血促进奖、区乡村振兴工作先进街道。

2023年丰荣街道主要社会经济指标

项目	计量单位	数量
水果产量	吨	8438
蔬菜产量	吨	33842
粮食产量	吨	32397.2
牛存栏量	头	145
生猪出栏	万头	4
家禽饲养量	万只	111

【人居环境整治】 2023年，丰荣街道城乡人居环境和群众生产生活条件得到显著改善。清理农村生活垃圾1945吨、清理村内水塘22口、村内沟渠490千米、农业生产废弃物1006吨、"三堆"1200余个。打造精品线路，建设"红橡大道"等景观路段，为农旅融合增添特色。沿"全国农耕文化实践营地"——大连市特种粮研究所航天育种基地、"全国文明村"——杏花村、北台层山，实施"一路一景"。在沿线道路栽植海棠、红橡等6000余株。完成辖区内乡村公路养护174.8千米。

【项目建设】 2023年，丰荣街道加快推进重点项目建设，壮大电力器材、食品加工、机械加工、服装加工四大主导产业。全年新签约项目10个，计划总投资6亿元；新开工项目4个，计划总投资4亿元。11月1日，重点项目"大连市普兰店区丰荣新区污水处理工程（一期）项目"举行开工仪式，项目计划总投资1.5亿元。建国农作物秸秆加工等4个飞地项目完成签约。

11月1日，大连市普兰店区丰荣新区污水处理工程（一期）开工仪式
丰荣街道办事处　供稿

【社会民生】 2023年，丰荣街道民生保障更为坚实。入户走访低保、特困等困难人员。充分调动党员群众参与义务献血的积极性，全年街道献血量22万毫升。开展健康科普讲座24次。进一步完善丰荣敬老院设施。投资90万元维修、维护丰荣中心小学，为中小学合并提供支持。

维修、维护后的丰荣中心小学校园　　丰荣街道办事处　供稿

投资430万元用于河道治理工程，生产生活条件进一步改善。投入30余万元修建排水渠，为马家沟村53.3公顷大葱地解决内涝问题。开展乡村道路硬化工作，投资730万元，铺设水泥路6.6万平方米。加强老旧小区改造工作。完成339栋居民楼改造，惠及居民16613户。修建小广场3处、面积9560平方米，设置健身器材25套、休闲长椅25套。将新城社区影前小区作为开放小区封闭管理试点，楼体保温、楼内粉刷、小区内管网、路面、彩砖等基础设施完成升级改造，新增文化广场、文化长廊各1处，新增充电桩车位12个，新增健身器材场地5处。

【社会维稳】 2023年，丰荣街道落实"万件化访"专项行动，重点化解第一批、第二批交办案件33件，全部化解。持续开展矛盾纠纷大排查大化解，推进"家和邻里亲"活动，接待群众来访做到"件件有着落，事事有回声"。加强严重精神障碍患者等重点群体的服务管理，加强与派出所信息互通，有效防控命案发生。建好骨干队伍，提升基层社会治理"行动力"。通过集中培训、以考促学等方式，加强党员干部开展矛盾调处、纠纷化解能力。

【花卉产业联合党委成立】 2023年，丰荣街道成立花卉产业联合党委，采用"党建＋专业公司＋村合作社＋农户"的模式发展花卉种植产业，充分发挥大公司的辐射带动作用，形成规模化花卉产业集群，同时不断开发尝试种植其他品种花卉，逐步形成具有丰荣地域特色的花卉品牌。其中，三角梅是普东社区车屯花卉产业的特色产品，当年种植面积4公顷；通过引进南方的幼苗在北方培育，筛选优化品种，实现技术突破，具有"不掉花、花色多、色泽艳"三大优点。农户们近年不断开发尝试种植其他品种花卉，如君子兰、竹子、绿化用草花等，效益可观，花卉种植产业年产值达1100万元。

普东社区车屯三角梅种植基地　　丰荣街道办事处　供稿

【基层党建】 2023年，丰荣街道落实全面从严治党要求和意识形态工作责任制，组建理论宣讲队宣讲25场次，举办理论学习中心组读书班4期。多渠道宣传工作成果，全年被国家、省级媒体报道27篇次，其中土特产助推乡村振兴经验被中国新闻网报道。补选社区（村）两委3人，建设流动党员之家，75名流动党员归队组织管理。以"党链"赋能"产业链"，抓实富村强街、联产带农。莲城烟火·东街大集开业，组建党群共富责任区98个，协助农户销售大葱200余公顷，村集体平均收入57万元，获评区乡村振兴先进街道。

（蔡　圣）

铁西街道

【概况】 铁西街道位于普兰店区城区北部，东与丰荣街道毗连，西与金普新区炮台街道交界，南与普兰店经济开发区、太平街道相邻，北与瓦房店市接壤，辖区面积88.56平方千米，辖12个社区，常住人口4.6万人。鞍子河、花儿山河、平安河3条生态河穿境而过。哈大铁路、盖亮线公路纵贯南北，皮长高速公路和202国道横贯东西，金普城际铁路终点站坐落于铁西街道二道岭社区，通车后可直达金州、大连经济开发区到达大连市中心，交通方便快捷，区位优势明显。全国重点文物保护单位张店古汉城遗址的考古研究，论证其2600年前曾为西汉沧海郡治所，从而使大连的城史纪元开端提前至汉武帝元朔元年。2023年，铁西街道实现一般公共预算收入5479万元，固定资产投资2.7亿元，完成规上工业总产值7.9亿元，引进省外到位资金4.6亿元，社区集体收入391.73万元。

2023年铁西街道主要社会经济指标

项目	计量单位	数量
水果产量	万吨	1.07
蔬菜产量	万吨	7.57
粮食产量	万吨	1.41
牛存栏量	头	2780
生猪出栏	万头	11.2
家禽饲养量	万只	86.8

【项目建设】 2023年，铁西街道投资1158万元，完成全长2.65千米的南国线改扩建工程，有效提升铁西装备制造园区与主城区的通行能力；投资790万元，完成全长15.41千米防火通道修建工程。推动"你侬我侬"亲子园、樱桃采摘等乡村旅游发展。陈黑线、平陈线道路完成大修，进一步改善辖区道路环境。快二线被评为全国月度十大美丽乡村路、大连市十大美丽乡村路。全力推进普兰店园区一号地、202国道动迁工作，进入收尾阶段。污水管网工程总投资4492.83万

南国线全面通车　　　　　　　　铁西街道办事处　供稿

元，一期工程总投资1350万元，年内在建，建成后将有效解决园区企业和花儿山地区居民污水排放问题。

【城乡环境建设】 2023年，铁西街道推进快马厂社区省级美丽宜居村建设，投资150万元在"你侬我侬"亲子乐园新建配套道路2千米。围绕快二线、朝川线打造十里花街，栽植花卉12.3万株。在快马下沟南山组织全区造林会战，造林4公顷，街道全年植树2万余株。累计投入资金200余万元净化整治城乡环境，疏

浚河道6000余延长米，维修和新建垃圾槽114个。

【乡村振兴】 2023年，铁西街道引导辖区涉农社区与农业专业合作社合作，带动绿色农产品销售，助力农户增收致富，助推乡村振兴。街道与大连鸿萌农业专业合作社、华润万象生活物业大连公司、中国邮政、大连大学实现政企校四方合作，开展"润爱助农"行动，推进"合作社+社

2月18日，大连鸿萌农业专业合作社专家为南王社区大棚户讲解自然农耕堆肥技术
　　　　　　　　　　　铁西街道办事处　供稿

区+农户"的模式。大连鸿萌农业专业合作社为南王社区100余户农户，140余个设施大棚提供农业技术培训，推广自然堆肥技术，改良土壤，帮助农户培育草莓西红柿、黄瓜、芹菜等多种绿色无公害蔬菜。推广新技术新品种5个，不断提高农产品附加值，村级收入显著增加。

【民生工程】 2023年，铁西街道新修建占地6000平方米的"口袋公园"，改善公租房小区脏乱差现象，提升城市品质。快

"你侬我侬"亲子乐园新建配套道路　　　铁西街道办事处　供稿

马厂社区吴屯自来水饮水工程、二道岭社区陈屯和姜炉屯自来水饮水工程实现供水，惠及900余人。组织区人大代表、政协委员开展视察、调研活动，通过"代表建议直通车"解决立安花园至三川城小区内道路坑洼不平问题，惠及居民800余户。

【基层党建】 2023年，铁西街道加强党的二十大精神理论宣讲，举办区级以上宣讲报告会3次，街道宣讲17次；在中央级媒体宣传报道13次，省级媒体32次。新时代文明实践所开展各类活动96次，被评为辽宁省文明实践示范所。举办读书班4期、专题讲党课79次，宣讲团宣讲17次，调查研究25次，为群众办实事好事73件。新建麦克斯党员活动阵地，以高质量党建助推企业发展；成立快递物流行业流动党员党支部，填补快递物流行业党支部的空白；成立果蔬产业联合党委，持续壮大集体经济；成立中基（大连）物业服务管理有限公司党支部，开展各类志愿服务，构筑社区治理新格局；完善西北山社区党群服务中心建设，进一步加强服务功能。

（刘嘉颀）

太平街道

【概况】 太平街道位于普兰店区南端，是主城区三个街道之一，东邻大刘家街道，南与金普新区向应街道接壤，西连普兰店经济开发区，北与铁西和丰荣街道毗邻。2019年12月，经大连市政府批准，太平街道和南山街道合并，撤销南山街道，合并成立现在的太平街道，总面积128.8平方千米，辖18个社区，其中城市社区12个、涉农社区12个。户籍人口6.6万人，常住人口12万人。2023年，太平街道实现财政收入1.358亿元，完成固定资产投资3.3亿元，规上企业工业总产值43亿元。全年获得区级以上荣誉28个，全国最美家庭1户。

2023年太平街道主要社会经济指标

项 目	计量单位	数 量
规上工业总产值	亿元	43
水果总产量	吨	2635
蔬菜总产量	吨	47592
粮食总产量	吨	7008.5
肉类总产量	吨	4836
牛存栏	头	719
牛出栏	头	504
生猪存栏	万头	2.2
生猪出栏	万头	3.9
家禽饲养量	万只	35.9

【招商引资】 2023年，太平街道不断加大招商力度。重点项目5个，分别是天汇荣扩建项目、鑫盛木业木制品制造项目、远大翰林府地产项目、鑫盛木业三期项目、莲城小学项目，总投资6.2亿元；引进项目4个，分别是鹏霖木业、裕丰隆木业、升通物流、九州木业，总投资7亿元。年内在建重点项目推进有序。其中，食品无塑生物降解包装容器厂房建设项目，总投资2600万元，建设完成厂房1栋，设备购入并调试；大连鑫盛木业木制品制造项目（一、二期），总投资2亿元，建设厂房4栋，购入设备200余台，完成建设并投产；远大翰林府地产项目，总投资2亿元，总建筑面积2.9万平方米，10个单体商品住宅在建。

【城乡环境建设】 2023年，太平街道人居环境拉练检查3次，对辖区内12个涉农社区人居环境整治工作评定等次，按照相应等次发放人居环境整治奖励补贴99万元。投入资金25万元，实施"无线广播进屯组"计划，在74个屯组内安装喇叭150个，实现涉农地区全覆盖。新建垃圾分类样板小区6个，发放垃圾分类指南2万余份，组织培训20余次，制作垃圾分类公示牌30余块、投放指南60余块。投入资金55万元，开展矿洞河、虫王庙河水毁部位维修工程；投入资金16万元开展五里台河河底硬化；投入资金21万元，抢修粉皮墙社区毛屯河水毁2处。投入510万元，建成银杏大道2条，维修无物业小区楼体墙面1200平方米。

【项目建设】 2023年，太平街道开工亿元以上项目4个，总投资22亿元；亿元以上签约项目6个，落地3个，总投资8亿元。大连大庄商品混凝土有限公司、吉林省建设集团有限公司大连分公司、大连潭州新能源有限公司4个亿元以上开工项目年内开展实际经营。翰林·南山赋，总投资18亿元，完成"三证"办理，当年开工。禾润电力新能源项目、逸枫新能源平台项目、胜达风力能源项目3个省外亿元以上项目落地。

2023年10月17日，翰林·南山赋项目奠基仪式　太平街道办事处　供稿

【营商环境建设】 2023年，太平街道落实服务企业干部联系包保制度，送服务、听诉求、解难题。设立专人负责，为2家企业办理不动产权证。投入245万元，翻新改造驿庙线、唐房园区道路。为达伦特接入自来水管道解决生产用水问题。解决大连美森木业有限公司停车难问题，将墙外全部树木移植，建设停车场。投入资金50万元，解决大连华美格栅有限公司、酵父（大连）酿酒有限公司门前树木更新改造问题，栽植以紫叶李、樱花、小桃红、柏球、连翘等为主的绿化带。投

入资金182余万元，解决矿洞园区路顺迪市政有限公司、液压件有限公司门前两条道路的绿化问题，栽植银杏470株。设立街道及社区便民服务中心"好差评"体系，由街道统一制作人员工牌，促进窗口作风转变。

【社会民生】 2023年，太平街道实施太平污水厂片区污水管网维修改造项目，投资600余万元解决污水管网雨污混流和泵站问题。投入400余万元，实施李店社区、长店堡社区多条河道清淤、修复工程，改善河道水质和环境。普兰店区2023年重点民生实事项目2条银杏大道建设完工，投入资金近450万元，其中于塔线道路总长度5.2千米，驿庙线（环龙山）总长度4.8千米，总计栽植银杏4167株、小桃红1241株、蔷薇2351株、花带1000延长米。投入资金130余万元，将海皮路绕线太平段打造成以1042株银杏为主、穿插各种花灌木的高品质景观大道。完成上级下达粪污资源化利用项目建设工程任务，投入60余万元，建设污水池107平方米，建设粪池684平方米。投入资金100余万元，在长店堡社区打造健身公园、绿植公园2处"口袋公园"。

【社会维稳】 2023年，太平街道在全国"两会"期间无人进京上访，全年接待来信来访45起、300人次，化解初访案件30余件；化解10年以上个体访3人，化解群体访3件。处理"12345"平台投诉件2112件，办结率100%、满意率95.47%。完成省专办"万件化访"案件27件、系统上报27件、审核通过27件，完成率100%。完成国交办三期案件8件、系统上报8件、审核通过8件，完成率100%。充分发挥"1+1+N"工作模式，下沉服务开拓矛盾纠纷排查化解新路径，社区排查矛盾275件，其中社区本级自行化解205件、"1+1+N"

工作组下沉社区处理70件，成功化解68件，实现"小事不出村，大事不出街"。组建社区治安巡逻队伍，重新规划党员治安责任区20个，参与党员160余人，社区看护面95%以上。

【动迁工作】 2023年，太平街道投入520万元建设海皮路绕线新建项目，打通庙山社区"卡脖子"路，9月25日，海皮路绕线项目全线通车。解决海湾中小学项目历史遗留动迁问题，海湾中小学顺利开学。协助吉林建设解决普湾路沿线历史遗留动迁问题，保证普湾路拓宽工程顺利通车。

2023年9月25日，海皮路绕线项目全线通车　　太平街道办事处　供稿

【基层党建】 2023年，太平街道高标准高质量开展主题教育工作，154个党组织和2900余名党员学习相关政治理论，开展党课学习7场，检视问题660个，为民办实事40个。投入90余万元打造一批集教育培训、文化宣传、健身娱乐等多功能于一体的综合党建阵地。指导长店堡、元景社区、金港升级打造社区级党群服务中心600平方米。在南苑社区，打造70平方米的街道级"爱心驿站"，为户外工作人员送温暖。在海新社区西班牙印象小区（二期）新打造党群服务站300平方米，定期开展多样丰富的系列活动。审核各社区服务群众项目，12个涉农社区的项目以打造路段、维修路灯和便民广场为主，6个城市社区以文化健身活动室、安装小区内停车棚和单元楼内安装声控灯为主。

【"红色物业"】 2023年，太平街道积极打造"红色物业"。结合辖区内物业公司实际情况，重点选择在辖区内枫丹丽舍、裕和苑、金悦湾、万科和海湾新城5个小区打造"红色物业"，分别组建红色党组织，并按照"六有"标准打造场地。"红色物业"充分发挥社区"轴心"引领作用，建设集学习交流、便民服务、党群议事、志愿服务活动、矛盾调解于一体的"红色物业"党群议事阵地。全年开展议事协商6次，解决问题3个。各"红色物业"开展眼科爱心义诊、母亲节感恩、垃圾分类宣传等活动18次，参与群众4000余人次。将群众期盼的活动事项按月制定规划表，确定开展时间，真正打通服务群众"最后一公里"。不断丰富志愿服务活动。以物业党组织为中心，各"红色物业"先后成立由在职党员、小区能人、居民骨干等为主体的志愿者服务队伍，协助文明城市创建、关爱邻里、扶贫帮困等系列志愿服务活动42次，参与志愿者1500人次，物业管理与小区居民自治相融合，实现共建共治共享。

【"跨村联建"助力乡村振兴】 2023年，太平街道坚持因地制宜、务实管用原则，指导12个涉农社区开展"跨村联建"活动。整合各个社区优势资源，组建土特产、农副产品售卖、水产养殖和工会之家4个产业联合党委，党组织书记跨村任职，切实将组织优势转化为发展优势，推动抓党建促乡村振兴工作不断取得新突破。4个产业联合党委立足发展需求，综合考虑联建各方的人才、技术、资金等情况，投入40余万元向优势产业集聚，产生"玛莎拉红薯""五黑一绿鸡""工友之家""元上源酒业""水产套种""中药材种植"等有地域特色的共建发展品牌，各涉农社区都实现增收。当年，玛莎莉红薯产量4万公斤，实现收入7万元。"五黑一绿鸡"有成鸡850只，实现收益8万元。李店、矿洞、南荒、柳家投放鱼苗5000公斤，实现收益10万元。工友之家公寓基本打造完成，可为50余人提供住宿、餐饮、娱乐等服务，年内开始招租。

（刘　畅）

杨树房街道

【概况】　杨树房街道位于普兰店区东部，南临黄海，东临清水河，西临大沙河，距大连市区90千米，距普兰店中心城区24千米，距大窑湾60千米，距皮口港10千米，距离丹大高铁站12千米。街道辖9个社区（村），115个自然屯，常住人口2.35万人。辖区总面积98.65平方千米，其中陆地面积79平方千米。境内的主要道路有丹大高速、长皮高速、201国道、滨海大道、海皮路、金城铁路、丹大快铁等；街道内有杨树房高速口及皮口西高速口。辖区内乡村级道路有44条、96.6千米，其中乡道6条、29.1千米，村道38条、67.5千米。街道海岸线长度为11千米，沿海滩涂1203公顷，海参养殖面积600公顷。境内河流32条，水面面积256公顷；平塘44座，水面面积1669公顷；水库1座，水面面积32.8公顷。2023年，杨树房街道一般公共预算收入5650万元，村级收入总计684万元，规模以上工业总产值18.6亿元，实现省外到位资金1.7亿元，招商新增注册（迁入）企业29个。

2023年杨树房街道主要社会经济指标

项目	计量单位	数量
水果产量	吨	7212
蔬菜产量	吨	19276
粮食产量	吨	21176
肉类总产量	吨	5788
牲畜存栏	头	16913
生猪出栏	头	17658
家禽饲养量	万只	215.82

【项目建设】　2023年，杨树房街道重点项目建设提速增效。投资646万元的普兰店区高标准农田建设，投资562万元的李家村、赵家村农村自来水工程主体施工完成。投资1500万元的大杨格尔特智能衬衫定制工厂改造项目主要设备改造基本完成。投资580万元的大连荣泰铸件制造有限公司碱酚醛树脂砂再生线及混砂机设备生产线项目，完成设备安装和调试。投资5000万元的大连益升实业公司木制品加工生产项目，完成注册，年内进行设备采购。投资800万元的大连千江船舶机械制造有限公司项目，前期土地测绘完成。投资3000万元的三立门窗扩建项目，建设2号生产车间及办公楼、扩建生产线。投资2000万元的大连勇佳服装项目，环评手续通过。投资1000万元的战家村辽宁省农村实用人才培训基地项目，当年施工建设。

【农业工作】　2023年，杨树房街道完成辖区内春、秋季重大动物疫病集中防控工作，免疫率、发卡率100%。全年下发禽流感疫苗19.88万毫升，猪口蹄疫苗3.89万毫升，牛羊口蹄疫苗1.2万毫升。累计免疫猪1.2万头、牛1603头、羊965只，牲畜耳标佩戴率90%。完成耕地质量保护与提升补助项目，发放有机肥416.5公顷。推广实施黑土地保护性耕作项目，落实分解任务600公顷。建立粮油生产目标任务台账，粮食播种面积2600公顷，大豆播种面积540公顷，花生播种面积740公顷。开展玉米大豆"一喷多促"工作，9个社区村实施1140公顷。

【城乡环境整治】　2023年，杨树房街道城乡环境整治取得新成效。建设全长35千米花街，累计投资50万元，在乡村主干道两侧栽种高级花苗1.3万棵，撒播草花种子100公斤。常态化开展农村人居环境整治工作，全年投入资金350万元，出动人工5000人次、车辆4000余台次，清理垃圾6000吨、"三堆"800余个，清理边沟160千米、河道60千米。加强公路管建，打造法桐大道6条、20千米；打造微景观8处、2000平方米；新修村路2条、2千米，街道获评大连市"四好农村路"示范乡镇。募集资金80万元，政企共建美丽乡村。

【民生事业】 2023年，杨树房街道按时足额发放低保、特困、护理费、残疾人两项补贴等资金，规范公示工作。至年末，城市低保3户3人，发放保障金2.6万元；农村低保173户225人，发放保障金147.72万元；城市特困2户2人，发放保障金3.7万元；农村特困116户117人，发放保障金140.75万元；特困人员护理费116人，发放护理费29.2万元；享受残疾人两项补贴328人，发放两补资金43.7万元。受理低保申请22份。新增享受残疾人两补21人，依照程序办理完毕。街道新办理残疾证61人，办理55—59周岁养老32人，困难儿童助学9人；申请免费助听器5个，其他各类辅助器具8个，儿童矫治康复训练4人，为10名做过白内障手术的人员申请发放资金，共计1万元。

【营商环境建设】 2023年，杨树房街道致力打造一流营商环境。制定并下发《杨树房街道开展"营商环境巩固年"活动实施方案》《杨树房街道营商环境问题"万件清理"工作实施方案》。"12345"网络平台处理件4件，办结率100%，有效诉求满意率100%，有效回访率100%；话务平台处理件54件，按时反馈率100%，满意率100%。

【基层党建】 2023年，杨树房街道开展主题教育实践活动，专题调研6次，讲党课40余次。举办7天读书班3期，开展党建工作拉练，每周至少一次到所在包保村（社区）指导督导，持续加强基层党组织建设。开展"流动党校"基层宣讲10余场。开设"掌上党校"专栏发布在线学习党的创新理论文章75篇，中央、省级媒体发稿36篇。举办"影歌盛世 再谱华章"大型摄影作品展和"唱响党的二十大 高奏乡村振兴曲"文艺晚会11场。推荐评选"四个先锋"代表22名。探索组建服务型临时党支部、服务型产业党支部和专业服务党支部73个。战家村获省文明实践阵地"十百千"示范项目，7个家庭获评涉农地区"十星级文明户"。街道所有文明实践站点建设均达到"五有"标准。

2023年1月10日，杨树房街道新时代文明实践所组织春节前夕高跷演出
杨树房街道办事处 供稿

【社会维稳】 2023年，杨树房街道坚持"四级调解"综合发力，呈现纠纷少、信访少、诉讼少、矛盾就地化解的"三少一化"新局面。战家村、赵家村、于和庙社区分别获评第三批全国乡村治理示范村、全国民主法治示范村、省级民主法治示范村。保障重大节点无进京、到省、去连访，呈现"小事不出屯、大事不出村，矛盾不上交"的和谐稳定新局面。发挥人大街工委作用，代表接待群众20余次，累计接待群众150余人，多渠道收集建议29件，街道承办28件，上报区级1件，均得到解决。

（吕志强）

大刘家街道

【概况】 大刘家街道位于普兰店区南端，濒临黄海，是大连城市供水的核心枢纽。全街道辖4个社区，2个行政村，58个自然屯；辖区面积66平方千米，总户数5066户，常住人口1.5万人，土地面积4.6万亩，海岸线5千米。街道南与金普新区杏树屯街道接壤；西与太平街道、丰荣街道相接；东与杨树房街道相邻；北与唐家房街道隔大沙河相望。丹大高速公路、201国道、滨海路、兴唐线南延公路、丹大高铁等交通主干线穿境而过。街道距普兰店区中心20千米、大窑湾港50千米、皮口港16千米、杏树屯港10千米，距大连市区80千米、大连国际机场85千米，处于大连市区一小时经济圈内。2023年，大刘家街道实现财政收入3427万元，完成固定资产投资5958万元。街道便民服务中心公共综合窗口被大连市评选为"清风辽宁政务窗口"。洼子店社区新时代文明实践站获评省级文明实践示范站，小山村获评省级文明村镇，辖区2户家庭获得市级"十星级文明户"称号。

2023年大刘家街道主要社会经济指标

项 目	计量单位	数 量
财政收入	万元	3427
规模以上工业产值	万元	14927
牛存栏	头	1272
猪存栏	头	14309
家禽存栏	只	555555
水果总产量	吨	1432
蔬菜总产量	吨	17693
粮食总产量	吨	18793

【项目建设】 2023年，大刘家街道积极发展注册经济，着力加强招商宣传。全年累计接待客商18批次，签约总投资3.5亿元的实体企业项目3个，包括投资1亿元的大连华美龙管业有限公司塑料管材项目、投资1.1亿元的大连东来木业有限公司项目、投资1.4亿元的国电农光互补新能源项目；与4家注册平台企业进行集中签约。

【营商环境建设】 2023年，大刘家街道实施项目包保制度，定期现场走访，建立服务台账，构建专人专办模式为企业答疑解惑。开展"走企业解难题"专项行动，收集企业诉求12件，全部协调解决。开展"营商环境巩固年"活动，编制完善《办事不找关系指南》，街道便民服务中心公共综合窗口被大连市评选为"清风辽宁政务窗口"。

【人居环境整治】 2023年，大刘家街道配备专门作业车辆及时转运清理垃圾，定人、定岗、定路段清扫，做到生活垃圾日产日清，辖区内无卫生死角。清理各类垃圾3800余吨，"三堆"1210个，出动人力3000余人次、车辆2200余台次。"见缝插绿"扮靓乡村。投资200余万元在各村（社区）打造"鲜花大道"、海棠花大道和党建广场绿化工程，共计3万平方米，栽种海棠、银杏、法桐等5500余株、1.6万平方米。建设"口袋公园"2处。小山村美丽乡村建设项目全面推进。

【基础设施建设】 2023年，大刘家街道加强基础设施建设。硬化农村道路5万平方米，维修公路4.4千米，维修群众秋收道路15条。完成洼子店社区400户、1200人的安全饮水工程，持续推进大沙河治理，保障群众用水需求。清理整治洼子店社区小城镇区域内私搭乱建、乱摆乱放等，府前路面貌整洁有序。推进农村乱占耕地建房专项整治，381处图斑全部完成。"三区三线"整治工作全部占补平衡。

【文旅发展】 2023年，大刘家街道推动文旅工作高质量发展。以农为本，打造集农业观光、休闲采摘、露营民宿于一体的新业态发展格局。街道文化站依托村史馆、新金大鼓、柳条编织等推动"非遗+"文化体验游。水源涵养林、鹭鸟保护基地成为大刘家新地标，逐步构建鲟业经济为主体的区域性综合经济。以"我们的节日"为主题，开展文艺联欢、走访慰问等文化活动，宣传新金大鼓、柳条编织等非物质文化遗产。村史室建设实现全覆盖。

大刘家街道加强鹭鸟栖息地环境治理，为鹭鸟营造安全的生存环境

大刘家街道办事处　供稿

【社会维稳】　2023年，大刘家街道建立党建引领基层村屯社会治理网格58个，以网格化管理调处化解矛盾纠纷、做好重点人员摸底管控。建立评理说事点58个，纠纷调解室和法治超市6个，乡村"微法庭"1个。大刘家社区修丽君获评"全国模范人民调解员"。

【基层党建】　2023年，大刘家街道理论学习走深走实。班子成员带头上专题党课8场次，举办主题教育读书班4次，党工委理论中心组学习14次，开展"六进"宣讲活动12场次。洼子店社区作为大连市主题教育观测点起到良好示范作用。举办"两优一先"表彰大会、"七一"文艺晚会、品读红书分享会、党的二十大精神知识竞赛等活动。全年在中央及省级媒体上发表稿件33篇。打造麦家社区党群服务中心示范点、大连华杰玻璃制品有限公司党支部党建阵地。合理利用党群服务经费，为群众解决道路维修、路灯安装、敬老助残等急难愁盼问题。

【党建促乡村振兴】　2023年，大刘家街道组织2名村（社区）书记赴山东参加抓党建促乡村振兴示范班。组织村（社区）干部到安波街道米屯西红柿种植基地、城子坦街道蜗牛养殖基地、炮台街道樱桃种植基地，观摩学习"一村一品"好经验、好做法，为发展壮大村级集体经济拓展思路。深入开展"党群共同致富"活动，设立党群共同致富责任区58个，挖掘培养致富骨干172名，补选3名致富能手到村（社区）"两委"。街道后备干部队伍建设经验及花房村书记吴林事迹被《人民日报》报道。

（姜沂林）

皮口街道

【概况】　皮口街道为辽南古镇，曾是原新金县党委政府所在地。街道位于黄海之滨，与长山诸岛隔海相望。总面积286平方千米，辖8个行政村，9个社区，常住人口7.34万人，城镇规划面积39.84平方千米，建成区面积11.37平方千米。街道陆港交通便利，丹大高铁横贯东西，皮炮高速东端起点。有2个高速口、1个高铁站、1座全天候海港码头皮口港。街道自然资源丰富，耕地面积8080公顷，林地846公顷，平岛、玛牙岛2座岛屿1.7平方千米，海岸线25千米，海域使用面积1.33万公顷，滩涂面积9333公顷。2023年，皮口街道一般公共预算收入6732万元，比上年增长4%。

2023年皮口街道主要社会经济指标

项目	计量单位	数量
水果总产量	吨	16295
蔬菜总产量	吨	42482
肉类总产量	吨	5788
大牲畜存栏数	头	3056
生猪出栏数	头	98637
家禽出栏数	万只	920.19

【乡村振兴】 2023年，皮口街道因地制宜实现新突破，壮大村集体经济。推动实施"富村强街"工程，增加全区村（社区）集体经济收入。年内有8个村社区集体经济收入破50万元，4个村社区集体经济收入破100万元，2个村社区集体经济收入破150万元，2个村社区集体经济收入破300万元，1个村社区集体经济收入迈入1000万级序列。

【产业项目建设】 2023年，皮口街道新谋划生成亿元以上项目任务数4个，完成6个，其中开工建设项目完成3个。引进省外实际到位资金任务指标6亿元，当年完成6.001亿元。坚持"项目为王"发展理念，加快建设新能源产业。全区4个新能源项目有3个落户在皮口，即海水制氢产业一体化示范项目、大连市沿海滩涂源网荷储一体化示范基地项目（渔光互补）一期工程、大连普兰店华能陆上风电I项目。

【辽参小镇建设】 2023年，皮口街道搭建陆地、海洋自然生态链，推动辽参小镇多元化高质量融合发展。突出做深做精，推进辽参种质繁育基地建设，扩大光伏鲟鱼海参立体化发展规模，建立集育种、育苗、养殖、加工、包装、销售为一体的全产业链，推进平岛创建准AAAAA级旅游景区建设，平岛旅游基础设施工程项目入统计库，工程建设基本完成。7月28日，举行"辽参·鲟鱼小镇"揭牌仪式。10月21日，中国·大连普兰店（平岛）第十二届辽参文化周在皮口街道平岛正式启幕，得到国家级、省市区级媒体关注与报道。

【社会事业】 2023年，皮口街道通过社会救助、残弱帮扶等政策关怀帮助特殊家庭和特殊群体，涉及城乡低保在保人员564户、751人，城乡特困347户、365人；享受生活补贴395人，护理补贴603人。配合完成两癌筛查工作，宫颈癌筛查1270人，乳腺癌筛查1277人。加强社会保障力度，完成就业困难人员就业援助补贴146人，管理各类领取养老金人员2.7万人。开展电影下乡，全年放映204场次。举办慈善月活动，筹集善款32450元，上交至区慈善总会。

【城乡环境建设】 2023年，皮口街道坚持人居环境"持久美"，助力和美乡村建设。投入资金243.1万元用于人居环境整治，新建垃圾槽146个，购买垃圾清运车208个，安装自然屯大喇叭200个。建立"街道、社区（村）、组"三级联动机制，社区（村）组织党员、网格员、志愿者等积极参与，实行全员"入网入格"治理服务，以网格化、清单化形式确保人居环境整治不留死角。全面整治房前屋后、主次干道、河道沟渠、田间地头等，逐条巷道巡查、逐户宣传，加大综合整治力度，营造清洁、净美的农村环境。

【社会维稳】 2023年，皮口街道接待群众来访13批、360余人次，办理国家、省、市交办网上信访件101件，化解多年信访积案6件，并签订息访协议。皮口街道办事处被评为大连市信访积案化解先进集体。

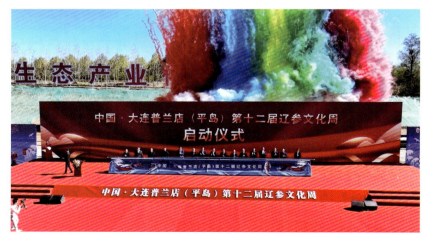

2023年10月21日，中国·大连普兰店（平岛）第十二届辽参文化周启动仪式
皮口街道办事处　供稿

【基层党建】 2023年，皮口街道大力实施"党建+产业兴农"行

动，按照地域相连、产业集聚、功能互补原则，将17个村社区组建成5个特色产业联合党委，引导联建村在党的建设、产业发展等方面资源共享、合力共为，全年实现村集体收入2921.45万元。大力推动特色产业党支部建设，石固社区花卉特色产业党支部发挥致富带头作用，成为集党员学习、协商议事、技术培训、休闲娱乐为一体的多功能活动中心。3月，全区首个专业合作社联合社党支部——平岛鑫玉龙海洋牧场专业合作社联合社党支部揭牌成立，将自主参与的大连普兰店平岛润鑫专业合作社、大连鑫玉龙种业科技专业合作社、大连平岛海洋牧场专业合作社等8个产业专业合作社联合起来，使海洋牧场经济进入高质量发展阶段。街道挂牌建成基层党群服务中心17个，投入近百万元，打造出党群服务中心示范点2个。修建改造完成城关廉政广场、三河党群广场等多个高标准红色教育基地和主题广场。

（王培溥）

城子坦街道

【概况】　城子坦街道位于普兰店区东南部，相距55千米，东以碧流河为界与花园口经济区毗邻，南濒黄海与长海县隔海相望，西靠皮口街道，北依星台街道和墨盘街道，是辽宁省历史文化名镇之一。丹大高铁、大庄铁路、丹大高速、201国道与滨海路在境内横跨东西，城瓦线、城松线纵贯南北。街道区域总面积283.3平方千米，其中耕地面积7085公顷，海岸线长12.5千米，浅海滩涂3000余公顷。街道辖设5个社区、6个行政村，253个村民小组，总人口6.6万人，2.4万户。2023年，城子坦街道收入2623万元，固定资产投资完成1002万元，工业规模以上产值完成2.7亿元，外贸出口额完成2.21亿元，省外资金完成0.86亿元。

2023年城子坦街道主要社会经济指标

项目	计量单位	数量
水果总产量	吨	40097
蔬菜总产量	万吨	3.59
粮食总产量	万吨	4.66
羊存栏	万头	0.31
牛存栏	万头	0.27
生猪出栏	万头	7.8
家禽出栏	万只	1449

【招商引资】　2023年，城子坦街道扩大投资成效显著。街道创新出台相关政策，鼓励村（社区）加大招商引资力度，增加村（社区）集体经济收入。凡是村（社区）招商来的企业所缴纳的税额，街道将对村（社区）账户予以奖励，供日常工作使用。全年谋招推建项目任务数8个，全部完成，其中亿元项目1个，为百年老街文旅项目；签约项目6个，全部完成，其中包括亿元项目1个（大连御龙生态渔业股份有限公司）。固定资产投资区第三人民医院设备购置项目入库完成1002万元；工业企业"小升规"1个，飞地经济签约项目1个。

【民生工程】　2023年，城子坦街道民生福祉持续增进。水淹户安置工作有序推进。做好农村片已搬迁水淹户原房屋回收、水位测量、产权改制等前期工作。6月，启动城区片第六批水淹户和异地第二批回迁，与水位合格的43户水淹户签订搬迁协议；8月，与已完成选房的水淹户签订安置协议，签订38户65套房屋；异地回迁签订6户8套房屋。

【社会保障】　2023年，城子坦街道社会保障力度加大。入户核查走访街道11个村（社区），汇总、登记农保569户、767人，城保50户、54人，低收入家庭8户、16人，农村特困人员323户、361人，城市特困人员2户、2人。为94名精神残疾人办理免费发放药物，为2人办理安装义肢手续，为98名残疾人申报辅助器具，为38名残疾人学生及贫困残疾人家庭子女办理助学金手续，为10名不能出门的残疾人入户办理残疾证。为贫困及重度残疾人办理补贴申请899人次，涉及资金12.85万元，其中享受困难生活补贴386人次、涉及资金7.7万元，重度护理补贴513人次、涉及资金5.1万元。

【人居环境整治】 2023年，城子坦街道升级改造老旧房屋，新建人行步道彩砖5.5万平方米，新建树池369个，调整检查井247座，石边修复490米。城区环境全面改善。维修升级改造城区道路设施及金三角转盘广场周边。城区内主干路加装LED路灯80盏，中国结景观灯138组。金三角转盘新栽植草坪1300平方米，安装景观灯柱8组，更换破损方砖2700平方米，周边地块播撒花种1.5万平方米。三清观广场安装景观灯柱4组，护栏30米。高铁站广场绿化，栽植黄杨600余棵，播撒花种400平方米。发布人居环境整治专报25期，安装广播喇叭12只，全面清理农村生活垃圾，出动人员1500余人次、工具车辆250余台次，清理积存垃圾4380.88吨。完成15千米碧甸线、甸隋线绿道花街绿化项目，栽种树木（国槐）3000棵。

【乡村振兴】 2023年，城子坦街道立足区域特色产业推进乡村振兴。金厂社区扶贫项目食用菌暖棚项目投入建设，完善防返贫帮扶机制，提高帮扶项目资金使用效益。加快推动美丽示范村建设，支持辖区村（社区）跨村联建，培树品牌产业。因地制宜发展棚桃、水稻等特色农作物，加快发展品牌产业，在东街成立"城子坦特产店"，宣传推介"城子坦味道"农产品品牌。加

快完善农村基础设施和公共服务体系，推进厕所革命、道路畅通、供水保障、数字乡村等8大工程。开展农村公路春季养护会战，植树4700棵，修整农村公路路肩93.6千米，维修道路两侧排水沟430米，修补路面坑槽485平方米，维修路基塌陷1处；创建城子坦街道"美丽农村路"郑源线。

【街道旅游】 2023年，城子坦街道促进旅游服务业发展，打造特色文旅，带动产业可持续发展。邀请大连市旅游摄影协会走进城子坦，制作视频，吸引游客到城子坦老街打卡。年内举办城子坦街道春满百年老街首届文化节、三清观庙会。科学保护街道丰富的历史文化遗产，合理利用名镇及历史文化遗存，编制《城子坦镇历史文化名镇保护规划》。街道文旅产业发展重点突出春满街鱼市码头、民国风情，展现城子坦鱼市文化内涵和百年繁华商埠特色，打造集居住、商业、文化、旅游为一体鱼市商贸、民国风情特色小镇。

2023年6月12日，城子坦街道春满百年老街首届文化节举办

城子坦街道办事处 供稿

【基层党建】 2023年，城子坦街道落实"三会一课"、谈心谈话、主题党日等制度，召开街道机关党员大会4次、开展主题党日12次、讲授党课16人次，召开组织生活会2次、民主生活会1次，开展年轻干部座谈会3次。设立党员先锋岗6个，开展走访慰问老党员61人次。当年培养入党积极

分子25名，发展入党对象9名、按期转正党员14人。推进抓党建促乡村振兴，充分发挥基层党组织引领作用。组建产业联合党委2个、社企联盟1个，建立党群共富责任区197个。

（刘佳慧）

大谭地瓜粉条成为大谭地区农业特色支柱产业　　　大谭街道办事处　供稿

大谭街道

【概况】　大谭街道位于普兰店区中南部，地处东经122.1度、北纬39.6度，东与东北与莲山街道接壤，西与西北与瓦房店市元台镇相连，南与唐家房街道为邻，西以大沙河为界与丰荣街道相望。距普兰店中心城区25千米，距皮口港26千米，距瓦房店市25千米。街道总面积126平方千米，城镇规划面积7.22平方千米，辖5个社区、3个行政村，142个村民组，总户数7922户，总人口24413人。2023年，大谭街道完成一般公共预算收入277万元，省内外实际到位资金7200万元，固定资产投资2454.5万元；落地亿元以上项目1个、飞地项目1个，完成新增市场主体300个。

2023年大谭街道主要社会经济指标

项目	计量单位	数量
水果总产量	吨	5702
蔬菜总产量	吨	24196
粮食总产量	吨	27173
肉类总产量	吨	35855
牛存栏	头	9521
生猪出栏	头	171550
家禽饲养量	万只	1057.95
水果总产量	吨	5702

【农业生产】　2023年，大谭街道推动农业高质量发展。扩大新植果树、红薯、花生等高效益作物栽培面积，加快新品种、新技术的推广应用，积极发展地瓜粉、大葱等特色产业。优化农业种植结构调整，带动大谭地区农业合作社、种植大户扩大优良品种地瓜种植和传统地瓜粉条生产规模，提升制粉工艺流程，增加粉条产品种类，发挥品牌优势效应，促进大谭地瓜粉条成为大谭地区农业特色支柱产业，全年街道地瓜种植面积260公顷，年产地瓜超过800万公斤。双山社区推进大葱基地农业产业化，全年发展大葱基地226.7公顷，带动居民就业300余人。推进标准化农业建设，探索发展土地托管项目，大谭土地托管200余公顷，直接带动周边群众就业200余人，增收400余万元。夏沟村食用百合花基地占地13.3公顷，当年投产；引进种植麒麟西瓜20公顷，年产值500余万元。

【新农村建设】　2023年，大谭街道加强美丽乡村建设和环境综合整治。打造快乐农庄，发展乡村旅游、周末经济。建立田园经济综合体。5月，占地面积14公顷的大谭恩泽农场建设完成，农场位于大谭街道兴唐线路上，距离主城区30千米，是以土地认养、休闲采摘、农家饭菜、亲子旅游为一体的绿色现代化有机农场。农场内有农家院500余平方米，可同时容纳200人就餐；种植黄金蟠桃树6700棵，苹果树500棵，有机蔬菜2公顷，可提供采摘、认养。在双山社区初步建成李家大院农家乐、时光小院村史展示区，打造6.7公顷的认养采摘园，园内全部果蔬采用绿色有机模式种植，井水灌溉、蜜蜂授粉。完成农村"四旁"植树5750株，在兴唐线、金石线、陈元线等主要路段栽种草花32千米，在乡道两侧和房前园后种植各类草花，打造处处都有鲜花盛开的"鲜花大道"和"鲜花村庄"。

【项目建设】 2023年，大谭街道加快推进重大工程项目建设。大连天生蛋业养殖项目，总投资1.7亿元，完成固定资产投资3524万元。引进市场潜力大、竞争力强、科技含量高、经济效益显著的百合种球繁育产业，投资3000万元在夏沟村建设食用百合基地，当年打造百合种球繁育种植二期工程，年内完成签约、注册。完成亿元以上平台项目大连金光汽车部件工业有限公司的签约、落地。

【社会民生】 2023年，大谭街道加强贫困户的生活保障工作和低保户动态管理。按时做好低保户变更和特困人员的调查和审核上报工作，逐户核实，及时办理。做好殡葬管理工作，全街道火化率100%，无土葬情况。当年有农村低保158户201人，城市低保12户17人，农村特困206户214人，城市特困5户5人。全年摊铺油路6条15.3千米；清理边沟、路肩除草、修补路面坑槽，养护公路186.8千米，其中乡级公路50千米、村级公路136.7千米；抢修水毁道路26处，确保道路畅通。

【社会维稳】 2023年，大谭街道坚持班子成员接访制度，在换届选举和重大会议时间节点，开展谈心谈话，参与研判，化解矛盾。在全国"两会"期间，安排工作人员参加进京维稳工作。按照区信访局工作要求开展"万件化访"工作，上级交办的信访案件14件，全部息访化解；重复访5件，全部化解；网上受理信访案件60件，全部办结。

【基层党建】 2023年，大谭街道加强基层组织建设，开展主题党日活动300余次，发展党员5名，培养积极分子19人，培训党员2500余人次。理论学习中心组专题学习12次，组织讲党课32次。主题教育举办读书班3个班次、领导干部讲党课7次、树立正反面典型各1个。成立联合党组织，在区域相邻、产业相关、资源相近的村（社区），以产业联盟的形式组建产业发展联合大党委。打造"双山大葱""大谭粉条"品牌，8个村级集体收入均超过10万元。

（王熙尧）

唐家房街道

【概况】 唐家房街道位于普兰店区南部，距主城区17千米，东与杨树房街道接壤，西与丰荣街道相依，南与大刘家街道为邻，北与大谭街道交界，海皮公路、兴唐公路、兴唐线南延公路、皮长高速公路穿境而过，有高速口1处，交通便利。街道面积116.5平方千米，耕地5333.33公顷，下辖6个社区、4个村，户籍数8900户，户籍人口2.65万人，常住人口1.5万人。辖区内有大沙河、夹河、清水河等主要河流3条，水库1座；有初级中学2所、小学2所、幼儿园2所、卫生院2所、敬老院1所。

2023年唐家房街道主要社会经济指标

项目	计量单位	数 量
水果产总量	吨	5210
蔬菜总产量	吨	26192
粮食总产量	吨	36670
肉类总产量	吨	13600
牛饲养量	头	6110
羊饲养量	头	5910
生猪饲养量	头	43550
家禽饲养量	万只	106308

【项目建设】 2023年，唐家房街道项目建设有序推进。年内谋划项目4个。大连鸿稼农业服务专业合作社驴舍扩建项目，二期项目用地积极推进，三期用地审批手续全部完成，企业办理相关环保

手续。大连富海生物科技有限公司扩建厂房项目，与区自然资源局协调解决土地成片开发方案。大连宏佳沁建筑设备厂房项目，由大连宏佳沁建筑设备有限公司投资，投资额1亿元，占地面积2.3万平方米，建筑面积1.2万平方米，其中高标准新型建材厂房1万平方米、新型材料技术中心2000平方米，项目完成立项，当年办理开工许可。大连力宏建筑材料有限公司二期堆料厂扩建项目，配合企业完成成片开发方案。

【乡村振兴】 2023年，唐家房街道积极探索乡村振兴新路径。打包捆绑各村富硒果蔬、许家社区丁屯大米等农副产品，打造唐家房街道富硒果蔬、肉蔬"生财包"品牌。在丰荣东街开设"食尚唐家房"店铺，展售富硒果蔬、李沟村鸿稼驴肉、夹河大米、许家社区丁屯大米、敬老院白酒、九羊羊奶、兴隆社区隆福兴豆腐、绿三源葡萄、农家粉条、兴隆堡罐头、兴隆驴肉包等唐家房特色农产品。村级产业发展特色纷呈。大连隆福兴豆制品有限公司实现营业收入40万元；兴隆社区富硒水果萝卜，增加集体经济收入10万元；许家社区"许家甄选胚芽米"，增加集体收入16万元；双岭社区种植高粱2.7公顷，购买玉米收割机1台，通过农机服务实现集体收入10余万元；李沟村通过土地流转实现收入30万元。街道10个村（社区）集体经济均达10万元以上。

许家社区"许家甄选胚芽米"种植地一角　唐家房街道办事处　供稿

【社会民生】 2023年，唐家房街道城乡居民基本养老保险参保登记12240人，已结享受待遇6567人，实缴人数2476人。办理城乡居民基本医疗保险参保登记人员16781人，实际缴费15691人，缴费比例93.5%。为4959名人员办理就业困难人员两险补助工作。完成街道文化站维修升级改造、健身广场健身器材维修更换，在唐家房社区和李沟村各安装篮球架1个。唐家房"村晚"入选全国"村晚"示范展示活动，展示新农村建设和乡村文化振兴成果。在双岭社区、双泉寺社区、巴家村举办农村乘凉晚会共3场。保障校园周围交通、治安秩序安全，街道出资为学校安装智慧黑板，更换唐家房小学电动门，设置交通安全标识。联合区级机关单位及企业为学校捐赠电脑50台、图书1500余本，服装516套。

【营商环境建设】 2023年，唐家房街道不断优化营商环境。成立街道营商环境建设工作领导小组，制定《唐家房街道关于开展"营商环境巩固年"活动工作方案》、政务服务管理制度、监督考核机制，明确工作任务，提高服务意识。成立营商环境"万件清理"工作组，接诉2件，综合办结率100%，综合满意率100%。执行首问负责制、一次办结与告知，做到服务窗口不堵点，事事有着落。

【人居环境整治】 2023年，唐家房街道推动环境建设水平进一步提升。全年开展春季植树、邱丁线树木修剪、双泉寺街面改造、十里花街建设、塔寺社区大郭屯人居环境重点整治、金三元河道清淤治理等。大修郎唐线3.97千米、栾屯线1.24千米，开展富硒果蔬基地防御工程规划建设。

【社会维稳】 2023年，唐家房街道推进社会治理创新工作，深入开展社会矛盾纠纷集中攻坚专项行动。排查出各类矛盾纠纷133件，基本调解完毕。做好信访维稳工作。平安建设办公室接待来信、来访群众65人次，全部转交给相关责任部门及村社区及时办理。省交办万件化访案件20件，全部化解，其中签订息访协议书16件。

【基层党建】 2023年，唐家房街道扎实开展主题教育，通过读书班、研讨学、参观学等多种方式，推动主题教育取得实效。开展"我为群众办实事"活动。开展"跨村联建"活动，6月组建中共普兰店区唐家房街道富硒果蔬种植联合委员会；注册成立党组织领办创办农民专业合作社4个；组建党群共富责任区114个。全年发展党员7人，转正7人。开展"迎七一、感党恩、见初心、担使命"朗诵比赛活动。走访老党员、特困党员、因病致贫特困群众、驻村第一书记等36人，发放走访慰问金2.25万元。

（赵忠瑾）

2023年6月27日，唐家房街道富硒果蔬产业联合党委向大连海洋大学工会销售富硒甜瓜1200箱　　唐家房街道办事处　供稿

莲山街道

【概况】 莲山街道位于普兰店区域中心，南临皮口港，西接瓦房店市，距普兰店中心城区45千米。周边分别与星台、皮口、大谭、沙包等街道接壤。交通便利，水源充裕，长长、丹绥、盖普3条国、省级公路全境贯通，清水河、赞子河、夹河三大河流由此发源。区域总面积118平方千米，其中耕地面积4052公顷。辖5个社区、4个村，108个自然屯，设145个居（村）民组，总户数8206户，人口25478人。街道产业以农业为主，有绿色农产品品牌"旗杆底"牌黄瓜。2023年，莲山街道一般公共预算收入完成1112万元，完成固定资产投资2288万元，完成省外引进资金7000万元，完成签约落地飞地经济项目1个。

2023年莲山街道主要社会经济指标

项目	计量单位	数量
粮食总产量	吨	30801
水果总产量	吨	6723
蔬菜总产量	吨	18616
牛存栏	头	5333
生猪出栏	头	44414
禽类饲养量	万只	392.77

【项目建设】 2023年，莲山街道全力推进重点项目落地。完成省外亿元以上签约项目2个，分别为莲山铁矿办公楼、选矿厂项目和大连莲山草海生态旅游度假区项目，其中草海生态旅游度假区项目落地；完成亿元以上新开工项目1个。完成盈科养殖场建设鸡房项目立项，莲城餐饮项目、金色阳光小区水电路配套项目立项工作年内推进，金色阳光小区电力、供暖、消防等问题积极协调解决。谋划项目6个，即浙江精工钢结构有限公司大连生产基地项目、大连信德汇商贸有限公司盘活项目、大连普落德生态农业有限公司资产升级项目、大连春晖建设集团与江苏鸿丰生物科技有限公司联合打造石斑鱼和黄骨鱼生态旅游养殖项目、小张沟房车露营项目、运动场馆地板飞地项目。

【农业生产】 2023年，莲山街道立足地域优势和资源，积极推进"一村一品"特色农业发展。与沈阳农业大学科研技术团队达成结对帮扶事项，为街道农产品种植提供技术指导、生产体系规范。整合街道优质、特色农产品和珍稀优质资源，筛选出包括"旗杆底"黄瓜、华辰阳光玫瑰葡萄、东辰佳源蓝莓、成三仔猪等优质特色农产品9种。华辰阳光玫瑰葡萄种植总面积8公顷，该品种以丰产、稳产、大粒、抗病和耐贮性好、栽培简单的特性，实现单产量1500—2000公斤，年产值600余万元。成三仔猪引进新法系二元种猪，采用数字化、标准化猪舍养殖，母猪存栏量2500头，年出栏商品仔猪5万头以上，年产值3000万元。

【人居环境整治】 2023年，莲山街道坚持人居环境整治工作常态化。加大垃圾点、废品收购点、河沟、三堆的清理力度，实现"扫干净、码整齐、清沟渠、保畅通"。投入资金88万元，村屯垃圾清理整改100余处，全面清理河道垃圾1千米，出动人员4095人次，车辆机械1290台次，清理垃圾1180吨。实施分担区制度，广泛动员，全民参与，确保人居环境整治工作无死角、全覆盖。加大生态治理力度。完成整改森林违法图斑30个，植树2500余株，落实造林任务涉及交通线路6条、14.1千米，植树7800株。加强秸秆禁烧巡查，出动车辆、人员270余次，巡查里程7500余千米。大修村级油路3条、9.2千米，一般维修涉油路损坏84处。

【社会民生】 2023年，莲山街道全面走访调查辖区内特困家庭430户，做到应保尽保，有序停保、按规增保。及时发放居家安养等各项补贴资金，完成本街道的待遇认证工作6049人。做好退役军人建档立卡系统的减员工作，动态管理优抚对象，各项优待金及自主就业金及时准确发放，及时宣传退役军人就业信息及相关政策。开展适

龄妇女"两癌"免费筛查821人。完成献血工作，78人献血2.66万毫升。组织慈爱月捐款活动，捐款3.28万元。

【安全生产】 2023年，莲山街道深入推进安全生产月活动，注重对分管领域重点企业检查。开展隐患排查重点企业20余家次、烟花销售点12家次、重点人员密集场所8家，整改隐患问题14处，开展应急演练2场，有效提高相关企业应急处置能力。成立森林防灭火应急处置工作专班，配备应急器材，确保森林防火无重大火情。制订防汛山洪预案，排查山洪沟道风险隐患，转移防汛受威胁区域群众74人，修复水毁路面2处、挡墙3处，保障人民群众生命财产安全。

【社会维稳】 2023年，莲山街道信访量101件，矛盾纠纷排查化解99件。连续两年打除非发基督教会点。1起墓葬权矛盾纠纷化解案件、2起矛盾纠纷化解案例被中央政法媒体民主与法制网报道刊登。3月，国家法治网、《法治日报》报道莲山街道化解的一起信访案件，得到上级相关部门肯定。解决信访人员邵某、于某某的诉求问题，并向上级部门争取信访救助金29.51万元。

【基层党建】 2023年，莲山街道常态化开展党的二十大精神学习教育工作，订购党员必读书目200余套。利用远程教育等载体收看省市区委组织的各类直播课程10余次，实现党员教育全覆盖。统筹推进基层党组织主题教育工作，实现街道、村80个党支部一体推进，同步开展；指导督促各基层党组织结合实际开展学习，开展线下宣讲20余场，线上宣讲100余场。加强意识形态阵地管理和宣传，定期研判形势和排查隐患，做到凝聚人心、弘扬公平正义，发布宣传稿件110篇。突出党建引领，加强品牌打造，成立电商产业和食用菌养殖2个产

业联合党委。以村党总支书记为带头人，带领村"两委"成员租赁承包4.7公顷土地试点种植花生,实现单产340公斤，年产值16万元。莲山街道翻新水门子社区文化广场,建成街道第一个以党建为主题的综合性广场——"红船"党建文化广场。广场上安装"红船精神"雕塑,设计以党建文化为主线的景观墙,设置篮球架、休闲长廊,配备体育健身器材等设施,让基层党建文化接地气、有人气。

（王琳琳）

2023年安波街道主要社会经济指标

项目	计量单位	数量
一般公共预算收入	万元	2882
固定资产投资	万元	4040
企业	家	456
个体户	家	1843
水果总产量	吨	13064
蔬菜总产量	吨	19738
粮食总产量	吨	38880

水门子社区"红船"党建文化广场　　莲山街道办事处　供稿

安波街道

【概况】　安波街道地处普兰店区北部山麓地带,距普兰店中心城区约72千米、距大连市城区150千米，北临盖州市，东依碧流河水库，西临同益街道，南与四平、乐甲街道为邻。全街道总面积305平方千米，建成区面积18.8平方千米，其中安波主城区15平方千米、副城区（俭汤社区）3.8平方千米。辖4个行政村和6个社区，209个村民（居民）小组，在册户籍人口3.7万人，常住人口2.2万人。2023年，安波街道接待旅游人次53.7万人，旅游收入7417万元。街道有温泉酒店、商户80余家，形成以良运传琦酒店、鸿缘温泉山庄、光明温泉山庄、帝源温泉会馆等为代表的覆盖高、中、低端的配套服务体系，一次性可容纳4000余人入住。

【项目建设】　2023年，安波街道项目建设稳步推进。建设冰雪体育产业项目集群，重点规划大连安波越野滑雪场、普兰店区（安波）全民健身中心和高端会议中心3个项目，受到区委、区政府重点支持,该产业布局和项目作为大连市北部旅游重点建设项目纳入大连市北部旅游一体化规划中。11月，安波街道越野滑雪场通过辽宁省体育局专家团评审，可以承办2028年冬运会越野滑雪、北欧两项、跳台滑雪三大冰雪项目，为培育安波街道运动经济发展新生态走出坚实一步。12月，安波街道代表大连市参加苏州市举办的全国体育旅游博览会。签约大连安波栖子山高端民宿、大连安波栖子山酒店2个省外亿元以上项目；亿元以上项目开工1个；大连安波七道房漂流和飞地经济项目年内洽谈；花园酒店盘活项目进入尾声。

【农业产业发展】　2023年，安波街道农业产业组团发展。开展"跨村联建"工作,以米屯村为主导，联合带动其他社区（村），提高脱贫攻坚成效、扩大铁皮柿子特色产业规模、壮大村集体经济，促进各村资源共享、优势互补。联建村共新建、改建、整合铁皮柿子温室大棚1000余栋。协助米屯村完成大连市普兰店区西红柿协会的创建工作和铁皮柿子交易市场的建设，扩大村级集体经济来源。开展"社企联建"，争取扶贫资金50万元，试点开展生猪价格保险，帮助生猪养殖户规避因猪价波动带来的风险，鼓励养殖积极性，助力生猪养殖业平稳发展。该项目为街道76户生猪养殖农户，总计7937头猪提供价格风险保障。农业品牌形象初步建立。安波街道米屯铁皮柿子获批国家绿色食品标志使用权，"莲城米屯"商标注册成功，米屯铁皮柿子"三品工程"完成。米屯铁皮柿子和七道房鲟鱼被央视《田间示范秀》栏目专题报道。

【人居环境】 2023年，安波街道人居环境持续优化。制定人居环境整治工作方案，开展"清洁手套"行动、"黄马甲在行动"，建立农村"红色物业"、发动各类群体助力环境整治、开展"美丽庭院"示范创建等活动，全面提升街道人居环境卫生水平。向各社区（村）发放环境整治经费62万元。在大连市通报的人居环境整治工作"红黑榜"中，安波街道2次位列红榜，大连市农业农村局组织全市各县区到安波街道现场观摩。米屯村和金鸡村治山理水、积极参与美丽宜居村示范创建工作，打造宜居宜业和美乡村。当年，米屯村获辽宁省级文明村镇称号。

【营商环境】 2023年，安波街道进一步推进营商环境建设。多次开展"12345"诉求平台答复流程及回复要求培训，提高工作人员办件质量和效率。当年，"12345"诉求平台接收诉求件356件，办结246件，退回或改派111件，办结率75.13%，按时反馈率100%，有效回访率50%。编写《办事不求人》指南，方便群众前来办理各项业务，打造优质营商环境。

【基础设施】 2023年，安波街道基础设施不断完善。响应上级部门下发的《开展春秋季农村公路集中养护会战的通知》要求，统一开展路肩平整、粉刷路树、修剪路肩草、疏通边沟等养护作业。深度挖掘辖区内绿化景观、路肩、边沟、边坡、文化墙砌筑等与产业、文旅、党建等项目相结合的乡村道路，促进农村基础设施建设与美丽生态文明乡村建设深度融合发展。金鸡村、郑屯村通过自筹资金的方式共投入近50万元，修建修缮水毁桥梁、道路，保障村民出行便利。安波街道被大连市评为"四好农村路"示范乡镇，在省级"四好农村路"评比中获评省级示范乡镇。

"四好农村路"米拉线起点　　　　　　安波街道办事处　供稿

【文旅工作】 2023年，安波街道"农业+旅游"效果初显。打造特色文化观光农业项目，俭汤社区、郑屯村、金鸡村利用近千亩闲置地块种植油葵、红薯、马铃薯、油菜及其他观赏性花卉，郑屯村国学花海、俭汤学农花海、俭汤露营花海、金鸡莲（廉）文化公园各具特色与主题，接待数千名游客打卡观光，为增加村级集体收入开辟新路径。街道首届"庆丰收"趣味运动会在金鸡莲（廉）文化公园举办，近300人参与。第13届中国·大连（安波）国际温泉滑雪节在大连安波滑雪场开幕，"炫彩冬季，爱尚安波""泉心泉意，爱在俭汤"等系列活动吸引国内外游客广泛关注，大连安波旅游度假区获第二批"省级滑雪旅游度假地"称号。承办辽宁沿海运动休闲带启动仪式暨首届辽宁沿海运动休闲带六城市体育产业巡礼活动。安波街道作为大连市发展冰雪旅游体育产业的代表地区，与其他五市构建互助共赢、资源共享、携手共进的发展格局，打造特色品牌融合发展道路。徒步大会提档升级。大连市国际徒步大会普兰店分会场在安波街道举行，近百个团体上千人次齐聚安波。街道提前规划路线、设置路标、合理调配工作人员，保障徒步大会成功举办。

【中央广播电视总台直播报道安波大集】 2023年2月3日，中央广播电视总台新闻频道《朝闻天下》栏目用近5分钟的时长向全国人民直播推荐普兰店区安波大集，这是自上年首次登上央视后，安波大集连续第二年被央视进行直播展示，安波特色农产品米屯铁皮柿子、金鸡豆腐、莲城海鲜鱼等进入央视镜头。近年来因温泉滑雪等旅游产业发展，不少外地游客来安波体验温泉滑雪，安波无公害土特产引得游客来到集市，带上当地的土特产回家。安波集市商贸繁荣，辐射到周边多个街道，成为安波地区旅游又一亮点，也是普兰店区展示特色农产品以及"一村一品"优势产业的平台。安波大集每周六开集，交易产品上千种，是周边街道土特产的集中销售地，临近春节，赶大集买年货可达上万人次。

2023年2月3日，中央广播电视总台新闻频道《朝闻天下》向全国人民直播推荐普兰店区安波大集
安波街道办事处　供稿

【社会民生】 2023年，安波街道民生福祉不断增进。全年办理城市低保10户12人、城市特困1户1人；农村低保259户356人、农村特困308户315人；配合区民政局慰问安波敬老院特困老人及47名困难儿童。帮助白内障复明21人、儿童康复训练7人、发放辅助器具41套、发放精神疾病类药物64人、集中托养10人、居家安养78人、残疾人子女助学45人。

【安全生产】 2023年，安波街道重视安全生产工作，全力排除安全隐患。联合属地派出所，聘请相关专家走访检查辖区内10个社区（村）、13家企业和13处临时鞭炮批发场所。中秋、国庆"双节"期间深入34家温泉酒店等人员密集型场所进行安全检查，发现液化气瓶摆放过多、燃气报警器未充电、灭火器摆放位置不合理等安全隐患16处，责令立即整改，或下发通知书限期整改。完成防火防汛工作。根据街道森林特点和防火形势要求，设立值班点瞭望所，实行全天候值班备勤，遇有火情及时发现，确保打早、打小、打了。维修、更新灭火机和扑火器材、装备，在当年春季防火工作中无重大火情发生。全面摸清统计泥石流、险房户和风险受灾人员，建册立档，合理配置各社区（村）的转移安置点，保障人民群众生命财产安全。

【社会维稳】 2023年，安波街道社会环境总体稳定。街道信访部门受理初访案件9件、化解2件、息访2件；万件化访台账两批次20件全部化解，12件签订息访协议，程序上全部化解；重点群体2个、重点人员11名稳控在当地；检查七道房报恩寺、郑屯九龙寺3次，常态化检查街道3处宗教场所12次，发现部分安全生产隐患，全部告知并整改完毕；对街道宗教"四员"开展业务培训2次。

【基层党建】 2023年，安波街道开设主题教育读书班4期，组织学习贯彻习近平新时代中国特色社会主义思想主题教育宣讲4次，主要负责同志带头讲党课2次，培训轮训党员1020人次。着力提升安波干部队伍政治能力、实践能力。当年，街道纪工委查处案件9件，完成查处2件，给予党内警告3人；立案7件，拟给予党纪处分7人，其中拟给予党内警告5人，拟给予党内严重警告1人、拟给予开除党籍1人。

（王亚茹）

双塔街道

【概况】 双塔街道地处普兰店区北部，因境内有两座建于金代的古塔而得名。东与庄河城山镇隔河相望，西与安波街道接壤，南与星台街道毗邻，北依碧流河水库。辖区5个社区、4个行政村，总面积156.8平方千米，其中耕地面积6000公顷，山林面积5266.7公顷，人口3.2万人。街道林密水清，有碧流河、董屯河等大小河流11条。矿藏资源丰富，为辽南地区花岗岩主产区。交通便利，同皮、熊城公路贯穿境内，距丹大高速26千米。辖区拥有丰富的花岗岩矿藏，储存量119亿立方米，是辽南地区花岗岩主产区，是大连市非金属矿重点储存区。双塔街道石材开采与加工有近千年的历史，境内现存的一塔、二塔、九龙山摩崖造像及其周边出土的五尊佛雕，可追溯到金朝大定年间，距今有800余年历史。有石材加工企业105家，年加工石材50万立方米，年总产值6亿元，带动就业5000人。2023年，双塔街道收入706.34万元，规模以上工业总产值8556.5万元，完成固定资产投资8544万元，完成省外进资7000万元，一般公共预算收入706.34万元，市场主体新增431个。

2023年双塔街道主要社会经济指标

项目	计量单位	数量
农业总收入	万元	31000
农民人均所得	元	18500
水果总产值	吨	12699
蔬菜总产量	吨	28901
粮食总产量	吨	30369
牛存栏	头	4649
生猪出栏	头	5495
家禽饲养量	万只	1225.9

【项目建设】 2023年，双塔街道前期引进的乐甲风电清洁能源项目，有9个基站坐落于双塔辖区，投入使用。普兰店区陆上风电Ⅱ项目，双塔街道有6个基站，有4个基站完成动迁补偿协议签约。中大源农业项目、浙江欣航建设清淤项目、塔拓机制砂项目均建成投产。当年引进的注册企业大连桐达建设、普兰店水木机械设备租赁、大连百通建材、大连华科水泥、普兰店镒达机械等，年末增加税收150万元。双塔二道岭矿区正式重启。

【社会民生】 2023年，双塔街道全力保障基本民生，落实社会救助与社会福利。全年新办农村低保35人，特困26人。街道农村低保户303户398人，发放低保保障金23.8万元；城市低保户11户18人，低保保障金1.3万元；特困户207户214人，全域发放特困保障金25.7万元。其中，集中供养21人、分散供养193人，全自理177人、半自理25人、全护理9人，发放护理补贴5.3万元。加强低保、特困规范化管理，调查低保47户、特困人员32户。慈善救助工作有序开展，在9月慈善捐款活动中，街道捐款收款3.99万元。全年申请慈善救助9人，救助金额8500元。街道有残疾人841人。享受残疾人生活补贴243人，享受残疾人护理补贴354人，发放生活补贴46.82万元，护理补贴33.87万元。为精神疾病患者办理投药卡33人，投药金额1.8万元。为48名有需求的残疾人上报辅助器具，其中轮椅21台、多功能护理床7张、助行器3个、拐杖1根、手杖7根。办理残疾人居家安养16人，合计金额4.2万元。为残疾学生及贫困残疾人家庭子女办理助学39人，助学金额14.3万元。

【人居环境整治】 2023年，双塔街道建立长效机制，改善人居环境。组织各村（社区）力量，出动1000余人次，300余车次，全面清理辖区内村屯、道路沿线、主要河道流域等重点区域积存垃圾。全方位清理辖区内的碧流河、栗寺河及一些村内河道，长度10余千米。重新修建垃圾槽6个，当年投入使用。9个村（社区）共聘用保洁员129名，佩戴标识上岗作业；每日定时清扫责任区，保持清洁无垃圾，农村生活垃圾全部进入收集设施。多种形式推广宣传"五指分类法"，普及分类知识；落实党员干部生活垃圾分类包保责任制，实行网格化管理，使村民基本掌握生活垃圾分类方法，养成良好的分类习惯。全面开展农村生活垃圾在农户院内分类减量、集中处理，达到分类减量标准。

【安全生产】 2023年，双塔街道开展重大安全隐患排查整治专项行动。街道全年检查生产经营企业22家次，"九小"场所12家次，出动人员40人次，车辆20车次，发现隐患5处，全部整改。制订领导干部带队督察安全生产工作计划，采取"四不两直"检查方式，每日至少开展安全检查1次。积极开展防灾减灾安全生产知识宣传教育。组织辖区各村、社区，通过LED屏、宣传栏、宣传横幅宣传防灾减灾。开展街道工矿商贸行业全员素质提升年活动，到企业宣讲安全知识，有效提高辖区企业的安全意识。

【社会维稳】 2023年，双塔街道加强信访稳控，维系社会稳定。做好全国"两会"期间和"一带一路"会议期间信访维稳工作，力保敏感时期辖区内社会稳定。加强村级维稳工作考评，各村实行维稳情况信息日报告制度。及时掌握重点群体和人员的动态信息，出现的问题第一时间处理，敏感时期街道无一人进京上访。辽宁省万件化访行动和对营商环境问题万件清理行动，涉及双塔街道23件，其中签息访协议20件，程序上化解3件；营商环境问题涉及双塔街道1件，年内化解。

【基层党建】 2023年，双塔街道不断推动主题教育走深走实。班子召开2期学习班，领导班子查摆问题6个，立行立改2个，领导干部查摆问题24个，解决11个。以党建为引领，建立特色畜牧养殖和果蔬产业联合党委。双塔社区和唐屯村成立畜牧养殖联盟，唐屯村育肥牛养殖产业项目进入肥牛饲养稳定期，51头肥牛长势良好，为唐屯村集体年收入增加20万元。双塔社区的"党建+合作社+农户"肉驴养殖项目，40头种驴进场，为双塔村集体年收入增加10万元以上。以彭屯村为中心村，邓店社区、一塔社区、福全社区、珍珠河社区、永宁村和栗寺村为联建村的果蔬产业联盟，积极发挥联建村辖区内较成熟和规模较大的设施农业集群优势，依托"蔬香万家"品牌效

彭屯村的蔬菜大棚　　　　　　　　　　　　双塔街道办事处　供稿

应，结合统一合作社平台，带动特色农产品销售，为村集体增收。彭屯村开展食用菌种植项目，投资9.9万元，种植食用菌3万棒。

（郭姝慧）

四平街道

【概况】 四平街道位于普兰店区北部,西与瓦房店市相邻，北与同益街道接壤，南与沙包街道、瓦窝镇相依，东与安波街道、乐甲街道毗邻，永青公路擦肩而过，新得公路纵穿南北，东龙公路横贯东西。辖4个社区、2个行政村，108个村民组，面积102.4平方千米，耕地面积1577公顷,街道办事处坐落在四平社区中心地带。2023年，四平街道完成一般公共预算收入623.95万元，固定资产投资2228万元，省外实际到位资金7000万元。

2023年四平街道主要社会经济指标

项目	计量单位	数量
工业总产值	万元	63000
水果总产量	吨	40818
蔬菜总产量	吨	31957
粮食总产量	吨	17000.27
肉类总产量	吨	15461.7
牛存栏	头	1550
猪存栏	头	15715
家禽饲养量	万只	730.265

【项目建设】 2023年，四平街道引进注册企业37家，谋划项目完成11个，其中亿元以上新谋划项目4个，新开工项目1个；签约项目6个，其中省外亿元以上3个；落地项目3个，其中省外500万以上2个，省外亿元以上1个。完成"飞地经济"项目1个，继晟机械制造设备改造升级项目，该项目形成固定资产投资334万元，当年运营投产。

【社会民生】 2023年，四平街道兜牢民生底线。全年新批低保11户、五保2人，转同益敬老院集中供养1人，完成低保提标工作。完成87个残疾人证的换发和新申请工作，完成94个残疾人辅助器具的申请、适配工作；完成成人肢体残疾人康复10人，儿童机构康复6人，人工耳蜗植入1人；完成28个残疾学生和贫困残疾人子女助学资金的申请，新增残疾人生活补贴15人，护理补贴30人，做到应享尽享；为14个重度残疾人申请55—59周岁提前5年发放养老金；走访慰问21名贫困残疾人。全年新增享受农村奖扶待遇401人,享受奖扶总人数2232人，特扶总人数51人。社保服务窗口经办养老保险待遇领取200人，办理参保、终止参保、死亡注销领取丧葬补助20余人，灵活就业养老保险缴纳30余人；养老保险超支追缴2万余元。完成新农保认证5000余人次，指导辖区内领取城居待遇的居民自主认证。

【人居环境建设】 2023年，四平街道持续推进河道"清四乱"工作，开展河道险工险段治理，排查修复隐患堤坝7处，街道本级投资40余万元，修复河堤坝2800余延长米；区农业农村局河道管理处拨付资金160万元在四平河河坝维修养护工程中修筑护坡1600延长米。区农业农村局水库移民后期扶持办公室拨付资金103万元修建四平社区同东屯总长1029米、宽4米的水库移民硬化道路2条，修建四平社区沙东屯长53米、宽5米水库移民工程过水路面1段，方便附近居民日常出行。街道及村（社）印发《人居环境整治工作方案》，召开专题调度、推进工作会议10余次，推进垃圾分类减量，及时转运处理，出动机械、车辆1400余辆次，转运垃圾2000余吨，清理河道2.6万延长米，发放宣传单6000余份，张贴人居环境整治宣传横幅100余条，乡村面貌焕然一新。

【现代农业】 2023年，四平街道通过组织引领，聚焦特色产业，推动农业产业进一步提升。1月17日牵头成立大连市普兰店区樱桃协会，3月

16日成立大连市普兰店区樱桃产业联合党委。在联合党委的统筹协调下，金融信贷、农资保险、物流配送、技术支持等各方力量齐聚樱桃产业，打通农产品市场环节，进一步配套配强农药农资、物流配套和金融信贷等领域，降低生产成本，促进农民增收，助力产业兴旺。"四平大樱桃"在全国优质农产品博览会（深圳站）和大连大樱桃品鉴交流活动中均获金奖。科技融合农业发展加快，推动致富能手设备升级100余户，200个大棚设施提升，总投资2000余万元。各村（社区）利用现有资产资源相继成立富村公司，走上现代化经营管理模式，合理选择经营业务，实现村集体增收"有账可算"，致富前景更加明朗。

2023年3月13日，大连·普兰店区大樱桃产业文化节暨第四届四平大樱桃推介会举行　　　　　　　　四平街道办事处　供稿

【安全生产】 2023年，四平街道有效开展安全生产监督和人员密集场所、危险化学品、有限空间等专项检查，监督协助企业完成四项机制建设，规范安全生产制度。组织企业开展消防逃生演习，积极宣传防灾减灾知识，每月开展常态化监管，全年检查企业、烟花点、加油站、九小场所等生产经营单位20余家200余人次，发现一般安全隐患18处，全部整改完成。排查整治自建房2228户，排除自建房安全隐患3户。完成非居民燃气用户"四件套"排查整治12户，居民燃气用户"四件套"排查整治384户。

【社会维稳】 2023年，四平街道高质量完成"减存量、控增量"化解信访积案。全年受理答复辽宁信访网转办的各类信访件105件，受理率和办结率均达100%。万件化访25件，全部办结完成率100%。排查重点信访人11人，非重点信访人34人，化解重点信访案件2件，签署息访协议5人。不断提升基层社会治理水平，全年排查化解矛盾纠纷118件，化解118件，化解率100%；建立评理说事点6处，完成纠纷化解22起。扎实有效开展普法工作，设置普法条幅13处，LED宣传7处，微信平台普法3次，发放宣传单5000余份，悬挂条幅20余条，送法进校园法治讲座2次。

【基层党建】 2023年，四平街道全年发展党员5人。完成609名党员教育轮训，在职党员进社区32人。组织主题教育专题读书班3次，组织宣讲党的二十大精神10次，各级党组织书记讲党课30余次，党工委理论中心组学习12次。全年党工委会议研究意识形态领域工作2次，组织召开分析研判会议6次，全年在中省媒体发稿31篇，本级公众号发稿133篇。

（李　冲）

沙包街道

【概况】 沙包街道地处普兰店区中北部区域，东与星台街道相接，南与莲山街道相连，西与瓦房店市瓦窝镇相邻，北与乐甲、四平街道相依，兴唐线公路贯穿南北，城八线公路贯穿东西。1985年，沙包公社更名为沙包镇人民政府，2016年11月，撤镇设街，更名为沙包街道。街道下辖6个社区、2个行政村，总面积165.59平方千米，总人口2.7万人，耕地面积4353.3公顷，林地面积9120公顷，森林覆盖率55.08%，境内山水环绕，

刘大水库　　　　　　　　　　沙包街道办事处　供稿

清澈秀美，素有天然氧吧和普兰店"水碗"之称。街道有初中、小学、幼儿园各1所，有白云山、清泉观、刘大水库、大盛水库等自然景观。2023年，沙包街道完成一般公共预算收入1799.1万元，完成固定资产投资2598万元。

2023年沙包街道主要社会经济指标

项目	计量单位	数量
一般预算收入	万元	1337
粮食总产量	吨	26300.95
水果总产量	吨	33520.41
蔬菜总产量	吨	23085
牛存栏	头	5891
生猪出栏	头	48151
禽类饲养量	万只	337.58

【招商引资】 2023年，沙包街道多措并举，招商引资实现新跃升。新引进平台公司4家，新注册和迁移企业62家，签约亿元以上平台类项目1个，由大连国达企业管理有限公司投资，利用大数据搭建数字平台，为企业提供企业管理、企业管理咨询、信息技术咨询等服务。建立项目谋划机制，按照产业重点和规划布局，谋划一批规模优势突出功能定位清晰、集聚效应明显、辐射带动力强的产业项目，提升储备项目成熟度。谋划项目12个，其中落地开工3个。大连同愿吉祥养

生养老服务项目计划实施地块纳入沙包村庄规划中期成果。

【农业经济】 2023年，沙包街道以设施农业、林果业、畜禽养殖业为主导产业，拥有设施农业大棚1300余栋，水果栽植面积800公顷。当年，街道成立维纳斯黄金产业联合党委、果蔬产业联合党委，完成产品包装、直播间建设，参与同益街道食用菌香菇产业联合党委，孙炉社区试点种植食用菌，产出、销售4批次。深入推进"富村强街、联产带农"工程，以沙包社区为中心，成立沙包社区农业发展有限公司，带头创新发展思路，全力盘活闲置资源；引进牲畜集市项目，积极组织搭建与各村（社区）间平台，继续壮大村集体经济。

【人居环境整治】 2023年，沙包街道农村环境净化整治工作全面落实"街一村（社区）一网格"三级包保责任制。机关干部、村（社区）两委、网格员分片包保，分步实施，分区管理，层层落实，相互监督，做到任务具体到点，责任明确到人，形成全覆盖的责任体系。对村（社区）存在的环境问题进行拍照、编号、登记、形成台账，将问题反馈给各个村（社区），确保及时发现问题，立行整改。有效发挥项目建设带动作用，推动实现家家有卫生厕所。公厕排查过程中发现存在自然灾害损毁、自行拆除等原因造成的厕所缺失200余座，要求各村（社区）上交具体的改厕排查情况说明和明细台账，着力改善农村人居环境质量。有序推进大中型水库后期扶持项目和饮水安全检测工作，加强水库移民管理工作，审核水库移民直补发放明细，完成追缴51人，7万余元。

【民生工程】 2023年，沙包街道落实落细惠民政策。印发《2023年沙包街道低保特困审核方案》，

走访28名低保、14名特困人员；重新整理签订在保142份"特困照料护理协议书""生活自理能力评估认定表"等相关材料，形成台账并录入系统；完成月末新增高龄审批，月初高龄死亡确认工作。持续资助低保家庭大学生3名，慈善救助15人。开展"慈善月"捐款工作，筹款1.7万元。春节走访困难群体80余人次，发放慰问金10万余元；联系区残联下乡入户办证，7户实现足不出户办理残疾证。办理计划生育准生证78人，新审批计划生育奖扶442人，特扶7人。完成退役军人优待证纠错及补放工作，补发优待证23人。办理新农保220余人，灵活就业保险20余人，办理退休登记10余人，办理死亡丧葬费12人。联合大连血液中心组织开展无偿献血活动，献血量38600毫升、193人次。

【安全生产】 2023年，沙包街道坚持安全第一、预防为主，全面防松懈、防反弹、防事故，切实加强宗教领域安全工作。定期开展非法宗教场所取缔"回头看"工作，确保无"死灰复燃"现象，并对辖区内3处合法宗教场所落实严格管理。全年开展专项检查10余次，涉及宗教场所3个。排查活动场所房屋建筑、电气使用、煤气使用、消防设施、消防应急通道等13个方面问题隐患，建立问题清单和整改台账。

【社会维稳】 2023年，沙包街道完善多元化纠纷解决机制，找准信访矛盾源头管控着力点，进一步规范沙包街道信访接待群众来访制度。结合实际印发《沙包街道信访接待制度》和"接访记录表"，实行"日"领导带班接访制度，分析研判信访性质，畅通信访诉求表达渠道，切实解决群众信访问题。把准信访重大积案化解突破点，建立定期信访重点人员摸排制度，印发《沙包街道信访摸排情况统计表》，定期更新重点人员名单，确保及时掌握辖区内重要信访案件情况，推动信访积案加速化解。街道全年接访化解矛盾纠纷80余次，耐心了解群众诉求，及时化解，闭环处理，主动变"上访"为"下访"，推动重大积案彻底化解。

【基层党建】 2023年，沙包街道注重思想政治建设，积极推进学习形式多样化。班子成员定期开展理论中心组学习，对党的政策法规进行集中交流和个人自学。积极推进主题教育培训工作，做到党员干部学习全覆盖，党工委书记带头"讲党课"、上"廉政党课"，党工委班子成员持续推进"学法"制度。组建产业联合党委2个，分别是矫沟社区果蔬产业联合党委、维纳斯黄金苹果产业联合党委，让村（社区）集体经济从"输血型"向"造血型"转变，发挥党员致富骨干作用，按照街道党工委制定的"三个一工程"工作要求，让村集体经济和辖区居民致富互相促进，共同进步。

（孙晓陈）

矫沟社区果蔬产业大棚　　　　　沙包街道办事处　供稿

星台街道

【概况】 星台街道位于普兰店区中北部，东与城子坦街道和墨盘街道接壤，南与皮口街道为邻，西与莲山街道相邻，北与双塔街道相连。城八线和同皮线纵横贯穿全境。辖区面积232.9平方千米，下辖8个社区、7个村委会，234个居（村）民组，户籍人口1.6万户、4.75万人，实际常住人口2.8万人。人文历史悠久，拥有全国重点文物保护单位旅游风景区巍霸山城和清泉寺。是辽宁省农产品特色乡镇"辽宁省棚桃之乡"。2023年，星台街道完成一般公共预算收入923万元，比上年增长63.9%。

2023年星台街道主要社会经济指标

项目	计量单位	数量
水果总产量	万吨	5.3
蔬菜总产量	万吨	3.5
粮食总产量	万吨	5.2
肉类总产量	吨	35117
牛存栏	头	7864
生猪出栏	头	16274
禽类饲养量	万只	442

【农业经济】 2023年，星台街道稳定粮食种植面积，扩大大豆种植面积，完成粮食产量5.2万吨。做好惠农补贴工作，一次性种粮补贴申报户数1.3万户，申报面积8000余公顷，发放金额161万余元。生产者补贴申报面积7933.3公顷，申报户数1.4万户，补贴金额1733万元。耕地地力保护补贴申报户数1.4万户，申报面积9333.3公顷，发放金额1111万余元。耕地轮作补贴申报面积300公顷，申报户数330户，补贴金额67万元。完成新品种种子推广、农药化肥销售，其中化肥销售150吨，玉米螟防治发放赤眼蜂4666.7公顷。

【民生工程】 2023年，星台街道有低保579户764人，供养人员447户478人，41个残疾

人家庭子女及残疾学生申请助学，资助金14.09万元。全年抢修险段2处，完成春季会战公路养护30公里；清理路肩垃圾出动200余人次、车辆40台次；进行10条村级公路近28公里大修工作；完成清和线和林油线2座水毁桥维修。完成危房改造10户和上年270户抗震房改造验收工作。农房自建房排查1.5万户，其中城区自建房屋8661户、农村自建房6707户，存在D级危房1户，上报危房改造计划，消除隐患。完成规划区街面拆违治乱工作，拆除各类临时搭建物16处，清理临时堆放21处。董岚村1户农村自建房隐患整改工作，通过鉴定达到B级标准，消除隐患。完成农村低收入群体住房安全动态监测1041户。

【人居环境】 2023年，星台街道下属15个村（社区）234个屯，有垃圾暂存点672个，其中屯级暂存点508个；街道、村级暂存点164个。垃圾日产量13.74吨，7天为一个转运周期，转运9.89吨、掩埋3.85吨。街道对村开展人居环境净化整治专项检查24次，指出的问题清单涉及黑臭水体、建筑垃圾、垃圾乱堆乱放、路域环境等问题，重点清理街面2条河道，栽种荷花并建设偏墙。新增垃圾转运车3台、铁质垃圾转运箱41个。当年全面实现生活垃圾按"村中转、街道转运、区级处理"模式，全量无害化处理。

开展人居环境整治   星台街道办事处　供稿

【安全生产】 2023年，星台街道开展安全生产隐患排查，召开安全生产会议13次，检查企业98家次，出动各级网格员400余人次，发现隐患320处，全部完成整改。消防安全知识培训16次，培训400余人次。街道城市管理办公室、安监站会同财政管理办公室、公共服务办公室、星台派出所、城子坦市场所，对学校、幼儿园、养老院、敬老院、烟花爆竹零售网点进行隐患排查、安全检查，发现隐患19处，均整改到位。街道有"九小场所"259个，村级和街道级各类应急队伍16个，总人数500余人。燃气安全隐患排查整治，购置防爆软管和报警器1100套，均发放到位，排查瓶装液化气用户1075户，其中非居民户24个，"四件套"全部整改完毕；居民户1051个，进入收尾阶段。全年发放各类宣传资料1000余份、悬挂横幅10余条。扩大宣传教育受众面，形成社会共同关注安全、关爱生命的良好氛围。

【基层党建】 2023年，星台街道发展党员9人，转入党员37人。全年接待各类信访举报20件，立案查处违法违纪案件10件，给予党纪政纪处分26人，诫勉谈话1人，批评教育2人。开展党群共同致富活动，建立网格党群共富责任区205个，党员致富骨干615人，结对帮扶群众1815人，以技术指导、产销联动等方式带领村民致富。推动成立棚桃、食用菌产业联合委员会，棚桃产业联合委员会在桃子旺季时为农户统一储藏、加工、运输棚桃3000余吨；食用菌产业联合委员会有草菇和赤松茸种植基地2个。

（王泰）

乐甲街道

【概况】 乐甲街道位于普兰店区北部山区，大沙河的发源地，东与双塔街道接壤，南与沙包街道为邻，西与四平街道相依，北与安波街道、同益街道毗邻。辖区总面积107.8平方千米，下辖3个社区、2个行政村，90个自然屯，户籍人口2.02万人，其中农业人口1.8万人。耕地1822.6公顷，果园面积961.8公顷，林地面积5625公顷，森林覆盖率51%。境内交通便利，兴唐线、刘安线、金台线3条公路纵穿而过。2023年,乐甲街道实现地方财政一般公共预算收入952万元，完成固定资产投资3.4179亿元，完成省内外实际到位资金0.8亿元，规模以上工业总产值1.2亿元。

2023年乐甲街道主要社会经济指标

项目	计量单位	数量
水果总产量	吨	22442
蔬菜总产量	吨	14004
粮食总产量	吨	15723.13
肉类总产量	吨	6325
牛存栏	头	3620
生猪出栏	头	232.4
禽类饲养量	万只	281.4

【项目建设】 2023年，乐甲街道加快推进重大工程项目建设。美国白山羊生态繁育基地建设项目重点推进。该项目由大连心想现代农业发展有限公司在鲁凤村投资1100万元，租用闲置学校场地发展美国白山羊繁育产业；食用菌养殖项目同步

乐甲街道网源友好型风电场示范项目　　　　乐甲街道办事处　供稿

推进，总投资400万元，年种植食用菌100万棒。气调库改造项目有序推进。总建筑面积3600平方米，建成后可储存玉米1000吨，水果1000吨。开展农村公路养护会战和路域环境整治项目，完成2.6公里庙铁线道路及3.6公里太乐线大修。乐甲街道网源友好型风电场示范项目，总投资9.05亿元，投运后，年上网电量281591.62兆瓦时。少数民族地区专项补助经费项目，改造同心广场2处，建设学生候车亭25个。在普兰店城区建立3000余平方米的乐甲经济发展中心，当年入住企业4家。

【农业生产】 2023年，乐甲街道坚持因地制宜、务实管用实施乡村振兴战略。重点推进种植链调整示范点建设项目，街道向各村（社区）合计拨付启动资金45万元，充分利用土地集中流转，引进新品种"鲜食玉米"和"烟薯25"，开展区域规模化种植。流转土地27.4公顷，试点种植"鲜食玉米"17.7公顷，"烟薯25"9.7公顷，收益良好，拓宽各村（社区）集体经济增收途径。完成粮食补贴申报工作，玉米种植2009.7公顷、大豆种植213.1公顷、水稻种植79.2公顷。完成2020、2021、2022年的补贴审计核实工作。

引进新品种"烟薯25"，开展区域规模化种植　　乐甲街道办事处　供稿

【人居环境整治】 2023年，乐甲街道进一步建立健全村（社区）两级包保责任制，完善街道人居环境整治工作方案、保障措施和日常检查考核办法。全年清理农村生活垃圾3310.5吨，清理村内水塘300.5口，清理村内沟渠920.6千米，清理畜禽养殖粪污等农业生产废弃物1865.5吨，清理"三堆"1665个，出动人工5706人次，出动车辆1734台次。按时完成乱占耕地建房图斑整改1处，恢复基本农田75.56平方米，完成林业违法图斑整改35处。沿河亮线、金台线、安欧线道路两旁进行绿化，栽植树木9900余棵。日常监管辖区内两处河流国考断面周边环境，全年水质达标。全天候开展秸秆禁烧巡查工作，顺利完成春节、元宵节、清明节期间森林防火工作，未发生秸秆焚烧情况，未发生较大火情。

【社会维稳】 2023年，乐甲街道辖区群众在重大节假日、重要会议和重大活动期间，没有出现一例进京、去省、到连、来普上访。严格落实领导干部安全生产责任制，深入企业、村屯进行安全生产督导检查，在各村（社区）设置安全生产有奖举报公示牌，充分利用网格支部调动群众参与监督，排查发现隐患25项，均完成整改。依托"街道—社区—网格"三级网格构架，充分发挥网格长、网格员、网格信息员、综治主任作用，动态掌握网格内矛盾纠纷。全年5个村（社区）通过网格排查矛盾纠纷122件，全部解决。"万件化访"台账案件16件，签订息访协议12件，稳定案件4件，化解率100%。

【基层党建】 2023年，乐甲街道严格落实"三会一课"、组织生活会、主题党日活动等制度，督促党员履行参加组织生活、缴纳党费等党员义务，组织开展主题党日活动60余次。严抓思想主题教育，提高党员政治素养。街道成立学习贯彻习近平新时代中国特色社会主义思想主题教育领导小组，从启动部署、理论学习、调查研究、推动发展、检视整改五个方面组织实施。加强示范带头作用，提升党建引领水平。街道结合实际，完善村、社区党组织链条，在街道90个网格的基础上，建立党支部66个。利用党建经费，在沙河村刘屯打造集基础党建、社会治理、评理说事、工会活动、人大代表联系等功能于一体的党建示范点。将活动开展在党员群众家门口，拓展多元化的群众自治路径。

（姜 伟）

同益街道

【概况】 同益街道位于普兰店区北部，是全国战斗英雄于庆阳的家乡。辖区区域面积136平方公里，东邻安波街道、西接瓦房店市松树镇，南连四平街道，北靠盖州市杨运乡，距普兰店区中心80千米，距大连市区150千米。下设3个社区、4个村，91个自然屯，83个居民组，有农户6700户，人口2.05万人。2023年，同益街道完成一般公共预算收入623万元，完成固定资产投入2421万元，居民人均收入2.05万元。

2023年同益街道主要社会经济指标

项目	计量单位	数量
农业总收入	万元	40225
工业总产值	万元	8246
农民人均所得	元	20500
水果总产量	吨	48045
蔬菜总产量	吨	13556
粮食总产量	吨	12849
肉类总产量	吨	6795
牛存栏	头	1660
生猪出栏	头	13250
家禽饲养量	万只	272

【项目建设】 2023年，同益街道建设项目有序推进。泰禾智慧农业项目，一期项目总投资1.2亿

元，占地33.3公顷，完成土地流转工作，当年协助企业完成设施农业许可。于庆阳纪念馆，完成土建施工。和平老盘岭道路建设项目，总投资2000万元，当年进行规划设计。庆阳民宿项目，总投资1000万元；老帽山安波综合漂流项目，总投资1亿元，当年均处于洽谈阶段。

【同益苹果产业文化节暨第二届老帽山登山节举办】 2023年11月11日，大连市普兰店区同益苹果产业文化节暨第二届老帽山登山节在同益街道举行。此次活动以"赏、逛、吃、玩"为主题，将农文旅产业融合，不仅帮助农户销售地区农特产品，而且加大对该地区及周边旅游产品的推介力度。节庆现场，富士、国光、王林等果品琳琅满目。不少农民把自家的榛子、香菇、花生、核桃等农特产品也带到现场，并通过第一书记现场直播展售，进一步拓宽销售渠道。同益街道有悠久的苹果种植历史，地理条件极适合苹果的生长，在气候、温度、湿度、降水等核心指标和相关6项辅助性指标均达到全国较优水平。全街道苹果种植面积133.3公顷，有苹果树75万株，产量0.7万公斤，产值近3亿元，是街道重要的特色产业。辖区内的老帽山有辽南"第一美峰"之美誉，其主峰观音峰海拔848米，2000余株五角枫遍布林间，有奇松、怪石、云海、瀑布等特色景观，是周边百姓近郊游的打卡地之一。作为普兰店区倾力打造的农文旅融合发展品牌之一，同益苹果产业文化节暨第二届老帽山登山节以果为媒、节庆搭台，对提升同益苹果的知名度和推动同益农文旅产业发展起到重要作用。

【民生工程】 2023年，同益街道实施动态检测，精准落实救助政策，确保低收入人员及时纳入监测和救助范围。新增低保56户、特困28户。重要节庆走访慰问困境儿童及敬老院老人，争取慈善总会捐赠4万余元，筹集慈善款3.7万元。医疗卫生水平持续提升，发放"健康包"57户、药具

1440盒，核查奖扶2346人，走访特殊家庭14户，完成新增特殊家庭7户家庭医生签约工作和特扶证发放工作。街道基本医疗保险参保率90%。办理残疾人助学40人，争取救助资金15.31万元，为贫困重度残疾人争取提前补助53人，申请辅助器具67件。严格落实退役军人优抚政策，接待退役军人来访、政策咨询500余次。完成撂荒地排查工作，销号图斑400余个。加强完善基础设施建设，有序推进自来水工程通水，正常供水150户、400余人次。争取大连市小流域综合治理工程专项资金，综合治理辖区岔沟河、湾沟河流域，总投入1000万元。

【人居环境整治】 2023年，同益街道有序推进人居环境治理。全年累计出动垃圾清理车辆1267辆，参加人员5017人次，清理垃圾757吨，清理"三堆"529处。辖区各村（社区）道路两侧栽植绿化苗木6000余米，"三季见花、四季见绿"。扎实推进主次干道、背街小巷治理，实施"一街多景"提升街容环境。整治占道经营、私搭乱建、乱堆乱放，"厕所革命"、垃圾分类全域化推进。

【社会维稳】 2023年，同益街道信访维稳工作深入推进。积极推进并解决林权证办理诉求、成功解决道路硬化问题，全年签订息访协议5人，信访积案得到有效化解，被大连市信访局评为信访积案化解先进集体。充分发挥"家和邻里亲"评理说事点、法治超市作用，调处化解矛盾纠纷72起，瓦房社区法治超市获评"大连市明星法治超市"，基层社会治理局面得到明显提升。

【基层党建】 2023年，同益街道以党建促振兴，做好"富村强街、联产带农"。组建区街两级产业联合党委，打造蒿房食（药）用菌产业园区，2个园区投入菌棒138万棒，产量117.5万公斤，收益690万元。探索"跨省联建"，与新疆生产建设兵团第八师133团签订食用菌产业技术合作框架协议，实现双向互补、协同发展路径。深入学习贯彻习近平新时代中国特色社会主义思想和党的二十大精神，领导干部带头讲党课9次，开展宣讲活动40余场，开展主题教育，举办读书班4次。召开党风廉政建设工作部署会2次，完成"一把手"监督提醒6次。

（韩玉欣）

蒿房食（药）用菌产业园区　　　　　同益街道办事处　供稿

墨盘街道

【概况】 墨盘街道位于普兰店区东北部75千米，东和北以碧流河为界与庄河市隔河相望，南依城子坦街道，西靠星台街道，北、西北与双塔街道相连。县级公路城松线纵贯南北。距大连市主城区150千米。辖区总面积118平方千米，耕地面积6217.5公顷，林地面积3383.3公顷。墨盘街道下设5个社区居民委员会，4个村民委员会，102个村民小组，总户数6980户，人口20266人。2023年，墨盘街道实现地方财政一般公共预算收入469万元，固定资产投资完成2882万元。

2023年墨盘街道主要社会经济指标

项目	计量单位	数量
水果总产量	吨	13528
蔬菜总产量	吨	8170
粮食总产量	吨	21708.92
牛存栏	头	4140
生猪出栏	头	22998
家禽饲养量	万只	399.83

【招商引资】 2023年，墨盘街道签约项目7个；"赛马机制"省外亿元以上项目签约2个，落地1个，实现零突破；引进省外资金7200万元；完成亿元以上谋划项目2个，落地1个。出台《墨盘街道扶持企业发展奖励办法》，为街道招商引资提供制度依据。新引进注册类有纳税潜力公司20家，比上年增长120%，带来增量税收预计150万元，兑现扶持企业奖励资金接近40万元。全年签约亿元以上项目3个，比上年增加100%。其中，2个注册类项目落地。正邦产业园发展有限公司，拟搭建一个招商引资平台，实现落地；省外人士景润希投资注册润江建材销售公司，当年注册落地，投入前期启动资金7000万元；街道与吉林省智成农业科技公司签订肉牛养殖项目框架协议，公司计划投资1.1亿元。

【民生工程】 2023年，墨盘街道高质量推进民生工程，增进人民福祉。2022年农村卫生厕所改造计划实施户厕526座，完成526座，农村户厕信息化系统录入4039户，全部完成排查定位。进一步增强辖区群众竞技体育综合实力和水平，全民健身理念深入人心，全力打造"全民健身示范街道"。8月5日，梨树房社区成功举办第五届体育文化节，来自各年龄段的近百名运动健儿，在比赛中进行11项竞赛的角逐。

【人居环境整治】 2023年，墨盘街道新修道路2条，大修油路4条，完成公路绿化项目3条。荒山造林33.3公顷、退化林修复65.3公顷，整改复耕基本良田1.1公顷。修建绿道花街3条、十里花街2处。落实黑土地保护任务，完成中山村高标准农田建设项目。开展森林防火工作3次，无大火情、无人员受伤，清除可燃物35.2公顷。街道定期巡查各社区（村）环境卫生整治工作，及时反馈检查结果，要求立行立改。规范墨盘大集市场管理秩序。常态化管理市场周边、街道等地占道经营、车辆乱停、垃圾乱丢乱放等现象，规范墨盘大集市场及周边秩序。

清明节期间，墨盘街道检查防火工作　　　　墨盘街道办事处　供稿

【安全生产】 2023年，墨盘街道加强安全生产工作，全年开展大检查4次，检查企业10家。完成领导带队每日安全生产检查70余次，开展安全生产日活动，发放安全生产宣传图册300余份。

【党建联建】 2023年，墨盘街道打造旅游产业联盟，建立荒地村河畔绿野露营地。在露营地和珉琚旅游创建十里花街和2个花海，增加观赏感，吸引游客从珉琚到露营地，再到河沿村的沙滩越野。荒地村增收20万余元。食用菌产业联合党委联建的4个村投入菌棒2万棒，产量1.6万公斤，收

益10万余元。梨树房社区和滕屯社区与安波街道米屯村的铁皮柿子产业联合党委，有大棚35个，年

绿野露营地游客搭建帐篷　　　　墨盘街道办事处　供稿

销售量预计21万公斤，销售额245万元，通过收取大棚租金，增加下辖村级收入70万元。墨盘村扶民服装有限公司和杨树房街道的服装产业联合有序推进，服装厂的原料、客户源、销售均由大杨集团负责。当年，墨盘街道产业联合党委实现辖区9个村（社区）全覆盖。

【社会维稳】　2023年，墨盘街道有网格102个，排查矛盾纠纷333件。每月召开2次命案治理相关工作会议，听取社区（村）矛盾纠纷分析研判，完成命案零发生工作目标。有刑满释放68人、社区矫正4人、吸毒人员51人，所有重点人员均建立台账，登记造册。涉及大连市信访矛盾隐患风险台账9人，逐人建立包保台账，制定化解方案和稳控方案。收到上级万件化访案件24件，化解率100％，一次性初访化解率100％。街道主要领导接待上访群众30余次。本年度通过走访方式进京登记1人2次，网投方式在国家信访局登记34件，辽宁省信访局登记4件，大连市信访局登记9件，区信访局登记30件，全部按期受理办结。

（王　琳）

人　　物

全国五一劳动奖章

张继凯　男，汉族，1974年1月出生，1994年4月参加工作，中共党员。大杨集团大连洋尔特服装有限公司技术科科长。多年来，他凭借过硬的本领，成为服装生产线上的一名技术尖兵，多次获得集团先进工作者等荣誉称号。1994年初中毕业后，张继凯进入洋尔特公司工作，经过多年的不懈努力，他从最初的一名普通样板员，成长为独当一面的技术科科长。1999年末，洋尔特公司正式成立西服生产线。作为技术骨干，张继凯和其他技术人员一起，刻苦钻研业务，赴意大利、日本、韩国等地学习先进服装技术。同时，集团外聘一批国际顶级服装大师到工厂指导业务，张继凯格外珍惜这来之不易的学习机会，虚心求教，认真系统地向大师学习，技术水平提高很快。作为技术科科长，张继凯负责产品研发、技术创新、产品质量管理以及单量定制项目技术开发工作。对推广应用的新技术、新材料、新工艺实施指导和培训。他工作、服务在生产一线，随时解决生产中遇到的各种技术问题、难点问题，保证车间流水线畅通无阻、高效运行。2006年，洋尔特公司成立高档西装小线，主要生产日本高档品牌和自主品牌创世西装，张继凯负责整个车间的技术管理工作。所生产的日本全毛芯产品得到了客户的一致好评，生产订单逐年增加。2017年，洋尔特公司成立全手缝车间，采用意大利高端技术，整件西装制作全部手工完成。张继凯负责全手缝车间技术工作，他和两名意大利技术人员手把手对操作工人传授技艺，每道工序都耐心指导，精益求精。张继凯勤于学习，善于思考，积累了丰富的西装技术工艺。在张继凯技术团队带领下，洋尔特公司大力推进专线战略，以品牌专线、单裁定制专线等为重点，改变以往批量化、规模化的生产模式，实现多品种、小批量、高品质、快速反应的定制化生产模式，先后成立高档小线、纯手缝车间，提高产品档次，扩大生产规模。凭借着张继凯和他的技术团队、生产团队的共同努力，洋尔特公司实现单裁化、智能化、信息化生产，吸引日本公司与大杨集团保持长期业务合作，为公司调整转型、创新发展作出重大贡献。2023年，张继凯获全国五一劳动奖章。

辽宁五一劳动奖章

王仁焘　男，汉族，1969年8月出生，中共党员，大连北方互感器集团有限公司中压技术总工，全国互感器标准化委员会委员，正高级工程师。

在从事中低压互感器专业技术与设计研发的近30年时间里，能够

2023年全国五一劳动奖章获得者张继凯（中）　　　大杨集团　供稿

2023年辽宁五一劳动奖章获得者王仁焘　　大连北方互感器集团有限公司　供稿

队不懈努力，企业获评全国互感器三强企业、国家级高新技术企业、国家级企业技术中心、国家专精特新小巨人企业、省级工程技术研究中心、辽宁省博士后创新实践基地等，为互感器行业的健康可持续发展做出积极贡献。2023年，王仁焘获辽宁五一劳动奖章。

坚持原则，客观、公正、实事求是地开展技术监督管理及带领团队研发创新工作，带领团队创造较高的经济效益和社会效益，团队获评辽宁省职工创新工作室，大连市重点领域创新团队，编写的输变电装备关键技术与应用图书《互感器 电力电容器》由中国电力出版社出版，成为行业技术人员的学习用书。王仁焘获大连市劳动模范、五一劳动奖章，作为评审专家多次参加国家高新技术企业、大连市标准化资助项目以及专业技术人员职称晋升的评审工作，受聘为大连理工大学研究生导师，大连海事大学客座教授。带领大北互技术团队持续提升研发实力，研制出互感器500余种系列，6000余种规格型号，有效专利200余项，国家重点新产品1项，参与起草和修订互感器国家标准、行业标准17部，产品批量应用于青藏铁路、机场、地铁、机车等重要轨道交通工程；长江三峡右岸电站、构皮滩等大型水力发电工程；600—1000兆瓦火力发电机组及世界单机容量最大的1750兆瓦广东台山核电机组等国家重点工程，国内首家研发的和谐号电力机车专用干式互感器，填补国内空白，完全替代进口产品，被评为国家重点新产品。伴随着王仁焘与技术团

李丰满　男，汉族，1983年3月出生，中共党员，大杨集团子公司大连贸大时装有限公司技术科科长。大连贸大时装有限公司是大杨集团核心生产企业，承担并完成大杨集团首个全球化柔性服装智能定制工厂的建设工作。作为技术科科长，李丰满技术精湛，业务能力强，带领技术科31名技术人员，负责公司服装技术工艺研发、技术资料管理修正、物料单用量排版、特殊工艺指导、样板制作等工作。

李丰满带领贸大技术科与集团信息部门合作，自主开发单裁定制操作系统，形成完整的单裁西装版型数据，并承担客户下单对接、技术资料传输、自动计算数据等重要工作，成功突破单裁订单承接瓶颈。国际公认最具有难度的全毛芯、全手缝、纳驳头等缝制工艺，被李丰满技术团队全部攻克，掌握全毛芯、全手缝等10项关键技术，完成"可水洗休闲西服研发""高稳定性防断线缝纫机

2023年辽宁五一劳动奖章获得者李丰满（左）　　　　大杨集团　供稿

的研究"等技术研发项目10余项。2018年，李丰满技术团队参与开发大杨集团全球服装智能化柔性定制工厂项目，主持研发出"智能悬挂式高速分拣与存储系统"，获2019年"中国服装行业科技进步一等奖"。贸大公司实现多品种、小批量、高品质、快速反应的定制化生产模式，引进欧美、日韩的20余家优质高端客户。贸大公司技术科被评为全国纺织工业先进集体、大连工人先锋号，李丰满获大连市群众性技术创新活动优秀成果奖、辽宁省职工技能大赛暨全省服装制版师大赛优秀奖、大连市"新时代最美职工"等荣誉称号。2023年，李丰满获辽宁五一劳动奖章。

陈春洁 女，汉族，1979年11月出生，中共党员，中级经济师，中粮麦芽（大连）有限公司副总经理，分管物资采购、行政后勤等工作。

2020年以来，陈春洁在抗疫保供方面贡献突出，特别是2022年属地遭遇3次较重疫情，她带头冲在抗疫一线，3次主动申请驻厂办公，统筹驻厂人员后勤保障，协调进出口及国内货运物流畅通，使生产物资及时到货，成品及时发运，圆满完成2022年经营任务。面对宏观市场环境的复杂多变，陈春洁搭建公司内部行情分析研判体系，形成"信息收集分析—市场趋势研判—采购方案决策"的闭环管理机制，有效促进防范行情波动风险和控制费用，2022年实现运费市场化收益572万元，副

2023年辽宁五一劳动奖章获得者陈春洁　中粮麦芽（大连）有限公司　供稿

产品销售收入比上年同期增长768万元，煤炭采购成功避过市场高价时段，节省采购费用108万元。陈春洁曾获辽宁省优秀工会积极分子、大连市五一劳动奖章、中粮粮谷优秀党务工作者、业务单位优秀经理人等称号；所带团队被评为中粮集团"阳光班组"。2023年，陈春洁获辽宁五一劳动奖章。

蒋美霞 女，汉族，1976年2月出生，大杨集团子公司大连大杨创世服饰有限公司服装制版师。蒋美霞勇于创新，攻坚克难，精益求精。研发2018、2019、2021三套女装套装的基础版型系统，为公司创造可观的经济效益。特别是2021女装套样板经过两年来职业装招标及大货试验，得到客户广泛认可。在研发女衬衫版型工艺过程中，蒋美霞通过女装人体各部位尺寸的大数据分析，经过多次试验，精准把控女装体型变化规律，制定符合女装体型变化的女衬衫尺寸表，使女衬衫的特体率大大降低，由原来的80%降到13%。有效降低返修率，节省加工成本，提高工作效率。制定衬衫量体规则，联合集团信息部研发衬衫规号系统，提高量体师工作效率和量体准确性。2005年起，大杨凯门学生装团队每年为中小学生提供近10万套的校服订单，销售额5000余万元。这就需要有一套比较完善科学的报号系统，才能短时间内保证学生服的交期。蒋美霞分析3000余名中小学生的量体数据，以身高体重作为参数，短期内研发出学生装各款式尺码表及规号系统，便于学生准确报号。这套尺寸和报号系统提高了学生服投产周期，降低返修率，每年为公司节省近百万元的量体和售后费用。通过校企合作，蒋美霞连续三年为辽宁轻工职业学院等服装学院学生讲授高档女装制作工艺等专业课程，为社会培养上百名服装技术人才。2021年9月，蒋美霞获"辽宁省十佳制版师"称号；2022年

2023年辽宁五一劳动奖章获得者蒋美霞　　　　　大杨集团　供稿

11月，获辽宁省第一届职业技能大赛时装技术赛项金奖；2023年，蒋美霞获辽宁五一劳动奖章。

王成双　男，汉族，1977年1月出生，大杨集团子公司大连大杨创世服饰有限公司技术专员、制版师，国家服装制版师二级技师职称。1999年3月入职大杨集团后，王成双从缝纫工做起，经过虚心学习，刻苦钻研，逐渐成为独当一面的多面手。2006年起从事服装制版工作，先后师从意大利著名服装工艺大师路易吉·布劳迪和阿玛尼首席设计大师伊万诺·凯特琳，虚心向大师学习、求教，业务水平提高很快，逐渐掌握西装、女装全部工艺制作流程，精通500多道制作工序，被大家称为流水线上的"技术宝典"，难不住的"百科全书"，成为企业技术骨干。王成双先后参与实施大杨集团多项技术改良和设备升级项目，为工厂解决各种技术难题，保证流水线正常生产，大大提高工作效率。以前工厂裁剪是先毛裁再净裁，比较浪费面料，王成双经过反复试验，把毛裁改成净裁，仅一项每年节省服装面料2万-3万米，节省资金上百万元。先后协助创世品牌完成棉服、大衣

等相关版型研发，协助大连东达服装有限公司引进韩国男装高端品牌衣恋"SCOFIELD"落户并大规模加工生产。

2021年，王成双调入创世品牌团队，负责男装品牌开发并参与全品类技术研发工作。在王成双和创世团队共同努力下，创世男装各品类版型进一步优化，拥有超一流的技术核心工艺——全毛芯工艺、全手缝工艺、胸衬加湿技术、那不勒斯肩等都处于同行业领先水平，为品牌市场竞争力提供有力的支持和保证。研发具有历史意义的纯羊毛可机洗西服、奢华针织运动套装等产品，其工艺缝制技术在同行业中处于领先水平，为品牌产品提升做出杰出贡献。主要参与研发的创世单量单裁定制业务系统，将技术版型与信息化结合，研究超10万

2023年辽宁五一劳动奖章获得者王成双（右）　　　大杨集团　供稿

人次的体型身材数据，可实现搭配款式组合上千万种，特体调整人群覆盖率100%，实现定制工业化的目标。王成双曾获2017年中国技能大赛《威亚纪》杯辽宁省"十佳制版师"、辽宁省"纺织服装行业技术能手"、辽宁省"十佳制版师"等称号。2023年，王成双获辽宁五一劳动奖章。

（区总工会）

经济社会统计资料（2023）

2023 年全区各街道行政区域面积

计量单位：公顷

	国土调查总面积	其中：耕地面积
丰荣街道	14350.01	6908.17
铁西街道	8165.20	3384.25
太平街道	12505.18	3171.04
皮口街道	18726.50	8781.74
城子坦街道	28862.51	9355.88
大刘家街道	6634.52	3472.33
杨树房街道	10356.36	4766.80
双塔街道	15614.71	6524.16
安波街道	30459.44	6953.12
四平街道	10178.71	3801.33
沙包街道	16532.22	5004.71
大谭街道	12392.86	7492.24
唐家房街道	11798.52	7999.00
莲山街道	11842.32	6594.25
星台街道	23385.47	11604.30
墨盘街道	11933.16	6591.40
乐甲街道	10850.21	3406.34
同益街道	13577.23	2453.99
合计	268165.13	108265.05

2023年全区人口情况

计量单位：户、人

	2023 年	2022 年
一、年末总户数	246401	247786
二、年末总人口	691569	700458
男	346041	350877
女	345528	349581
总人口中：城镇人口	346692	350087
乡村人口	344877	350371
三、年内出生人口	2722	2968
其中：男	1395	1517
四、年内死亡人口	9466	6571
其中：男	5420	3815
五、年内迁入人口	1961	1870
六、年内迁出人口	1159	981

2023 年全区地区生产总值（不变价）

计量单位：万元

	2023 年	2022 年
地区生产总值	3991458	3803075
第一产业	965259	912412
第二产业	1525558	1463412
第三产业	1500642	1427250
农林牧渔业	1059603	1004536
工业	837273	815433
建筑业	689183	648849
批发和零售业	194393	158734
交通运输、仓储和邮政业	97556	93931
住宿和餐饮业	20393	18826
金融业	320088	317574
房地产业	79147	73613
信息传输、软件和信息技术服务业	25448	19395
租赁和商务服务业	15077	14603
科学研究和技术服务业	18293	17260
居民服务、修理和其他服务业	28195	25134
文化、体育和娱乐业	8101	6885
水利、环境和公共设施管理业	13604	13902
教育	120128	122970
卫生和社会工作	120799	118963
公共管理、社会保障和社会组织	344178	332466

2023 年全区农林牧渔业总产值

计量单位：万元

	2023 年	2022 年
一、按不变价计算	2128854	1920920
农业	762313	702464
林业	1925	1490
牧业	848351	785531
渔业	332744	255434
农林牧渔服务业	183521	176001
二、按现价计算	2095724	2027718
农业	762609	737578
林业	1585	1810
牧业	812763	831620
渔业	332552	277690
农林牧渔服务业	186216	179020

2023年全区规模以上工业主要经济指标
（国有及年销售收入 2000 万元以上非国有工业）

	企业数（个）		现价工业总产值（万元）	营业收入（万元）		营业成本（万元）	税金及附加（万元）	营业利润（万元）	利润总额（万元）
	合计	其中：亏损企业			其中：主营业务收入（万元）				
合计	152	48	2475387	2585432	2542522	2101640	15965	124516	127899
合计中：国有	0	0	0	0	0	0	0	0	0
集体	1	0	3092	3033	3033	2560	10	165	259
有限责任公司	115	42	1240627	1271740	1236750	1092627	5350	42173	44631
股份有限公司	6	1	158147	155573	153848	113551	1480	21465	22091
私营	97	32	948673	961209	942582	772910	5087	68191	71639
港、澳、台商投资	8	2	148151	150914	150401	124886	972	10678	10697
外 商	22	3	925370	1004173	998491	768016	8153	50035	50221

2023年全区固定资产投资

	计量单位	2023 年	2022 年
1、本年施工项目（不含房地产）	个	114	84
2、全社会本年完成固定资产投资额	万元	504866	413033
①建设项目	万元	341091	222763
②房地产开发	万元	163775	190270
其中：住宅	万元	138810	147696
本年完成投资额中：第一产业	万元	5880	13117
第二产业	万元	240321	92284
第三产业	万元	258665	307632
3、本年建设项目新增固定资产	万元	118328	114180
4、本年建设项目施工房屋建筑面积	平方米	—	—
5、本年建设项目竣工房屋建筑面积	平方米	—	—
6、本年建设项目资金来源	万元	232755	146822
其中：①预算内资金	万元	51093	16481
②国内贷款	万元	68678	13172
③利用外资	万元	0	0
④自筹资金	万元	99751	101567
⑤其 他	万元	13233	15602
7、本年建设项目应付款合计	万元	4160	8749
其中：工程款	万元	816	3800
8、本年房地产开发施工房屋建筑面积	平方米	1865760	1819315
其中：住宅	平方米	1560113	1494714
9、本年房地产开发竣工房屋建筑面积	平方米	334977	245920
其中：住宅	平方米	299070	199212
10、商品房销售面积	平方米	240589	201317
其中：住 宅	平方米	228878	183549
11、商品房销售额	万元	154896	140308
其中：住 宅	万元	143680	119315
12、商品房待售面积	平方米	545605	398111
其中：住宅	平方米	303162	154655

2023 年全区建筑业主要指标

	计量单位	2023 年	2022 年
1. 企业1数	个	140	130
2. 建筑业总产值	万元	673553	622897
其中：①建筑工程	万元	614643	581976
②安装工程	万元	34739	23356
③房屋构筑物修理	万元	24172	17565
3. 竣工产值	万元	282395	171758
4. 房屋建筑施工面积	平方米	343390	298751
其中：本年新开工	平方米	52317	115038
5. 房屋建筑竣工面积	平方米	67044	374216
其中：住宅	平方米	33640	210345
办公用房	平方米	0	1600
商业用房	平方米	7766	12709
教育文化用房	平方米	—	—
卫生科研用房	平方米	—	—
其他	平方米	25638	149562
6. 自有机械设备总台数	台	64	649
自有机械设备总功率	千瓦	8048	33685
其中：施工机械	千瓦	8048	33685
7. 自有机械设备净值	万元	5527	4149

2023 年全区交通运输与公路建设情况

	计量单位	2023 年	2022 年
1. 港口码头总长	米	922.8	922.8
泊位数	个	12	12
港口旅客吞吐量	万人次	170.5	101.3
其中：出港	万人次	85.3	50.7
港口货物吞吐量	万吨	230.6	181.2
其中：出口	万吨	120.5	90.6
2. 公路年末到达里程	千米	3084.858	3071.557
其中：等级公路	千米	3084.858	3046.55
等外公路	千米	25.007	25.007
①国道	千米	153.93	153.93
其中：国家高速公路	千米		
②省道	千米	196.07	196.07
③县级公路	千米	168.729	168.729
④乡级公路	千米	660.262	625.494
⑤村级公路	千米	1905.867	1927.334
⑥专用公路	千米		
3. 公路客运量	万人次	440	398
4. 公路货运量	万吨	1460	1310
5. 晴雨通车里程	千米	3084.858	3071.557
6. 公路可绿化里程	千米	3036.858	3022.091
7. 公路桥梁	座／延长米	1776/39837.92	1451/27186.14

2023年全区用电情况

计量单位：万千瓦时

	2023 年	2022 年
全社会用电总计	205551	199582
A、全行业用电合计	156881	147233
第一产业	14762	14693
第二产业	108207	100725
第三产业	33912	31816
B、城乡居民生活用电合计	48670	52350
城镇居民	18360	19012
乡村居民	30310	33338
一、农、林、牧、渔业	16347	16591
二、工业	107005	99009
三、建筑业	1202	1717
四、交通运输、仓储和邮政业	2777	2767
五、信息传输、软件和信息技术服务业	3911	3795
六、批发和零售业	9692	8753
七、住宿和餐饮业	3056	3003
八、金融业	613	601
九、房地产业	1930	1854
十、租赁和商务服务业	446	405
十一、公共服务及管理组织	9902	8737

2023年全区城市公共事业基础设施

	计量单位	2023 年	2022 年
供水量（自来水）	万吨	2844.3	2627
供气管道长度	千米	581.9	408.86
供热总量	万吉焦	666.1	666.1
供热管道长度	千米	1092.2	1083.1
城市道路长度	千米	160.1	160.1
污水排放总量	万立方米	2044.79	2168.76
排水管道长度	千米	280.38	280.38
绿化覆盖面积	公顷	618.87	1426.78
其中：建成区	公顷	618.87	938.66
市区绿化面积	公顷	618.87	926.97
公园个数	个	7	7
公园面积	公顷	217.0504	188.1036

2023年全区社会消费品零售总额

	单位	2023 年	2022 年
社会消费品零售总额	亿元	55.5	50.4
社会消费品零售总额增长速度	%	10.1	1.4

2023年全区进出口总额

计量单位：亿元

	2023 年	2022 年
进出口总额	107.87	110.4
其中：出口额	71.98	76.85
进口额	35.89	33.55

2023年全区财政收入与支出

计量单位：万元

	2023 年	2022 年
一般公共预算收入	314000	281924
其中：税收收入	129000	119669
非税收入	185000	162255
一般公共预算支出	487000	466025

2023年全区税收

计量单位：万元

	2023 年	2022 年
收入总额	555065	539672
（一）税收收入总额	245144	212480
其中：增值税	150719	121120
（二）非税收入总额	41898	76871

2023 年全区教育事业

	学校（幼儿园）数（所）		在校（园）学生数（人）	
	2023 年	2022 年	2023 年	2022 年
一、普通中学	33	33	18157	18810
高中	6	6	6950	7112
初中	27	27	11207	11698
二、小学	39	47	24584	23866
三、九年一贯制学校	1	1	2273	2129
其中：小学部	1	1	1597	1505
四、职教中心	1	1	642	630
五、盲聋哑学校	1	1	87	85
六、幼儿园	95	101	7667	9972

2023 年全区文化事业

	计量单位	2023 年	2022 年
一、文化馆（站）	个	19	18
其中：乡镇文化站	个	18	18
从业人员	人	47	36
其中：乡镇文化站	人	25	25
组织文艺活动	次	224	115
乡镇文化站藏书量	万册	28.2	29.1
二、公共图书馆	个	1	1
藏书量	册	384124	323376
读者流通人次	千人次	301486	78345
三、公共博物馆	个	1	1
文物藏品	件	3286	3286
四、文物保护区	个	55	55

2023 年全区卫生事业

（机构、床位、人员）

	机构数（个）	床位数（张）	卫生技术人员（人）	其中：医生
总计	425	3433	4649	1884
其中：1、县及县以上医院	5	1560	1770	629
其中：综合医院	3	1266	1405	514
2、乡镇卫生院	18	480	377	187

2023 年全区社会福利事业

（社会救济）

	计量单位	2023 年	2022 年
一、城镇			
城镇居民最低生活保障人数	人	1387	1536
城镇居民最低生活保障家庭数	户	1071	1159
城镇居民最低生活保障金	万元	1417	1415
二、农村			
农村居民最低生活保障人数	人	6463	6686
农村居民最低生活保障家庭数	户	4901	5005
农村居民最低生活保障金	万元	4493	4103

附　　　　录

2023年中共普兰店区委文件目录（部分）

1 月 17 日	关于印发《普兰店区开展"营商环境巩固年"活动实施方案》的通知
1 月 17 日	关于印发《普兰店区开展"走企业解难题促发展"三年行动方案（2023—2025年）》的通知
3 月 23 日	关于印发《大连市普兰店区加强新时代廉洁文化建设行动方案》的通知
3 月 27 日	关于印发《普兰店区加强新时代基层党建工作的实施意见》的通知
3 月 31 日	关于印发《普兰店区开展"阳光教育"行动实施方案（试行）》的通知
5 月 28 日	关于大兴调查研究的实施方案
9 月 21 日	关于印发《大连市普兰店区开展学习贯彻习近平新时代中国特色社会主义思想主题教育的实施方案》的通知
9 月 28 日	关于印发《大连市普兰店区创建"国家乡村振兴示范县"三年行动方案》的通知
9 月 28 日	关于印发《大连市普兰店区打造北方种质资源引育中心创建"中国北方沿海农业硅谷"三年行动方案》的通知
9 月 28 日	关于印发《大连市普兰店区"富村强街、联产带农"三年行动方案》的通知

2023年普兰店区政府主要文件目录（部分）

1 月 13 日	关于印发普兰店区2023年重点民生实事项目的通知
2 月 2 日	关于印发《大连市普兰店区妇女发展规划》和《大连市普兰店区儿童发展规划》的通知
2 月 23 日	关于印发姜斌区长在区第三届人大二次会议上所作政府工作报告的通知
5 月 29 日	关于印发大连市普兰店区人民政府2023年重大行政决策事项目录的通知
6 月 20 日	关于做好第五次全国经济普查工作的通知
6 月 27 日	关于提高城乡居民最低生活保障、特困人员基本生活、孤儿基本生活养育和60年代精简退职职工生活补助标准的通知
6 月 29 日	关于印发《普兰店区健康影响评估工作方案（试行）》的通知
8 月 16 日	关于规范完善普兰店区土地收购储备工作制度的有关意见
10 月 8 日	关于公布废止和现行有效行政规范性文件目录的决定
10 月 16 日	关于印发大连市普兰店区贯彻《气象高质量发展纲要（2022-2035）》实施方案的通知

2023 年普兰店区社会服务机构（部分）

单 位 名 称	电话	单 位 地 址
普兰店区政务服务中心	66305888	普兰店区渤海街100号
普兰店火车站	62824964	普兰店区南山路1号
普兰店汽车客运站	83130470	普兰店区同仁街114号
普兰店区中心医院	83168346	普兰店区康复街10号
普兰店区中医医院	83177364	普兰店区中心路一段55号
普兰店区慈善总会	83167575	普兰店区南山路242号
普兰店区锦泓自来水有限公司	83511661	普兰店区丰荣街道谷泡社区前袁屯171号
大连市住房公积金管理中心普兰店办事处	83168119	普兰店区世纪路中段80号
普兰店区图书馆	83177162	普兰店区孛兰路北段30-30号
普兰店区档案馆	83286931	普兰店区世纪路西段96号
普兰店区博物馆	83156986	普兰店区世纪路中段211-1号
普兰店区融媒体中心	83110212	普兰店区府前路16号
大连普汇港务有限责任公司	83405950	普兰店区皮口街道新海街162号
大连医科大学附属第三医院暨大医二院普湾院区	66177777	普兰店区世纪路西段378号
大连普兰店区王连文中医医院	83115140	普兰店区太平街道庙山社区一组 322A—1　322B—2号
大连普兰店御湘院老年医院有限公司（大连市普兰店区御湘院养老中心）	83111116	普兰店区沿和路10号

2023 年普兰店区 AAA 级以上旅游景区

景区名称	所在地区	等级	评定年份
安波旅游度假区	安波街道	AAAA	2014
世外俭汤景区	安波街道	AAAA	2015
平岛辽参小镇生态旅游景区	皮口街道	AAAA	2019
龙德李生态园景区	杨树房街道	AAA	2016
宝盈龙酒庄	城子坦街道	AAA	2023

2023 年普兰店区非物质文化遗产名录

序号	项目名称	级别
1	普兰店传统手工布艺技艺	省级
2	普兰店鼓乐	省级
3	普兰店田家黄酒酿造技艺	省级
4	大连新金民歌	省级
5	普兰店单鼓舞	市级
6	新金大鼓	市级
7	普兰店玻璃画艺术	市级
8	普兰店根雕技艺	市级
9	普兰店葫芦刻画手工技艺	市级
10	普兰店剪纸手工技艺	市级
11	普兰店秸秆（木棍）手工技艺	市级
12	普兰店传统木雕手工技艺	市级
13	普兰店面花捏制技艺	市级
14	普兰店吕家白酒酿造技艺	市级
15	普兰店石磨技艺	市级
16	普兰店传统打铁手工技艺	市级
17	普兰店安波卤水豆腐制作技艺	市级
18	普兰店佛像及古建筑修缮技艺	市级
19	普兰店满族骑射技艺	市级
20	普兰店清泉寺庙会	市级
21	普兰店龙凤日民俗	市级
22	普兰店连文中医接骨	市级
23	普兰店马具制作技艺	市级
24	普兰店放海灯习俗	市级
25	普兰店赵家高跷秧歌	市级
26	普兰店刘氏面塑手工技艺	市级
27	普兰店满族服饰制作技艺	市级
28	普兰店柳编技艺	市级
29	普兰店祁家通臂拳	区级
30	普兰店传统秧歌	区级
31	普兰店普明禅寺庙会	区级
32	普兰店金刚铁布兜功法	区级
33	普兰店双塔石雕刻	区级
34	普兰店祭海神习俗	区级
35	庙山派"点五彩灯"习俗	区级
36	普兰店元上源白酒酿造技艺	区级
37	普兰店王氏胶东花饽饽	区级
38	普兰店皮艺手工技艺	区级
39	普兰店中医摸骨正骨疗法（郑氏膏药）	区级
40	普兰店秋花谷花饽饽	区级
41	普兰店铭岳制酱技艺	区级
42	大连王氏青铜铸造工艺	区级
43	普兰店中医推拿疗法	区级
44	普兰店子午梅花拳	区级

2023 年普兰店区各级文物保护单位

序号	名称	年代	类别	级别	地址	公布年份
1.	巍霸山城（含清泉寺）	汉至唐	古建筑	国家级	星台街道葡萄沟村	2013.03
2.	石棚沟石棚	夏、商	古墓葬	国家级	安波街道戴家村	2013.03
3.	张店古城遗址	汉代	古遗址	国家级	铁西街道二道岭社区	2019.10
4.	城子坦近现代建筑群	清至民国	近现代重要史迹及代表性建筑	省级	城子坦街道春满社区	2014.10
5.	唐屯塔	辽、金	古建筑	省级	双塔街道唐屯村	2014.10
6.	滕屯塔	辽、金	古建筑	省级	墨盘街道滕屯村	2014.10
7.	永安烽火台	青铜时代	古建筑	省级	安波街道米屯村	2014.10
8.	望海寺摩崖石刻造像	金代	石窟寺及石刻	省级	双塔街道福全村	1988.12
9.	双房墓地	明代	古墓葬	省级	皮口街道新台村	2007.05
10.	黄家亮子土城址	战国—汉代	古遗址	市级	杨树房街道战家村	1985.05
11.	三清观	明—清	古建筑	市级	城子坦街道沿海街	2001.03
12.	大城山城址	战国—西汉	古遗址	市级	城子坦街道金山村	2013.03
13.	报恩寺	清代	古建筑	市级	安波街道七道房村	1993.03
14.	西山墓地	青铜时代	古墓葬	市级	安波街道安波社区	2013.03
15.	顾人宜墓	近代	近现代重要史迹及代表性建筑	市级	星台街道小徐屯村顾岭	1993.03
16.	连承基墓	近代	近现代重要史迹及代表性建筑	市级	四平街道四平村	1993.03
17.	杨营岗墓群	西周—春秋	古墓葬	市级	乐甲街道对峰村	2013.03
18.	洪岭岗墓群	西周—春秋	古墓葬	市级	乐甲街道鲁凤村	2013.03
19.	关帝庙	清代	古建筑	市级	太平街道南山公园	1993.03
20.	李家卧龙"中华民国（庄复）军政分府"旧址	1911年	近现代重要史迹及代表性建筑	市级	城子坦街道老古村	2021.03
21.	"孛兰公学堂"旧址	民国	近现代重要史迹及代表性建筑	县级	中心路三段88号	2015.09
22.	关帝庙（包括孛兰铺城址）	明清	古建筑	县级	丰荣街道古城社区	1988.08
23.	层山遗址	新石器	古遗址	县级	丰荣街道泡子北台村	1988.08
24.	锅顶山遗址	新石器	古遗址	县级	丰荣街道泡子北台村	1988.08
25.	孤堆古墓群	汉代	古墓葬	县级	铁西街道花儿山社区	1988.08
26.	陈家茔墓地	汉代	古墓葬	县级	铁西街道二道岭社区	2012.09
27.	洞口碉堡	民国	近现代重要史迹及代表性建筑	县级	铁西街道圈龙山社区	2012.09

序号	名称	年代	类别	级别	地址	公布年份
28.	山南头遗址	新石器	古遗址	县级	唐家房街道老虎峪村	1988.08
29.	汀山遗址	新石器	古遗址	县级	唐家房街道唐家房村	1988.08
30.	龙母庙钟楼	清代	古建筑	县级	唐家房街道双岭村	2012.09
31.	史台烽火台	明代	古遗址	县级	杨树房街道杨树房社区	1988.08
32.	唐咀子遗址	新石器	古遗址	县级	杨树房街道赵家村	1988.08
33.	石城子城址	明代	古遗址	县级	皮口街道新海社区	1988.08
34.	凉水湾遗址	青铜、战国、汉	古遗址	县级	皮口街道新海社区	1988.08
35.	皮口清真寺	清代	古建筑	县级	皮口街道友谊街39号	2006.03
36.	海神娘娘庙	清代	古建筑	县级	皮口街道新海社区	2012.09
37.	小白楼遗址	新石器、战国	古遗址	县级	城子坦街道东老滩社区	1988.08
38.	归服堡城址	明代	古遗址	县级	城子坦街道春满社区	1988.08
39.	塔寺屯遗址	新石器	古遗址	县级	城子坦街道碧流河社区	2012.09
40.	魏子窝中国盐业组合东老滩分所旧址	清代	近现代重要史迹及代表性建筑	县级	城子坦街道东老滩社区	2012.09
41.	高丽城山山城	辽	古遗址	县级	星台街道塔南村	1988.08
42.	三台石盖墓	青铜时代	古墓葬	县级	双塔街道双塔村	1988.08
43.	将军茔	元明	古墓葬	县级	双塔街道双塔村	1988.08
44.	腰岭石盖墓	青铜时代	古墓葬	县级	四平街道顾家村	1988.08
45.	吴家隈子石盖墓	青铜时代	古墓葬	县级	四平街道天城村	1988.08
46.	楼山遗址	明代	古遗址	县级	大谭街道双山村	1988.08
47.	双德古墓	元明	古墓葬	县级	大谭街道夏沟村	1988.08
48.	大莹沟遗址	青铜时代	古遗址	县级	同益街道同益村	2012.09
49.	后塔沟墓群	青铜时代	古墓葬	县级	同益街道同益村	2012.09
50.	磨盘山遗址	青铜时代	古遗址	县级	大刘家街道洼店村	2012.09
51.	东山遗址	青铜时代	古遗址	县级	莲山街道大房身村	2012.09
52.	城沟城址	元代	古遗址	县级	莲山街道水门子村	2012.09
53.	李下墓群	青铜时代	古墓葬	县级	乐甲街道对峰村	2012.09
54.	大荒地钟楼	清代	古建筑	县级	墨盘街道荒地村	2012.09
55.	香炉山庙	清代建筑	古建筑	县级	沙包街道吕店村	2012.09

索　　引

说明:

1. 本索引采用主题分析法, 按索引词首字汉语拼音字母次序排列 (同音字按声调), 首字字音相同的按第二字字音的次序排列, 依次类推。用拉丁字母、阿拉伯数字开头的款目排在汉字开头款目后面。

2. 类目、分目和子分目标题用黑体字标明, 大事记、统计资料、概况不作索引。

3. 索引词后的阿拉伯数字表示内容所在页码, 数字后字母 a、b 表示左、右栏别。

4. 街道、开发区下属内容为"附见", 缩后两格放在相关分目或条目的下面。

5. 类目、分目、子分目索引词采用原称, 条目索引词一般采用中心词或简称。

M

P

N

T